软文营销
从入门到精通

苏高◎著

人民邮电出版社
北京

图书在版编目（ＣＩＰ）数据

软文营销从入门到精通 / 苏高著. -- 北京 ：人民
邮电出版社，2015.2（2017.2重印）
ISBN 978-7-115-37942-9

Ⅰ．①软… Ⅱ．①苏… Ⅲ．①营销—基本知识 Ⅳ.
①F713.3

中国版本图书馆CIP数据核字(2014)第302240号

内 容 提 要

本书是一本软文营销实战宝典，核心是帮助企业或个人通过软文营销，树立企业品牌形象、吸引更多客户、促成更多订单、实现更多利润。书中通过11大专题内容讲解＋10多个行业领域结合＋20多种软文营销方法＋50多个软文营销案例，帮助读者从入门到精通软文营销，从新手成为软文营销高手！书中不仅系统讲解了软文营销的起因、步骤、方法、策略，更是从实操的角度，介绍了各行各业软文的书写、推广、营销技巧，以及风险防范、误区规避等。

本书结构清晰，案例丰富，实战性强，适合以下三类读者：一是想进行软文营销的个人、个体、站长、网店店主等直接对象；二是企业策划、企划、营销从业人员等；三是现正从事传统营销、网络营销，包括微营销的人士，用于专业进修软文营销。

- ◆ 著　　　　苏　高
　　责任编辑　恭竟平
　　责任印制　周昇亮

- ◆ 人民邮电出版社出版发行　　北京市丰台区成寿寺路 11 号
　　邮编　100164　　电子邮件　315@ptpress.com.cn
　　网址　http://www.ptpress.com.cn
　　大厂聚鑫印刷有限责任公司印刷

- ◆ 开本：700×1000　1/16
　　印张：18　　　　　　　　　2015 年 2 月第 1 版
　　字数：280 千字　　　　　　2017 年 2 月河北第 13 次印刷

定价：48.00 元

读者服务热线：(010)81055296　印装质量热线：(010)81055316
反盗版热线：(010)81055315
广告经营许可证：京东工商广字第 8052 号

前　言

□ 写作驱动

对于各类营销，不论是曾经的传统营销，还是盛行的网络营销，或是新兴起的微营销，虽然它们的方法、方式或手段不一样，但它们的核心却是一样的，那就是产品的内容，这是根本。而产品的内容靠什么包装？那就是软文。如果内容为人的身体，而软文就如同是人身上的衣服、帽子、手表，软文呈现的就是您整体的形象、气质，然后才是怎么推广的问题。

不管营销方式和手段如何发展，不管是传统营销还是网络营销，或是微营销，都离不开软文营销，软文营销是各类营销的基础、基石，尤如万丈高楼所矗立的平地！

□ 市场前景

软文营销受到追捧的原因有两点：一是软文营销是生命力最强的一种广告形式，好似绵里藏针，收而不露，克敌于无形，追求的是一种春风化雨、润物无声的传播效果；二是媒体对软文的收费比硬广告要低得多，特别在各个企业都追求低投入、高产出而又不得不支出大量营销费用的今天，更是受到青睐！一句话总结：效果好、价格低，符合物美价廉的标准，因而各类营销都离不了它！

在各类营销方式如火如荼迅猛发展的今天，软文营销必将更受青睐，这也正是本书策划的起因——适应与紧扣发展中的市场需求。还有一个原因是，天下大事必做于细、做于专，软文营销是各类营销的一个细分、专业的核心，待以后各类营销书市场饱和之时，也都会蜂拥而至出版这方面的书，因此，早做早好、竞争者少，早些抢占市场份额。

□ 应用领域

软文适用的行业有饮食行业、汽车行业、家电行业、教育行业、金融行业、房产行业等。

□ 本书特色

（1）详细具体，涵盖 11 大专题讲解。本书体系完整，从理论到实践对软文营销进行了 11 章专题内容的详解，包括软文的力量、软文营销的优势、软文撰写的步骤、软文创意的技巧、软文营销的技巧等。

（2）实践性强，包括 10 个行业应用。书中不仅系统讲解了软文营销的起因、步骤、方法、策略，更是从实操的角度，介绍了 10 多个行业软文的书写、推广、营销技巧，以及风险防范、误区规避等。

（3）案例丰富，列举了 50 多个案例分析。本书全面剖析了当前软文营销的主流技术，并配以行业应用实例和一线营销人员的独到见解，讲解了大量的真实软文案例，共达 50 多个，摆事实讲道理，使各位读者能够轻松掌握软文撰写的方法和营销技巧。

□ 本书内容

全书共分为 11 章，具体内容如下：带你走进软文世界、见证软文营销的力量、软文关键词设置、软文标题的撰写、软文撰写内容为王、软文写作创意招数、软文推广抢占市场、软文营销操作策略、掌握软文整合营销、软文误区风险防范、软文营销行业实例。

□ 适合读者

本书结构清晰，案例丰富，实战性强，适合以下三类读者：一是想进行软文营销的个人、个体、站长、网店店主等直接对象；二是企业策划、企划、营销从业人员等；三是现正从事传统营销、网络营销，包括微营销的人士，用于专业进修软文营销。

□ 作者售后

由于作者知识水平有限，书中难免有错误和疏漏之处，恳请广大读者批评、指正。联系邮箱：itsir@qq.com。

目 录

CONTENTS

第1章
带你走进软文世界

1

1.1 软文是什么 ⋯⋯⋯⋯⋯⋯⋯ 2

1.2 软文的作用 ⋯⋯⋯⋯⋯⋯⋯ 8

1.3 软文的分类 ⋯⋯⋯⋯⋯⋯⋯ 11

1.4 软文的载体 ⋯⋯⋯⋯⋯⋯⋯ 14

第2章
见证软文营销的力量

29

2.1 软文营销的力量 ⋯⋯⋯⋯⋯ 30

2.2 软文营销概述 ⋯⋯⋯⋯⋯⋯ 35

2.3 软文营销的优势 ⋯⋯⋯⋯⋯ 42

2.4 软文营销案例 ⋯⋯⋯⋯⋯⋯ 45

第3章
软文关键词设置

51

3.1 关键词的常见类别 ⋯⋯⋯⋯ 52

3.2 关键词的设置技巧 ⋯⋯⋯⋯ 59

3.3 关键词的布局技巧 ⋯⋯⋯⋯ 66

第4章
软文标题的撰写

71

4.1 软文常见标题 ⋯⋯⋯⋯⋯⋯ 72

4.2 软文标题的要求 ⋯⋯⋯⋯⋯ 79

4.3 软文标题的写作 ·················· 82

4.4 软文标题的误区 ·················· 90

第5章
软文撰写内容为王
93

5.1 软文写作的基础 ·················· 94

5.2 软文开头的写法 ·················· 96

5.3 软文正文的布局 ·················· 102

5.4 软文结尾的写法 ·················· 111

5.5 软文写作关键点 ·················· 115

第6章
软文写作创意招数
121

6.1 创意营销点亮软文 ·················· 122

6.2 软文写作创意招数 ·················· 128

第7章
软文推广抢占市场
149

7.1 软文推广的优点 ·················· 150

7.2 软文推广的作用 ·················· 152

7.3 软文推广的三个层面 ·············· 157

7.4　软文推广的常见平台　…………　159

7.5　软文推广的六个技巧　…………　168

第 8 章
软文营销操作策略
175

8.1　软文营销基础概述　…………　176

8.2　软文营销操作步骤　…………　180

8.3　软文营销常用策略　…………　191

8.4　软文营销效果技巧　…………　197

第 9 章
掌握软文整合营销
199

9.1　软文营销与事件营销　…………　200

9.2　软文营销与口碑营销　…………　209

9.3　软文营销与新闻营销　…………　217

第 10 章
软文误区风险防范
223

10.1　软文写作的误区　…………………　224

10.2　软文营销的误区　…………………　228

10.3　软文营销的风险　…………………　231

第 11 章
软文营销行业实例
251

11.1 饮食行业软文实例 …………… 252

11.2 汽车行业软文实例 …………… 263

11.3 家电行业软文实例 …………… 269

11.4 其他行业软文实例 …………… 274

第1章
带你走进软文世界

要点展示：软文是什么
　　　　　软文的作用
　　　　　软文的分类
　　　　　软文的载体

学前提示：

　　在互联网、3G/4G逐渐普及的时代，软文广告凭借绵里藏针、以柔克刚的营销策略，成为企业营销制胜的法宝，尤其是在品牌形象塑造方面，软文的作用更加明显。如何利用短短几十甚至十几个字吸引关注呢？下面我们不妨一起走进软文的世界，领略软文的魅力！

1.1　软文是什么

俗话说"润物细无声"，相对于硬广告（硬性广告）来说，软文的精妙之处就在于将宣传内容与文章内容完美结合，让用户在阅读文章的时候能够了解策划人所要宣传的内容。

一篇好的软文是双向的，既让客户得到了他所需要的内容，也了解了宣传的内容。下面让我们一起走进软文世界，体会软文的魅力。

1.1.1　软文的基本定义

软文是相对于硬性广告而言，是由企业的市场策划人员或广告公司的文案人员来负责撰写的"文字广告"。软文的定义有两种，一种是狭义的，另一种是广义的。

（1）狭义的定义：指企业付费在报纸或杂志等宣传载体上刊登的纯文字性的广告。这种定义是早期的一种定义，也就是所谓的付费文字广告。图1.1所示为某报纸上刊登的某品牌的月饼广告，这种大篇幅文字配以图片的广告属于狭义上的软文。

（2）广义的定义：指企业通过策划在报纸、杂志或网络等宣传载体上刊登的可以提升企业品牌形象和知名度，或可以促进企业销售的一些宣传性、阐释性文章，包括特定的新闻报道、深度文章、付费短文广告、案例分析等。

图1.2所示为某报纸上关于美菱家电的深度报道，虽说没有硬性广告，但是对于品牌的宣传具有十分深远的影响。

理解了软文的基本定义，我们还要正确区分软文、文案、广告三者之间的不同。一般来说，广告是一个大的框架，涉及很多方面，其中涉及文字方面的描述则可统称为文案。

而在文案的范围里，完整的一篇宣传性文章就是我们常说的软文。和广告语、广告图配字、广告脚本等零散的形式不同，软文是一篇完整的文章，即围绕一个主题详细展开，能让读者获得这个关于主题的详细信息。具体的不同我们可以通过图1.3所示进行区分。

图 1.1　狭义的软文

图 1.2　广义的软文

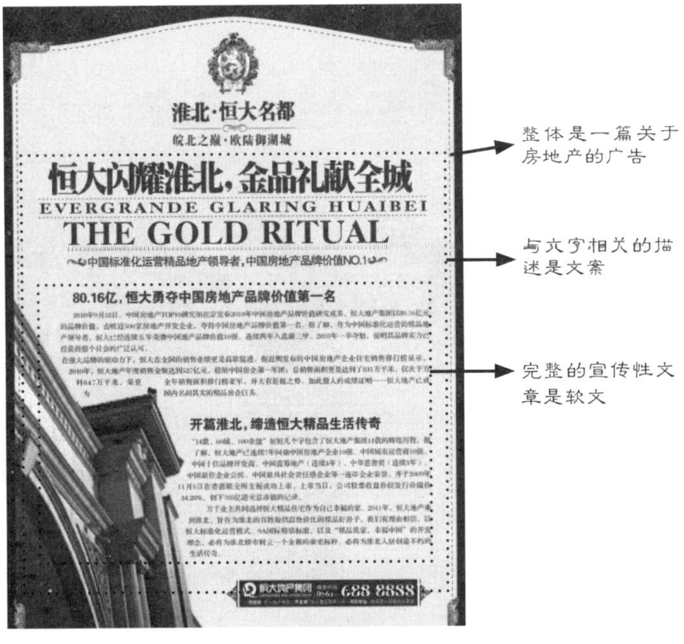

图 1.3　广告、文案与软文的区别

专家提醒

此外，在文案的范围里，完整的一篇新闻性文章就是我们常说的新闻稿。要区分软文和新闻稿，就得看文章里是否有新闻事件。若文章内容涉及公司获奖信息、公司最新活动等则为新闻稿；若文章内容涉及公司产品的评测、公司的发展计划等则为软文。

1.1.2　软文的几种形式

纵观广告市场，软文虽然千变万化，但是万变不离其宗，主要有以下几种形式。

1．悬念式

也可以叫设问式。核心是提出一个问题，然后围绕这个问题自问自答。如"人类可以长生不老？""什么使她重获新生？"通过设问引起话题和关注是这种方式的优势，如图1.4（1）所示。

此外，还有一种悬念式软文。图1.4（2）所示为盛大游戏的"神秘"网站横空出世，让众多网友纷纷猜测；而页面信息中体现的浓重的"下一个，更精彩"的意境也让网友激动不已，对盛大下一步的大动作非常期待。

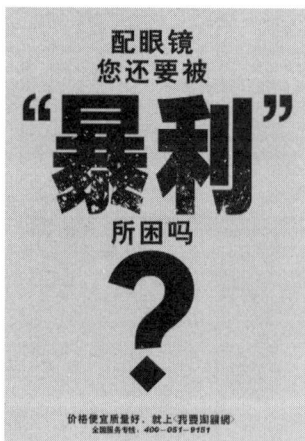
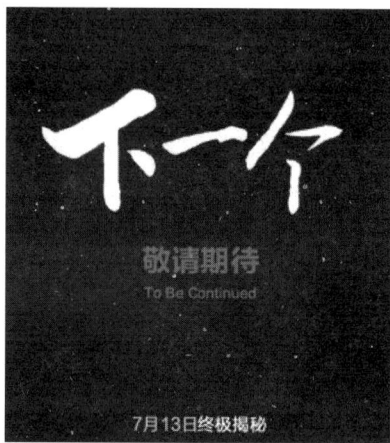

（1）　　　　　　　　　　（2）

图1.4　悬念式软文

专家提醒

悬念式软文设下的疑问必须掌握火候，提出的问题要有吸引力，答案要符合常识，不能作茧自缚、漏洞百出。

----

2. 故事式

通过讲一个完整的故事来引出产品，使产品的"光环效应"和"神秘性"给消费者的心理造成强烈暗示，使销售成为必然。如"1.2亿买不走的秘方"、"神奇的植物胰岛素"、"印第安人的秘密"。

此类软文讲故事不是目的，故事背后的产品线索是文章的关键。听故事是人类最古老的知识接受方式，所以故事的知识性、趣味性、合理性是软文成功的关键。

3. 情感式

情感一直是广告的一个重要媒介，软文的情感表达由于信息传递量大、针对性强，当然更可以使人心灵相通，如"老公，烟戒不了，洗洗肺吧"、"女人，你的名字是天使"、"写给那些战'痘'的青春"等。情感最大的特色就是容易打动人，容易走进消费者的内心，所以"情感营销"一直是营销百试不爽的灵丹妙药。

例如，在加多宝与王老吉的"凉茶大战"之后，四则以哭泣的孩童为主画面的"对不起"文案出现在加多宝官网的微博上，经过上亿粉丝发酵，引发从名人到草根的共鸣。在网络名人以及网友的推波助澜下，"对不起"迅速发酵成为一个网络事件，如图1.5所示。

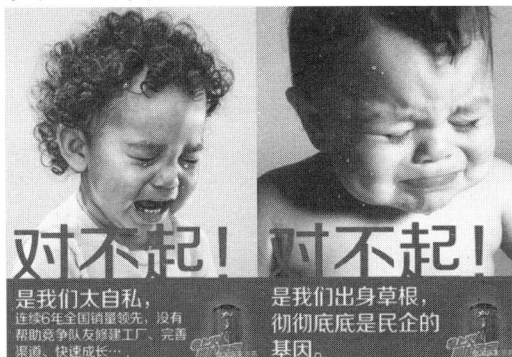

图1.5 情感式软文

4．新闻式

所谓"事件新闻体"，就是为宣传寻找一个理由，以新闻事件的手法去写，让读者认为仿佛是昨天刚刚发生的事件。这样的文体有对企业本身技术力量的体现。但是，这里告诫文案：要结合企业的自身条件，多与策划沟通，不要天马行空地写，否则，多数会造成负面影响。

5．反面式

如果从"对消费者造成的危害"入手，可以让读者有更深的记忆，这就是反面式软文的作用所在。反面式软文属于反情感式诉求，大多应用于公益健康广告中，图1.6所示的禁烟广告，便是利用"宝贵的生命，慢慢的远离"的广告语，尽显吸烟的危害，从而对人们产生警示。不过，反面式软文往往会遭人诟病，所以一定要把握好度，不要过火。

图 1.6　反面式软文

6．促销式

促销式软文常常跟进在上述几种软文见效时，如"北京人抢购×××"、"×××，在香港卖疯了"、"一天断货三次，西单某厂家告急"、"品今时代推广免费制作网站了"。图1.7所示为淘宝某产品的广告。

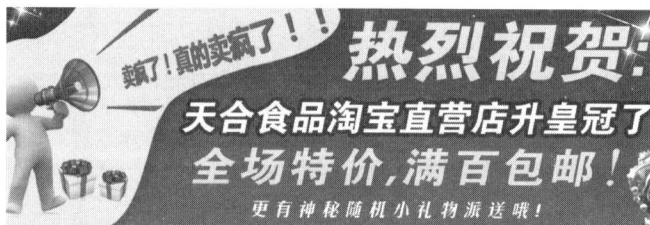

图 1.7　促销式软文

这样的软文或是直接配合促销使用，或者使用"买托"造成产品的供不应求，通过"攀比心理"、"影响力效应"等多种因素促使消费者产生购买欲。

1.1.3 软文传播的几大要素

所谓"软文"，就是指通过特定的概念诉求，以摆事实讲道理的方式使消费者走进企业设定的"思维圈"，以强有力的针对性心理攻击迅速实现产品的营销和推广的文字模式。一篇优秀的软文必须具备以下五大要素：对谁说、说什么、如何说、何时说、何地说。如图1.8所示。

图1.8 软文传播的几大要素

（1）对谁说（向谁推广）。软文的目的就是把推广者所要表达的信息传达给目标受众，因此对谁说实际上就是锁定传达的目标对象，在相应的用户群体中进行推广、树立品牌形象。

（2）说什么（推广什么）。就是要把推广商所要表达的信息准确地说出来。

（3）如何说（怎么推广）。就是推广商准备通过何种表达方式将所要表达的信息有效地传递给目标受众，让其在潜移默化中接受自己的引导。

（4）何地说（在哪儿推广）。就是选择在什么样的信息载体上投放。每一种信息载体都有自己的定位，有自己的特定阅读群体，因此将完成的软文投放到目标受众的聚集地，才会得到最佳的推广效果。

（5）何时说（什么时候推广）。就是选择什么时候投放软文。虽然投放软文是一项长期不断的宣传策略，但事实上，在投放时段上还是有一定的技巧性的。

例如，网站新产品上线之前的软文，可对网站用户群体起到"预告"的作用，能制造一定的悬念和神秘感，并为网站新产品正式上线起到良好的铺垫作用。在网站新产品上线一个时期后的软文，则能强化消费者的记忆并促使其产生长期使用的欲望，增强他们对网站的依赖性。

1.2　软文的作用

软文就是以文字的形式对自己所要营销的产品进行推广，来促进产品的销售。其本质还是广告，只不过表现形式是以文章的面目出现，其作用依然明显。

1.2.1　软文的直接作用

在众多的网络推广方式中，软文以可读性强、流通性广、效果持久等特点广受追捧。至于软文的具体作用，主要包括以下三点。

1．提高用户的关注度

大量的同一时间段的网络软文发布，可以很快使得推广者的网站被人关注。在被收购或者新网站刚刚建立的时候，这是非常必要的，而且在网站初期可以吸引一批最早的关注者或潜在客户。

2．提高品牌的知名度

通过互联网营销，最主要的一个问题就是信誉，很多网站都有信誉这方面的问题。因此，推广者可以通过大量的文章，宣传自己公司的形象、专业的领域，尤其是运用敏锐的洞察力去解决客户的实际问题，这无疑为自己的信誉度增加了砝码。

并且，如果软文写得好，与读者的切身利益相关并能提供有建设性的帮助和建议，则能非常有效地影响读者的认知，有效地说服读者。

3．传播作者的价值观

软文不同于广告，很大程度上带有个人的分析，这属于自己的价值观的一种表达，不仅可以表达自己的观点，而且可以宣传产品，引导用户消费。如果文笔够好，还可以吸引相同观点的朋友共同讨论。

1.2.2　软文的间接作用

软文在网络营销推广中之所以起着举足轻重的作用，主要是由于一篇好的软文不仅能为企业网站带来大量流量，而且若将这种流量加以转化，就可变成一种较大的商业价值，那就是软文营销的最终体现。

1．增加有效外链

在软文中带入自己网站的链接，可以增加有效外链，引导搜索引擎来到推广者的网站上，从而增加被搜索引擎搜录的概率和排名。优秀的软文，可以间接地链接到推广者的网站，如果相关度很高，读者感觉很受用，就很可能会直接或间接地访问网站。

2．流量导入

刚建站的时候，网站要引入流量是很艰难的。如果通过写作软文并带链接，那么就会有人点击，这样的点击行为就为推广者的网站带来了基础流量。

3．提高关键词排名

在软文中穿插关键字和长尾关键词，可以有效地增加关键词的密度，加上有效的外链和流量，对关键词排名会起到什么样的作用不言而喻。

1.2.3　软文在营销中的作用

软文营销是生命力最强的一种广告形式，也是很有技巧性的广告形式。一篇优秀的软文在营销宣传中的作用是不容忽视的。

1．网络软文能引导流行

根据近期调查数据显示，截至 2013 年年底，我国网民的数量已经接近 8 亿，每天浏览新闻的用户为 3 亿～5 亿；80% 的互联网用户养成了浏览网络新闻的习惯，新闻不知不觉地引导着网民的消费习惯。

2．软文可以树立企业形象

现在，同类竞争是企业生存的最大危机。很多企业都有相同的产品、相同的服务，而消费者只能记住其中一家，那么这一家在消费者心中的印象就非常重要。这印象就需要新闻软文来树立，因为新闻的独一无二会给企业制造出一个独一无二的公众形象，为企业树立一个诚信的品牌，树立一个不一样的服务形象，让消费者记住。这比再多的广告效果都要好。

3．软文可以传递口碑效应

通过新闻传播，网民会不知不觉地记住，并偶然向朋友提起。这样达到的效果比广告效果要强很多。以前常听人说，自己广告没少投放，效果却不怎么样，而某家公司没投放什么广告，这段时间效益却非常好。其实这是因为同类广告太多，但消费者心中会有一个自己认同的品牌，那么这个时候，广告越多，消费者对已认同的品牌会越加认可，效果反而不理想。

4．软文具有很强的广告效应

比如，我们以新闻性的软文（软文的一种。后面我们会详细地讲述各类软文的分类和特点）为例，由于这种软文具有广告和新闻双重的特征，所以既具备广告的效果，又有新闻的权威性、真实性、客观性，更具可信度，易于使消费者接受。在广告开始令人厌烦的时代，新闻性软文无疑可以启动很强的推动作用，帮助企业快速提高销售量。

5．软文能带来群体效应

如果网民在一个地方看到一个企业的相关报道，在其他地方不知不觉就都能看到这个企业的相关报道，包括服务、产品、企业文化、市场流行、时尚等。众口铄金，消费者不想相信都很难，不知不觉就在心中留下了深刻印象，下次买东西，自然而然会选择这个商家。

1.3　软文的分类

软文之所以备受推崇，第一个原因就是硬广告的效果下降、电视媒体的费用上涨；第二个原因则是媒体最初对软文的收费比硬广告要低很多，在资金不是很雄厚的情况下，软文的投入产出比较科学、合理。因此对于企业推广商来说，试水软文营销能够迅速占领市场。从软文营销作用的角度来分类，常见的软文种类包括以下三大类。

1.3.1　推广类软文

上文我们已经讲到，软文在推广的优化上的作用是不同凡响的，尤其是一篇好的软文，它不仅能给商家带来非常多的外部链接，而且一旦被大量转载，那么一传十、十传百，效应简直不可限量。图1.9所示为长沙某全景摄影组织的博客文章，在其中我们可以看到博主给出的博客链接，这其实就是一种推广类软文。

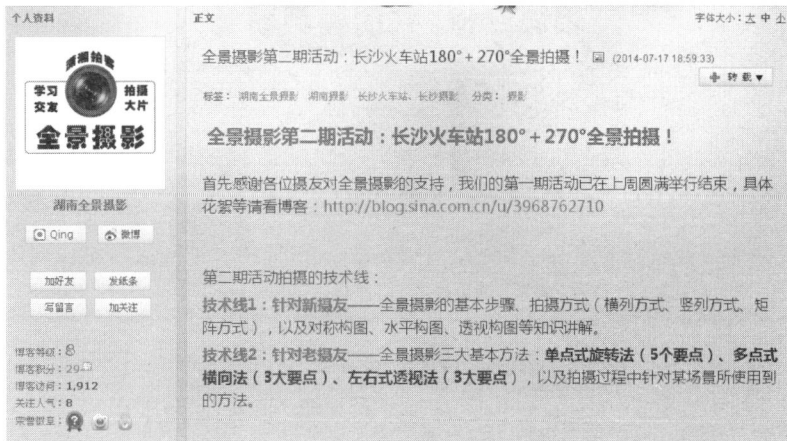

图 1.9　推广类软文

一般来说，推广类软文主要包括以下几种形式。

（1）站长在软文中推荐店址。

（2）网店店主在文章中推荐店址。

（3）从搜索引擎优化的角度出发所设计的关键词的网页文本。

（4）网页信函，大多数是一个域名只有一个网页的模式。

（5）以 E-mail 方式投放销售信函或海报的。

（6）在报纸杂志上直接介绍产品或者介绍相关知识。

1.3.2　公众类软文

这是指有助于企业或机构处理好内外公关关系以及向公众传达企业各类信息的软文。有的企业通过企业内刊来处理企业与员工之间的关系；一旦企业发生危机，就需要在第一时间处理好企业与公众之间的关系。如 2008 年的三氯氰胺事件，企业必须给公众一个交代。图 1.10 所示为某商业连锁企业的内刊。利用这类软文，可以向员工与公众传递企业信息。

图 1.10　公众类软文

专家提醒

....

事实上，公众性软文可以分为公关软文与新闻软文。公关软文就是关于企业或机构组织塑造良好的组织形象、培养良好公众关系的新近事实的报道。这也是公众性软文的目的所在。

....

1.3.3　品牌力软文

品牌力软文指有助于品牌建设、累积品牌资产的软文。用品牌力软文塑造品牌形象，可以由内部撰写，也可以是用户对该品牌的使用体验。一般由企业主导，可以自己撰写，也可以找人代写，撰写的角度多半有利于提升品牌的知名度、联想度、美誉度及忠诚度，如图 1.11 所示。

图 1.11　品牌力软文

在品牌力软文中，最强大的莫过于故事的推广了。在笔者看来，品牌力离不开故事力，甚至故事力决定了品牌力。一个广告的好坏取决于文案的内容，一个品牌的传播自然离不开其核心的品牌价值，而演绎品牌价值的方式莫过于故事。由故事去传播品牌，传承品牌价值，从而创造出传奇品牌。

1.4　软文的载体

俗话说"巧妇难为无米之炊"，对推广工具不可忽略。软文的载体包括博客、微博、论坛、门户网站、邮件、QQ等。无论哪一种载体，只要能引起网民大量的评论和转载，就是具有传播力的软文。

1.4.1　平面媒体软文

报纸、杂志等传统媒体通过单一的视觉、单一的维度传递信息，相对于电视、互联网等媒体通过视觉、听觉等多维度传递信息，而被称作平面媒体。而平面媒体软文则是指以平面媒体为载体的软文，这些媒介上的软文需要各个媒体的审核，软文的刊登费用不等。图1.12所示为平面媒体软文。

图 1.12　平面媒体软文

中央级平面媒体，如《人民日报》(含海外版)、《光明日报》、《工人日报》、《法制日报》，因为其审核的严格性，软文的刊登机会较小，费用直逼硬广告的价格。

行业平面媒体，如《检察日报》、《人民公安报》、《中国税务报》、《中国工商报》、《中国消费者报》等适合专业性较强的企业报道；而其他地方媒体，如《黑龙江晨报》、《新民晚报》、《燕赵都市报》、《宁波晚报》等相对门槛较低。

关于平面媒体软文的写作规则，推广者可以坚持以下几点。

（1）最好不放在广告版，文章周围最好全是正文，最好是与企业所处行业有关的专刊、专版、专栏。

（2）文章的撰写避免自卖自夸式的口吻，尽量回避易让消费者认为文章是广告的一切名词、图片和形式。

（3）挖掘新闻点或者创造概念必须语言精练，充分理解产品或品牌所具有的特征、功效和内涵。必须记住，如果想说服消费者，首先要说服自己。

1.4.2 硬广中的软文

硬广（硬广告）指直接介绍商品、服务内容的传统形式的广告，即通过刊登于报刊、设置广告牌、在电台和电视台播出等进行产品宣传的纯广告。

硬广的优点是传播速度快，"杀伤力"强；涉及的对象最为广泛；经常反复可以增加公众的印象；有声有色，具有动态性。

但缺点同样十分明显：渗透力弱；商业味道浓，可信程度低，时效性差；广告投入成本高，强迫性的说教；传递内容简单，时间短，如冰山一角。

因此硬广中的软文除了要符合广告设计的原则之外，还需要对字句进行斟酌，因为广告中的软文比简单直白的广告词更具有煽动性和诱惑力，其创意的新颖化、内容的生动化、形象的文学化，远非简单直白的广告词可以比拟。这正是广告软文在商业营销中的灵魂价值所在。图1.13所示为某餐饮品牌的硬广告软文。

图 1.13　硬广告中的软文

专家提醒

事实上，广告中的软文并不一定需要华丽的辞藻，实现目标才是重点，这样，一方面需要有创意的标题做铺垫，另一方面软文的内容必须简练且重点突出。

1.4.3　博客中的软文

博客是一种通常由个人管理、不定期张贴新的文章的网站，它是社会媒体网络的一部分，比较著名的有新浪、网易、搜狐等博客。

博客上的文章通常根据张贴时间，以倒序方式由新到旧排列。许多博客专注在特定的课题上提供评论或新闻，其他则被作为比较个人化的日记。一个典型的博客结合了文字、图像、其他博客或网站的链接及其他与主题相关的媒体，能够让读者以互动的方式留下意见，是许多博客的重要要素。

作为Web2.0时代的典型代表，博客吸引着粉丝们打造属于自己的个人博客，与他人分享自己的学习经验，记录自己的日常生活。并且博客偏重私人和自由的氛围，使得博客中的软文相对比较轻松。

在博客中加入软文，目的在于增加博客的点击量，进而增加产品的曝光度。可是就目前的博客来说，大多数的博主在博客的宣传运行之中，往往会偏重于网站内外链的建设以及每日内容的更新，却忽略或放弃了使用软文营销来推广自己的个人博客。其实，只要我们深入剖析就会发现，软文营销贯穿于个人博客营销体制中的各个环节。

1．博客的定位

博客的内容是趋向于教学教程呢？还是趋向于日常生活的琐事呢？这显得尤为重要，只有确定之后，才可进行下一步的营销策划，图1.14所示为某全景摄影组织的博客，博客的定位十分明显，那就是全景摄影。那么博客的文章必定之为该主题服务。

图 1.14　博客的定位

而在此环节中，必须要确定自己博客的战略目标、品牌文化、品牌故事、服务理念等，只有这样才能打造出集博客宗旨、博客理念、博客文化、博客服务等为一体的专业服务博客平台，才会提高博客的权威性以及网民的信任度，才会提高浏览者的回头率。

2．品牌环节

绝大多数的博主将自己博客的名称当作自己的品牌名称来宣传。相比于其他的品牌名称，此种品牌名称显得更加亲切可信，能更好地诠释品牌的内涵，建立品牌形象。

在品牌环节中，要注重品牌故事、媒体评价、口碑宣传等软文营销方式。品牌故事中涵盖了品牌的魅力、品牌的文化元素等，要通俗易懂易记忆，才会让到访者记住自己的博客品牌。

3．推广环节

这是决定网站流量和影响力、决定网站收入的关键环节。无论是发表于各大论坛、门户网站的软文，还是发表于自己博客内的文章，一定程度上都会对推广营销起到一定作用。

专家提醒

在推广营销中，商家可以选择新闻通稿、口碑营销、论坛营销等。无论采取何种方式，一定要懂得注重推广博客的品牌力量，对博客产生无形的后盾支撑。

1.4.4　微博中的软文

微博是一个基于用户关系信息分享、传播以及获取的平台。用户可以通过WEB、WAP等各种客户端组建个人社区，以140字（包括标点符号）的文字更新信息，并实现即时分享，如图1.15所示。

图 1.15　微博

微博作为一种分享和交流的平台，其更注重时效性和随意性。微博更能表达出每时每刻的思想和最新动态，而博客则更偏重于梳理自己在一段时间内的所见、所闻、所感。目前，我国较为常见的微博平台包括新浪、搜狐、腾讯、网易等。

由于微博对发布字数有限制，所以更加考验推广者的技术。如何利用短短的140字将想要表达的内容传达出来并被人们广泛转发传播，是博主需要重点考虑的问题。

因此，微博的软文要么犀利、要么有趣、要么经典，不然就需要有点明星效应。例如前段时间的"周一见"，短短十几分钟，转载和评论量就超过10万。所以，微博软文也是需要下很多工夫去研究的。那么，微博软文的写作有什么特点呢？我们可以从微博软文的分类中具体分析。

1．广告式微博软文

这种软文常见于各商家的官方微博中，它是站在商家的角度，广告式地宣传商家最新推出的产品、最新推出的活动。由于商家官方微博的粉丝基本上是购买过商家产品的消费者或是潜在的购买者，因此这种方式还是会受到粉丝关注的，但是转发概率不大。

2．分享式微博软文

与上一种方式不同的是，这种软文一般是站在第三方的角度，通过分享的方式来宣传某件商品，这有点类似论坛软文的操作方法。

例如网友小静在微博上发布了一篇微博，内容为："最近购买了××品牌的润肤乳液，用了之后很滋润，大家也可以试试＋淘宝网址！"这个软文看上去虽然像广告，但是微博的分享属性决定了这类内容是很受欢迎的。图1.16所示便是典型的分享式微博。

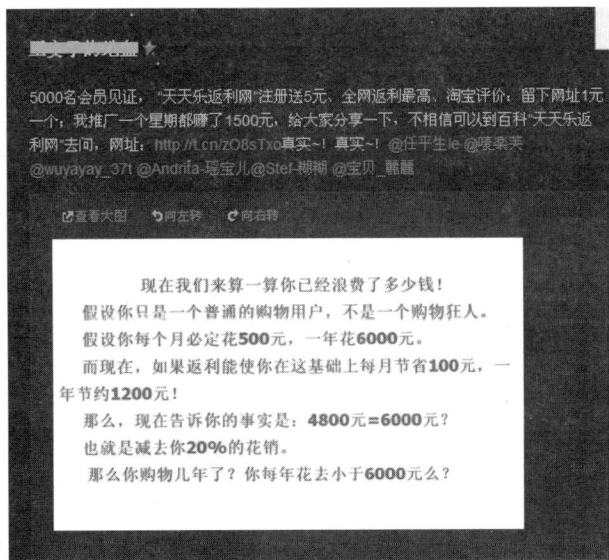

图 1.16　分享式微博软文

3．炒作式微博软文

这类软文通过挑衅的方式，甚至是对骂的方式来提高网友的关注，引起网友对微博的转发，最终达到扩大传播的目的。例如曾经火热的锤子手机"约战"

事件，两位当事人就通过新浪微博不断论战，可谓你来我往，最终以优酷直播全程"论战"结束了这场微博炒作。且不论双方孰胜孰败，当事人背后的锤子手机以及 ZEALER 评测机构彻底火了一把。

4．创意式微博软文

这类微博软文一般具有新鲜、有趣、幽默的特点，一眼看上去不像广告，更像是一则笑话，或者是一篇微型小说。这类软文的关注度非常高，而且网友都乐意转发这种微博。

例如：火车上，所有人都在低头玩手机。过了一会儿，一部分人抬起头，一脸惆怅地望着车窗外——他们是 iPhone 用户，他们的手机没电了。又过了一会儿，又有一部分人抬起头，一脸惆怅地望着车窗外——他们是 Android 用户，他们的备用电池也没电了。然后，火车出现紧急情况，一部分人默默地掏出诺基亚，砸开车窗，跳了出去，于是他们得救了。

这一类的创意软文有很多，再如：老公刚到家门，突然听到有男人打呼噜的声音。老公在门外犹豫了 5 分钟，默默离开，给老婆发了条短信："离婚吧！"然后扔掉手机卡，远走他乡。三年后，他们在另一个城市偶然相遇，妻子流泪："当年为何不辞而别？"男人简述了当时的情况。妻子转身离去，淡淡地说："那是瑞星杀毒软件！"如此创意十足的微博软文，在让人捧腹不已的同时，也让人记住了产品。

1.4.5　微信中的软文

目前，微信营销已经成为热门的网络推广渠道之一，也是社会化媒体营销中的主要推广方法。微信营销的核心是微信公众账号的内容及分享。只有拥有优质的内容，企业微信公众账号才能够通过朋友圈被更多地转发分享。

微信与微博最大的不同在于，微信中的好友大多是你认识的，或者是你朋友的朋友。因此，微信中的软文比微博中的软文更有可信度。微信中的软文可以比微博中的"软"一些。当然，分享性、趣味性和犀利同样是微信软文的引人之处。图 1.17 所示为千惠超市以及某餐厅推出的微信软文。

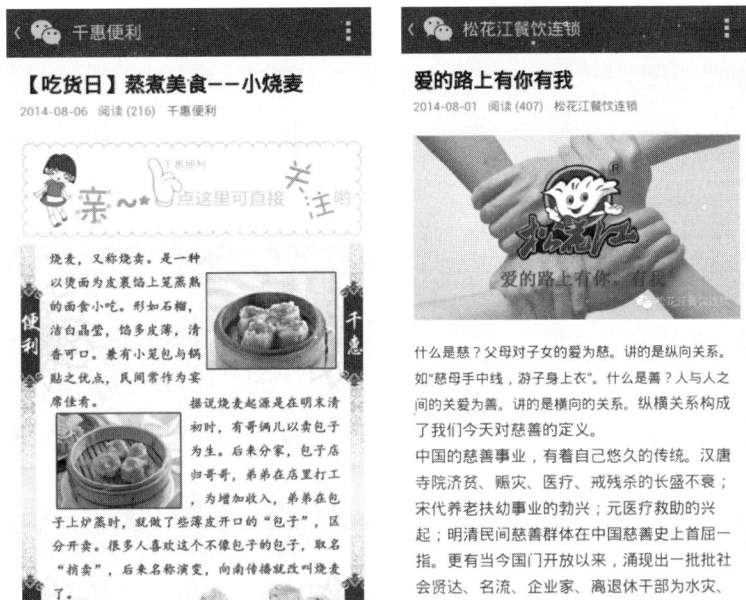

图 1.17　微信软文推送

最常用的微信软文推广方式是将公众账号当作案例来写，但是这样容易导致一些问题，即受众无法确定，可能无法锁定目标用户，也可能受众是专业研究人员，当然，也可能是同行的竞争对手。

因此，软文的推广写作不应局限于案例写作。描写目标客户同样是一个不错的选择。描写目标客户，能够最大限度地吸引目标客户，此时，只要在这样的文章中适当地添加需要表达的东西，如微信公众账号，将会收到个错的效果。

专家提醒

选择合适的发布平台也相当重要。微信软文的推广并非仅仅局限在微信平台上，将软文发布在适当的平台上才能物尽其效。例如服装行业将软文发布在时尚杂志上或者以女性群体为主的媒体上。

1.4.6　论坛中的软文

论坛提供了一块公共电子白板，每个用户都可以在上面书写，可发布信息或提出看法。它是一种交互性强、内容丰富而及时的互联网电子信息服务系统，用户在 BBS 站点上可以获得各种信息服务、发布信息、进行讨论、聊天等。

由于论坛发布信息的门槛以及成本较低，企业利用论坛这种网络交流的平台，通过文字、图片、视频等方式发布企业的产品和服务的信息，可以让目标客户更加深刻地了解企业的产品和服务，最终达到企业宣传自身品牌的目的。

利用论坛进行推广的方式有很多种，包括网址推广、口碑推广、网摘推广、电子邮件推广以及软文推广等。其中的软文推广即写文章或者引用好文章，巧妙地加入自己的网址。图 1.18 所示为某论坛的推广文章。

图 1.18　论坛软文推广

在论坛这个软文载体上发布的软文不再是取决于推广者自己，而是版主说了算。所以，论坛中的软文一定不能像是广告，否则随时会被删除。一般来说，想要写好论坛的软文，可以参考以下四点建议。

（1）软文的目的重在说理，而不是抒情，只需用简洁明了的语言把观点表达清楚即可，所以要列好提纲，理清思路。

（2）写个好开头很重要，一定要引人注目。开头是最需要写作功底的地方。这一部分要求写得简洁凝练，同时又要涵盖完整的信息。

（3）展开小标题，逐个突破。提纲中列出的小标题的内容是一篇文章的末梢部分，只要稍加展开，把每一个标题的观点阐明就可以了。

（4）结尾稍加总结或补充。其实把每个小标题的内容加以充实，基本上已经完成一篇软文了，结尾只需要做一个简单的总结或补充。

1.4.7　网络媒体软文

互联网被称为继报纸、广播、电视三大传统媒体之后的"第四媒体"。基于互联网的网络媒体集三大传统媒体的诸多优势为一体，是跨媒体的数字化媒体，具有即时性、海量性、全球性、互动性、多媒体性等诸多优势。

除了上述特点以外，网络媒体的新闻传播也存在一些缺陷，如抄袭复制现象严重、公信力不高、容易侵犯知识产权、受带宽瓶颈制约、信息垃圾泛滥，所以还有很大的品质提升空间。因此，网络媒体中的软文写作更加严格。图 1.19 所示为常见的网络媒体。

图 1.19　常见的网络媒体

那么，企业应该如何利用网络媒体的强大优势进行软文营销呢？

（1）首先要让客户有机会直接在门户网上的相关频道看到关于企业产品的新闻，产生直接的点击或者评论，带来直接客户。

（2）当潜在客户运用百度等搜索引擎搜索企业的公司名或产品的关键词，那么就会在一个页面或几个页面上，连续看到发布在各大网站的相关新闻报道。当客户看到有这么多网络媒体报道了这个企业，可以加速客户的成交。

（3）把所有各大网站发表过的关于企业的报道按照原网站网页的形式收集起来，链接在本企业的网站上，供客户阅览，使其迅速产生信任度。

（4）网络新闻软文具有二次传播特性，就是一个网站首先发布之后，其他的地方和专业网站会转载这篇新闻。

1.4.8　淘宝网店软文

优秀的淘宝软文对于淘宝店铺的网络营销来说，起到至关重要的作用，因为创意十足、引人注目的广告语能够吸引顾客，人流量提升了，销量自然不会太低。那么，淘宝软文有哪些写作技巧呢？

1．篇幅不要过长

如今快速的生活节奏，让读者习惯了快餐式的阅读，看到大篇幅的文字就头疼，即使阅读也很难读完整篇文章的内容，更何况是让其读广告了。这样做，增加了版面费用，效果却反而不好。

软文要短小精悍、言简意赅，让读者很快就能了解整个内容。当然，如药品等行业有其传播的特殊性，篇幅可能较长。但笔者觉得，还是尽可能简短的好。每句话不可过长，尽可能用短句（每句话在10字以内最佳），这样易读易记，自然容易让人产生阅读兴趣。如图1.20所示。

2．不要忽视标题

软文的标题是整篇软文的重中之重。大家看报纸都

图1.20　短小简练的淘宝软文

是先看每段内容的标题，感兴趣后再接着阅读。一般读者决定是否看某一个内容，70% 是由大标题和副标题决定的。标题是整篇软文的关键，所以要在标题上下足工夫。

3．写作不要拖泥带水

读者看软文广告通常没什么耐心，如果不能在几行字之内抓住读者的视线，后面的内容即使再精彩也毫无意义，因此应避免像写流水账一样，语言要精练，前后呼应，使一篇软文浑然一体。

4．宝贝图片要美观

虽说是软文，但是如果只有文字而没有图片搭配，会显得十分单薄。有时候，一张宝贝图片远比一大段文字要表达的内容还要多。图 1.21 所示为某品牌手表的软文广告语，简单的文字搭配精美的图片，营销效果十分明显。

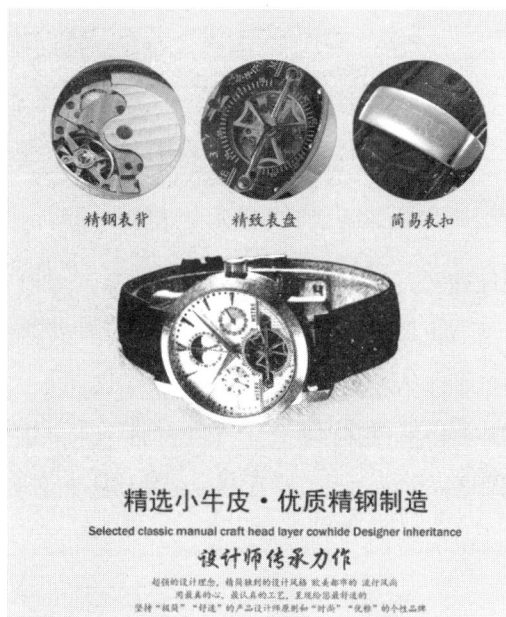

图 1.21　宝贝图片要美观

5．考虑读者的可接受性

软文的目的在于引导、说服与感动读者，推动读者产生购买行为，因此要充分考虑软文对于读者的"可接受性"。也就是说，软文一定要给读者一种"可信度"，切忌过分夸大，切忌把软文写成类似硬广告从而引起受众的怀疑甚至反感。

1.4.9　电子邮件软文

虽说目前电子邮件营销"风光不再",但对于某些商家和企业来说,它依然是个不错的营销手段,因此电子邮件软文也就显得尤为重要了。图1.22所示为邮件软文。

图 1.22　邮件软文

在编辑电子邮件软文时,不需太华丽的平面设计,否则会被别人当成广告而直接拒绝接受,或者根本不会打开来看。所以建议电子邮件软文的标题和正文精简再精简,详细资料可以作为附件发送。

一般的网友在6秒内就可以判断一封电子邮件是否有价值,决定是否继续浏览或者下载附件阅读。所以,电子邮件软文的重点应该放在标题和开头上面。

专家提醒

在传统媒体行业,软文之所以备受推崇,第一大原因就是各种媒体为抢占市场竞争激烈,人们对电视、报纸上的硬广告关注度下降,广告的实际效果不再明显;第二大原因就是媒体对软文的收费比硬广告要低得多,所以在资金不是很雄厚的情况下,软文的投入产出比较科学、合理,这一点与电子邮件营销的特点不谋而合。

1.4.10　QQ空间软文

QQ 空间是软文营销的另一个非常重要的阵地，特别是百度对于某些软文进行屏蔽的时候，通过 QQ 空间来进行软文营销的作用就更明显了。QQ 空间方便的转载以及 QQ 用户的巨大数量，无疑成为软文营销的最佳平台。

而且在 QQ 空间进行软文营销的同时，还能够利用 QQ 空间来补充网站的内容，例如尽可能地多上图，让用户能够更加直观地了解商品。

第2章
见证软文营销的力量

要点展示： 软文营销的力量
软文营销概述
软文营销的优势
软文营销案例

学前提示：

软文营销专注于以强有力的针对性心理攻击迅速实现产品的销售。对于商家和企业来说，软文能够获得超出想象的收获。通过文字和口头传播，企业能够迅速实现品牌宣传，当然这是建立在熟知软文营销含义以及策略的基础上的。下面我们通过具体案例进行详解。

2.1　软文营销的力量

时下，软文营销非常火爆，很多企业都希望通过撰写软文，在各大门户网站、行业权威媒体上发布，帮助企业提升品牌的知名度，进而帮助企业销售产品。据统计，通过软文进行营销的企业，有七成获得了成功。下面我们一起来见证软文营销的力量吧！

2.1.1　软营销时代来临

当今的时代是信息爆炸的时代，铺天盖地的广告让人目不暇接，眼花缭乱。对于企业而言，"酒香也怕巷子深"，因此做广告将产品和品牌推广出去，是每个企业的重中之重。

通过降价等营销手段进行促销只是"硬营销"，成本较高并且营销效果不明显，于是，相对于"硬营销"而言的"软营销"开始被企业重视。

所谓软营销是指在网络环境下，企业向顾客传送的信息及采用的促销手段更具有理性，更易于被顾客接受，进而实现信息共享与营销整合，如图2.1所示。

图 2.1　软营销

1．增进互动，房产软营销

下面我们以福建泉州市的楼市营销模式为例，介绍"软营销"在房地产行业中的应用。近年来，泉州楼市的营销方式不断变化，从简单的开盘推售，到开展楼盘体验式营销活动，直至目前的各类客户互动活动，最终将重点放在了"软营销"上。

楼市众多专业人士指出：通过软营销的方式可以加强与购房者之间的沟通，并最终达到推盘的效果。一般来说，降价是楼市促销的"良策"，但是对于开发商来说，降价其实恰恰是其最不愿意采用的手段。

相对于降价促销的"饮鸩止渴"，通过增进与客户的互动，进而提升楼盘的人气，显得更加实用。开发商可以组织各类客户活动，注重与客户之间的互动，并在现场推出抽奖、赠送礼品等方式。这种方式更容易吸引看房者，并有助于楼盘的销售。而最重要的是楼市营销实现了"软着陆"，有助于楼市营销进入"软营销"时代。

2．创意形式，旅游软营销

近日，浙江奉化通过动漫《布袋小和尚》样片试映仪式，将奉化旅游的传统文化资源与动漫创意产业结合，增进了游客对传统旅游文化的了解，激起他们的游兴。这是旅游行业试水"软营销"的破冰之旅，也是旅游宣传推介的一种趋势，如图2.2所示。

图 2.2　利用动漫进行旅游营销

3．巧妙植入，家具软营销

目前，房产限购，房屋销售量下降，作为房地产下游行业的家具木门市场必然会受到影响。因此，家具木门行业必须采用新的营销模式。而在众多营销方式中，软营销因其强调互动性和参与性，弱化或者规避广告行为本来的强制性和灌输性的特点，而被木门品牌广泛采用。利用巧妙的植入与互动，木门品牌的"软"营销快速进入一个新时代。

简而言之，木门企业在进行"软营销"的过程中，应该站在用户体验的角度，在高质量、充分满足用户想要了解的信息的基础上，自然巧妙地植入企业的品牌、广告，让顾客主动地接受企业的产品信息，从而获得一种微妙的营销效果。

以上只是众多行业"软营销"中的一小部分，在移动互联网普及的时代，"软营销"依靠人性化和互动性的特点，必将迅速占领市场。

2.1.2　软文助力企业营销

最近，一则关于苹果公司的趣闻在微博上广为流传：美国一男子在购买iPad2 后，迫于妻子的压力选择退货；在寄还的 iPad2 上附着一张纸条，上面写着"老婆不让"（Wife said no）。事件的最终结局是苹果公司决定把这台 iPad2 免费送给该男子，并且也附带了一张纸条，上面写着"苹果让"（Apple said yes）。

很明显，这是一个软营销案例，是一则很成功的软文。如果从其他角度去写这则软文，比如苹果公司送了一台 iPad 给一个男子，那么这则消息绝不会造成轰动。透过这则案例，我们可以看到软文的魅力，同时也感受到软文营销对企业品牌营销的强大助力。

1．对硬广告的有效补充

对于企业尤其是传统企业来说，硬广告依然是营销的重点。这种传统营销环节，通常会借助电视、报纸、杂志、电台等传统媒体进行"硬"广告的投放。这种广告通常是注重卖点的提炼、注重消费者的利益驱动等，往往直来直去。而消费者看惯了传统的硬广告形式，形成强烈的免疫力，并产生了一定的排斥心理。

而在这个时候，若能借助互联网有效地采取软文营销，就能与传统的硬广告形成有效互补，软硬兼施，往往能起到很好的整合效果。王老吉、必胜客等便是非常好的例证，如图2.3所示。

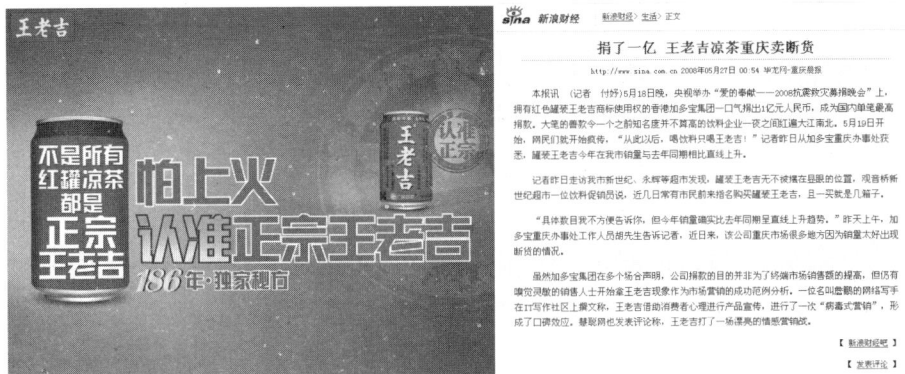

图2.3 王老吉的硬广告与软文营销

2．抢占消费者的心智

在众多营销方式中，笔者认为，软文是抢占消费者心智的最畅通的途径。这与软文营销的属性密切关联，因为要做好软文营销，通常要经历"竞争对手软文营销调查"、"把握行业发展趋势"等阶段，这几个阶段因为充分了研究消费者的行为习惯，换位在传统营销领域，相当于经历一个完整的营销过程，因此说软文营销在抢占消费者的心智方面独具优势。

在了解了软文营销对于企业的重要性之后，下面我们通过脑白金软文营销的成功案例，详解软文是如何助力企业营销的。

曾经红极一时的著名健康品牌脑白金可以说是在软文营销方面最为成功的品牌，一句"今年过节不收礼，收礼只收脑白金"红遍大江南北。而脑白金独创的软文告白，以较少的启动资金令其在短期内迅速启动了市场，创出了品牌，更重要的是将健康的品营销向前推进了一大步。这就是脑白金创造的奇迹。如图2.4所示。

早期的脑白金销售策略就是软文营销，具体的做法就是首先在一些有权威的

图2.4 脑白金的软文营销

报社刊登一些新闻软文，最早的文章有《人类可以长生不老吗？》《两颗生物原子弹》。这两篇文章表面上是普通的科普新闻，其实却从人们的心理出发，普及了脑白金的概念。

第二轮的软文营销文章有《一天不大便等于抽三包烟》《人体内有只"钟"》《夏天贪睡的张学良》《宇航员如何睡觉》《人不睡觉只能活五天》《女子四十，是花还是豆腐渣？》继续向用户传递健康科普知识。当然，仅仅传递科普知识是远远不够的，脑白金适时刊登启事，在线为客户提供咨询，从而达到客户主动找产品的目的。通过脑白金的营销案例，我们可以总结出以下几点宝贵经验。

（1）好的软文是什么？其实一篇好的软文，不应刻意地去推广你的产品，而是，向用户传递一些有用的信息，真正帮助用户解决其想解决的问题才是王道。

（2）其实软文的作用不单单只是推广产品，还可以向用户包装你的产品的亮点，首先让用户认可、信任你或者你的产品，从而引导用户去找到产品。这样的效果比你正面的推广效果好很多。

（3）消除用户的疑虑。这个很重要，商家可以引用一些权威的数据或者依靠一些权威机构，宣传效果能大大提升。

（4）抓住目标用户的心理需求。用户需要什么我们就做什么，这个绝对没有错，就像脑白金一样，抓住了用户的普遍心理——渴望健康长寿。这个需求绝对是每个正常人都渴望的，所以脑白金拥有那么广阔的市场。

（5）好的软文营销一定不会只有一篇文章。要想达到好的效果，一定要写系列软文，要让用户认可、相信、记住你。

（6）切忌正面推广。从侧面引导客户是一个很不错的选择，不要直接向用户推销，要像脑白金的销售策略那样，让客户有想要了解产品的欲望和紧迫感。

专家提醒

商家的软文可以适当地捆绑一些时下热门的事件、节日或者新闻资讯等。比如在世界杯足球赛期间，哈尔滨啤酒节就把足球与啤酒进行有机结合，向参与节庆的游客详尽介绍历届世界杯足球赛的主办国、冠军球队以及其所钟爱的啤酒。

2.2 软文营销概述

所有的人都知道对于网站而言是内容为王，如果你的网站连内容都一塌糊涂，怎能让用户和搜索引擎对你产生好感呢？

所以，无谓地发一些数量性的内容还不如写一篇权威性的软文。如果营销软文够好，绝对会被各大网站纷纷转载的，这样一来，第一，对于网站的口碑有很大的作用；第二，营销的产品得到广泛宣传；第三，无形之间对网站产生了大量的反向链接。这也是软文营销在当今的互联网营销中占如此大的比重的根本原因。

2.2.1 什么是软文营销

所谓软文营销，是指通过特定的概念诉求、以摆事实讲道理的方式使消费者走进企业设定的"思维圈"，以强有力的针对性心理攻击迅速实现产品销售的文字模式和口头传播，包括新闻、第三方评论、访谈、采访、口碑等。

游戏《征途》上线时，史玉柱的公关团队便以十分专业的软文抢占了各大媒体的醒目位置，凭借"终身免费"和"发工资"的噱头，"以网络游戏革命"的主题进行大规模的宣传，如图 2.5 所示。

图 2.5 《征途》发工资活动

尽管《征途》所谓的发工资只是在游戏中发送虚拟货币，所谓的"免费游戏"也是靠道具收取更多的费用，但是不得不承认，"发工资的概念"被史玉柱利用到了极致。在网络的软文营销上，史玉柱给业界人士做了个好的榜样。

专家提醒

软文是基于特定产品的概念诉求与问题分析，对消费者进行针对性心理引导的一种文字模式。从本质上来说，它是企业软性渗透的商业策略在广告形式上的实现，通常借助文字表达与舆论传播使消费者认同某种概念、观点和分析思路，从而达到企业品牌宣传、产品销售的目的。

除了游戏行业，我们还可以从著名酒类品牌茅台的网络软文营销案例中进一步认识什么是软文营销。

为了宣传茅台品牌，引导大众口碑传播，茅台酒厂名誉董事长季克良亲自连续撰写和发表了《茅台酒与健康》《世界上顶级的蒸馏酒》《告诉你一个真实的陈年茅台酒》《国酒茅台，民族之魂》等文章。这些文章一经发表就被各大网络媒体争相转载，简单的几篇软文却释放了巨大的爆炸力，达到了品牌传播的目的。

2.2.2　软文营销的特点

软文营销的文字可以不够华丽、可以无需震撼，但一定要推心置腹地说家常话，因为最能打动人心的还是家常话；绵绵道来，一字一句都是为消费者的利益着想。具体来说，软文营销具有以下几个特点。

（1）软文营销的本质就是广告。这是不可回避的商业本性，所以不管商家和企业的软文营销如何策划和实施，都要追求低成本和高效回报，并且最终一定要求能够达到相应的效果，否则就是失败的。

（2）软文营销要吸引用户的眼光停留。所谓软文，关键点一是"软"，二是

"文"。也就是说软文的内容一定是以文字为主，包括各种文字形式，如新闻资讯、经验心得、技巧分享、思想表达。通过这些文字，使受众"眼软"。只有让用户的眼光停留了、徘徊了，才有机会影响他们。

（3）软文营销的宗旨是制造信任。什么形式的文章最终能打动用户，能使用户产生信任感？答案就是能够对用户起到帮助性的文章。比如通过文章，让用户解决了问题、学到了新知识。所以软文的内容一定要真实、真诚，经得起推敲；内容要实在，要能够帮助用户解决问题。切记不能有虚假信息或是欺骗受众。

（4）软文营销要把话说明白。对于推广者来说，仅仅让用户相信你还是不够的，还需要在文章中把产品说得明明白白、清楚透彻。否则用户弄不清楚状况，还是达不到最终的目的。所以需要深入了解产品的特点，并将这些特点通过文字完美地演绎出来，使受众在了解到这些特点后"脑软"。

（5）软文营销的重点是口碑传播。口碑的影响力是不容忽视的，试想，如果周围的朋友都在用某件产品，并且时不时地"劝说"你一下，想来你肯定会"耳软"。软文营销的重要特性就是在于此，通过精练动人的语言，成功抓住用户的耳朵，可以很好地传播品牌。

（6）着力点是用户的兴趣和利益。用户对什么样的内容最感兴趣？不同的行业、用户群，答案不尽相同，但是有一条最本质的规律，那就是不管是什么状况、什么行业、什么用户，一定对与自身的喜好和利益有关的内容最感兴趣。所以，深入研究用户的需求，是每一位营销推广人员必须做足的功课。

2.2.3 软文营销四要素

在理解了软文营销的基本概念以及特点之后，软文营销该怎么做呢？软文营销要注意一些什么问题呢？下面就来简单说一下软文营销应该注意的四大要素。

1．标题

具有吸引力的标题是软文营销成功的基础，因为即使软文文章内容再丰富，如果没有一个具有足够吸引力的标题也是徒劳的。文章的标题犹如企业的 LOGO，代表着文章的核心内容，其好坏甚至直接影响了软文营销的成败。

所以，在创作软文的第一步，就要赋予文章一个富有诱惑、震撼、神秘感的标题。图 2.6 所示为某淘宝店家的标题，它利用谐音与最近热映的电影《后会无期》结合，以新颖的题目获得了大量点击浏览。

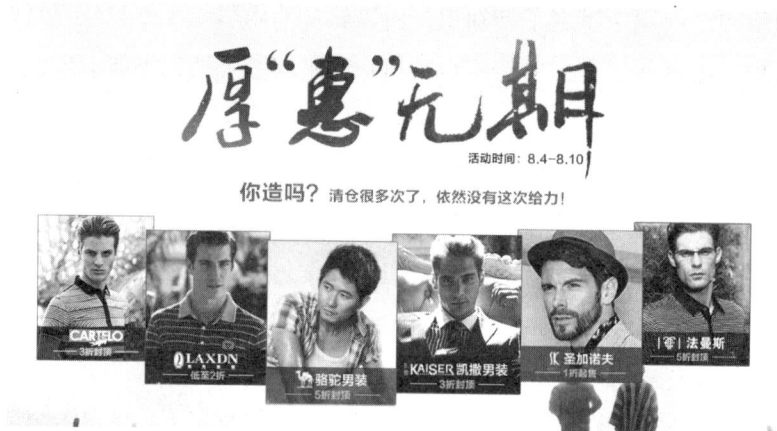

图 2.6 引人关注的标题

专家提醒

这里要提醒一下大家，标题虽然要有诱惑力，但是切忌变成标题党，给用户"货不对板"的感觉。

2．话题

2009 年 7 月 16 日，百度"魔兽世界吧"发表的一个名为《贾君鹏，你妈妈喊你回家吃饭呢》的帖子，立即演变为一个全国性的网络热点，短短 6 小时内就获得了 39 万多的点击量，有超过 1.7 万名网友参与回帖，创造了当今网络"第一神帖"的奇迹。事后，北京一家传媒公司的 CEO 表示，该公司动用了 800 人制造出"贾君鹏"，目的是让网民持续关注"魔兽"这款游戏。而利用热门的话题"贾君鹏"，"魔兽世界"成功吸引了玩家的注意力。

3．结构

高质量的软文排版应该是严谨有条不紊的。一篇连排版都比较凌乱的文章，不但会令读者阅读起来感到困难、思路产生混乱，而且会给人一种不权威的感觉。

所以，为了达到软文营销的目的，文章的排版不可马虎，需要做到最基本的上下连贯，最好在每一段话题标注小标题，从而突出文章的重点，让人看起来一目了然。在语言措辞方面，如果是需要说服他人的，最好加入"据专家称"、"某某教授认为"等，这样能够提高文章的分量。图 2.7 所示为某摄影组织的博客软文，我们可以看到文中通过小标题的标注，结构清晰，思路明显。

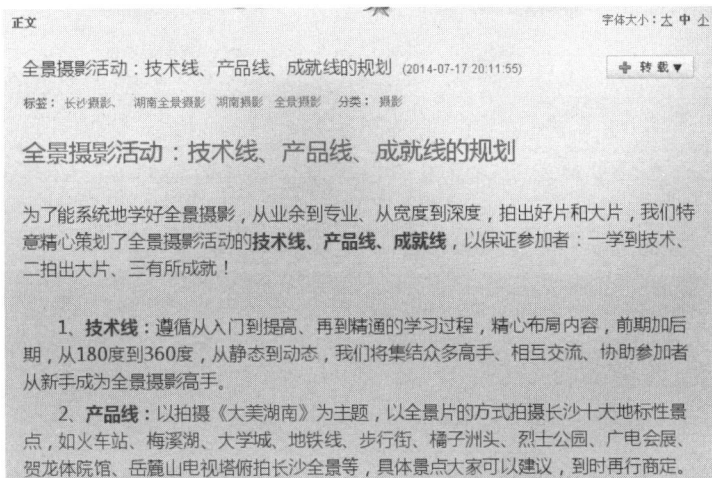

图 2.7　软文的结构要清晰

4．广告

在笔者看来，要把广告内容自然地融入文章是最难操作的一部分。因为一篇高境界的软文是要让读者读起来一点都没有广告的意味，读完之后读者还能够受益匪浅，认为你的文章给他提供了不少帮助。下面我们通过一篇软文范例进行分析。

这是一篇服装软文的范文：2007 年，一部研究中国古代贴身服饰的专著问世，打开了中国人尘封已久的记忆。

贴身服饰是女性极为私密的着装，除具有特殊意义而保存外，流传下来的甚少。在许多版本的中国服装史中，有关贴身服饰的介绍廖廖无几。因此，许多人以为古代的贴身服饰就是肚兜。其实不然，里面的奥秘绝非常人所想象的。

在古代，女性的外衣穿着等级森严，许多人就在贴身服饰上极尽花样，以诉说情感、寄托心愿。今天保存下来的贴身服饰，更可瞥见时尚的端倪。一件民国年间的贴身服饰，正反两面桃红和墨绿的对比搭配、由浅入深的渐变色彩、不等距的纽扣位置、疏密有致的流苏，无一不是2007年春夏女装的亮点。

进入21世纪，外装的等级制度已不复存在，包括家居服、内衣、瑜伽服、泳装、晚装、弹力运动装在内的贴身服饰却陷入尴尬窘境——在群雄割据、品牌林立的外衣业攻城略地下，贴身服饰市场一直不温不火。

2007年年末，"猫人的秘密"（MIIOW SECRET）横空出世，就像是挪威渔夫的船舱中游进了一条用于保持沙丁鱼活力的鲶鱼，引领了中国贴身服饰消费时代的到来。随着"猫人的秘密"在全国开始招商，以及是销售终端的全面铺开，贴身服饰市场的鲶鱼效应将很快显现。

这篇软文很常见，不过广告的植入却让人很舒服，不会产生生硬感。这也是软文营销宣传广告的关键。

2.2.4　软文营销的策略

软文营销是生命力最强的一种广告形式，也是很有技巧性的广告形式。因此，企业应当掌握软文营销的策略，从而达到宣传企业品牌、销售产品的目的。软文营销有很多策略，笔者总结了几种主要的、常用的策略，供大家参考。

1．新闻攻略

人们都有猎奇心理，也都渴望了解新事物、学习新知识，所以新闻性的软文非常容易得到人们的关注，如图2.8所示。

图 2.8　新闻软文

不过在操作时要注意，新闻软文一定要突出一个"新"字，文章中的内容一定是人们所不知道的、不了解的、不熟悉的，例如，新鲜的观点、事物、知识、话题等。文章的形式要符合新闻写作规范，发布的媒体及具体的板块也应该是正规栏目，切记不要发到广告板块。

2．概念攻略

万物都是相通的，网络营销也是如此。不同的营销与推广方法之间都有很多共性，理念和策略都适用，只不过具体的表现形式不同。

打造概念时要注意，这个概念一定得与目标用户息息相关，要高度符合用户需求，能够引起受众强烈的关注与足够的重视。否则不管包装多漂亮，都是在做无用功。

3．话题攻略

话题是最容易在用户中引起口碑效应的策略，因为只有足够热的话题，才能在用户之间自发地讨论与传播。想获得足够热的话题，比较好的方式有两种，一是围绕、结合社会热点制造话题，二是针对用户的喜好与需求引发争议。

制造话题时，要注意话题的可控性，特别是在制造争议性话题时，不能引发用户对产品的负面情绪，一定要做正面引导。

4．经验攻略

经验分享性软文，是最容易打动用户和影响用户的软文类型。此类软文的策略主要是利用了心理学中的"互惠原理"，通过免费向受众分享经验、免费给予他们帮助，达到感动用户的目的，图 2.9 所示为某贴吧的经验分享帖子。

图 2.9　经验分享软文

5．技术攻略

此策略的关键是通过技术层面的东西去打动用户，所以，文中所说的技术不能是伪技术，必须具有一定的先进性，能够真正帮助用户解决一些问题。而且在描述时不要过于高深，要用一些浅显易懂的语言和例子，让用户明白其大致原理，了解这种技术能够为他们带来什么。

2.3　软文营销的优势

所谓"软文"，就是把活生生的硬性广告软化掉，使得广告既像广告而又不似广告，使用户更容易接受推广的信息而不会反感。如今市场上并不缺少利用软文营销获得成功的案例，最具代表性的便是脑白金。软文营销之所以如此火爆，是因为软文具备了其他推广方法所没有的优势。

2.3.1　较强的隐蔽性

广告的最高境界是让用户觉得自己看到的不是广告，因此在信息爆炸的互联网时代，广告宣传的"伎俩"必须十分高超。

对于广大网民来说，传统的广告推广方法差不多让他们产生，免疫力，比如一些生编造的故事软文，用户看到这些信息会产生一种被忽悠的感觉。所以，如果企业和商家还用传统性的推广方法、利用迷惑用户来获取更多的关注自然是不可能成功的。

这个时候，软文营销的优势就体现出来了。软文可以把硬性广告"软"化，让用户在浏览文章的同时接受广告信息，也就是说软文可以把广告隐藏起来，让用户不会对商家和企业推广的信息产生排斥。而且一篇高质量的软文不但可以让用户理所当然地接受广告信息，还可以让用户自发地加以推广、分享，这样就可以形成大范围的传播。

专家提醒

软文的一大优势就是弥补了硬性广告不能做的事，切切实实地把广告隐藏于内容中，使用户更好地接纳广告信息。

2.3.2　传播范围极广

判断一种营销模式成功与否的重要标准，就是看品牌的传播范围。在软文营销中，一篇受用户喜欢并且能给予用户所需信息的软文可以使其传播范围特别广泛。尤其是如果你的软文被各大门户站转载的话，那么传播范围则更广泛了。

因为门户网站具有一定的品牌权威性，用户在心理上会产生一种信赖的感觉；而你的软文被这些门户网站转载了，自然就能在原有读者的基础上再获取更多的读者，这样就能获得更多的潜在用户，使你的推广更加成功。

而且一篇好软文可以起到让用户自发地宣传、分享、转载，达到一传十、十传百的效果。所以，软文推广的一大优势是传播范围特别广泛。当然软文需要有一定的价值和质量才行。

2.3.3　成本低收益高

由于传统的广告受到诸多限制，有时候会由于各种原因使得成本增加，就像在门户网站投放广告一样，由于对方的广告位限制或其他原因，致使不能充分地说明自己的广告内容，这样很难实现高转化率。

而软文就不同了，撰写优质的软文投放到知名的门户网站时，可以通过其自身的知名度带动软文的转化率，而且软文在搜索引擎中的收录非常好，很容易产生二次传播推广。软文一旦形成，可以永久地存在，这样就更具有长期性的推广效果了。况且软文并不需要成本，只要你的写作能力够好，就可以实现零成本投资获取高收益的效果。

2.3.4　形式内容多样

因为中国文字的博大精深，所以软文的资料信息也是相当丰富的，即使是同样的一个问题，每个人都可以根据自己的看法发表不同的观点。

而且软文可以把要传递给用户的推广信息加以完整化，使用户切切实实地知道信息的全部内容。

软文由于其先天的优势而不会拘于小节，这样更利于推广广告信息。现在很多类型的网站都在通过软文来推广，小到论坛发帖，大到门户网站，软文目前几乎遍布网络的每个角落。所以，利用软文推广不但范围广，而且可以更容易地挖掘更多的潜在用户。

2.4 软文营销案例

软文营销与硬广告营销的最大区别是：软文营销注重让消费者自愿记住你的品牌形象，而硬广告营销是强迫消费者记住你的品牌形象。据统计，有超过八成的用户对硬广告营销持反感态度，而对于成功的软文营销广告，大部分人非但不会讨厌，反而会通过口碑传播自发地为品牌做宣传，这就是软文营销的魅力所在。下面笔者总结了近年来软文营销的成功案例，供行业推广者和创业者借鉴。

2.4.1 兜售秘方：软文营销

让我们来看一下可口可乐与世界快餐业巨头肯德基是怎样进行软文营销的。经过调查发现，这两大巨头的品牌行销中都有一个共同点，那就是它们在兜售自己的秘方。图 2.10 所示为可口可乐与肯德基的"秘方"之争。

图 2.10 可口可乐与肯德基的秘方之争

首先我们看一下可口可乐关于自己的秘方的故事。

可口可乐的秘方存放在保险库里，安保措施非常严密，而这种严密是世人所难以想象的。如果公司的哪个人想要查询这一"秘方"，那么，这个人就必须首先提出申请，经信托公司的董事会全权批准后才能拿到保险库的钥匙。同时还严格规定，保险库的门要想打开，必须符合以下两个条件：一是有官员在场，二是在指定的时间内打开。因此，迄今知晓这一秘方的不到 10 人。

而肯德基关于自己秘方的故事如下。

1963 年，桑德斯上校因为不想过一事无成的平凡人生活，于是拿了家里的一个祖传秘方，外出寻求合作伙伴。1964 年，桑德斯上校以 200 万美元的价格将肯德基的秘方卖给了一个三人财团，秘方就是在这次交易之后传给了外人。

三人财团中的一人是马西，他是一个金融家，资金力量雄厚。佩尔斯特以前是一位航空航天工程师，他负责配制调料和改进一系列的工艺。在马西的财团买下肯德基秘方之后的第七年，何伯雷恩公司以 2.87 亿美元垄断了品牌的经营权。

这两个企业所称的秘方究竟是不是真的，我们无从考证，但有一点可以肯定——他们对软文营销的运用确实很高明，因为每个人都会对这种秘密感兴趣。这便是软文营销的主动品牌认知超过硬广告品牌营销的奥妙。

图 2.11 《北京晚报》关于春秋航空"低价被罚事件"的报道

2.4.2　春秋航空："受罚事件"

2006 年 12 月，中国的民营企业春秋航空由于出售 1 元的低价票，被物价局处以 15 万元的罚款，这次事件是航空公司首次因售票问题受到政府部门的行政处罚。图 2.11 所示为《北京晚报》关于春秋航空"低价被罚事件"的报道。

这起事件看似一个负面新闻，可是通过策划力十足的软文，让春秋航空受罚事件在新浪，网易、搜狐、腾讯、新华网，人民网、中新网、中国网、北方网、东北网、南方网、西部网、环球网等全国300多家网络媒体大量转载，并在数日内牢牢占据百度关键字搜索热榜前五位。

"受罚事件"让春秋航空的品牌认知度上升了45.9%，而普通的一个品牌要想达到同样的效果得花上百万甚至千万的硬广告传播费用。

此次软文营销事件后，消费者就主动给春秋航空做了一个完美的定位——春秋航空票价低。这个定位与春秋航空的自身定位恰恰相吻合。

专家提醒

透过春秋航空的"受罚事件"，我们不难发现，软文营销的优点是四两拨千斤，只要软文发布的时机恰当，软文策划的主题契合时代需求，企业就能以极少的软文营销投入获得巨大的品牌认知度及间接的经济效益。

2.4.3　宝洁软文："感恩母亲"

2009年年初，宝洁取得了温哥华冬奥会美国队的赞助权，此时距离冬奥会开幕只有128天了。世界级的盛会需要世界级的营销，在短短的时间里，宝洁如何从众多奥运赞助商中脱颖而出呢？

面对这一挑战，宝洁的想法是：通过一个独特创意，将宝洁"亲近和美化生活"的目标与奥林匹克"体育使生活更美好"的目标结合起来。10天之后，广告公司交出了满意的答卷：宝洁品牌初看与奥林匹克毫无关系，但每位奥运会参赛选手都有母亲，是母亲培养和鼓励自己的孩子，帮助他们实现梦想。而宝洁的事业正是帮助全世界的母亲照顾自己的家人——从纸尿裤到洗衣产品到口腔保健产品。母亲是不为人知的幕后英雄，我们应该花时间来感谢她们。如图2.12所示。

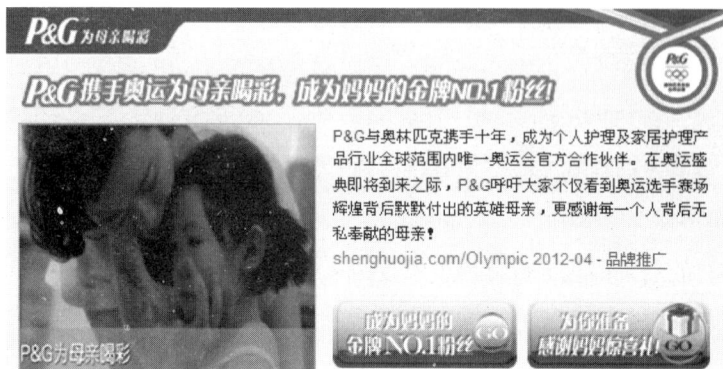

图 2.12　宝洁"为母亲喝彩"软文

这个创意打动了宝洁的决策者，立刻被转化为广告片和其他营销行动。在这届冬奥会上，宝洁的广告片主题分别是"孩子"和"妈妈永远在这里"。广告之外，宝洁还开展了诸如"感恩母亲"等公益活动，为经济拮据的运动员母亲报销往返冬奥会的差旅费，这样她们就可以亲眼观看自己孩子的比赛。

另外，选手的家人到达温哥华后，会在"宝洁之家"与孩子们团聚，并享受很多服务，比如帮宝适游戏村、品客游艺大厅、佳洁士健康微笑中心、汰渍洗衣服务和美容 Spa。

这些活动让宝洁成为冬奥会话题的一部分。在本届冬奥会期间，宝洁的受欢迎程度上升了 10 个百分点，广告曝光数达到 60 亿次，而且带来了 1 亿美元的额外销售。

2.4.4　迪拜酒店：软文营销

阿拉伯塔酒店，又称"迪拜帆船酒店"，位于中东地区的阿拉伯联合酋长国的迪拜市，为全世界最豪华的酒店。

2007 年年初，为了拓展中国市场，帆船酒店利用两篇新闻软文成功获得了中国用户的关注。第一篇是 2007 年《长江商报》刊登的一篇文章《全球唯一七星级酒店：26 吨黄金装饰》，第二篇是 2010 年《北京青年报》刊登的一篇文章《迪拜七星级酒店六成中国客，消费能力让人吃惊》，如图 2.13 所示。

全球唯一七星级酒店：26吨黄金装饰
2007/8/20/06:32 来源：长江商报

你听说过世界上有一家七星级超豪华酒店吗？——阿联酋迪拜帆船酒店吗？你住过一晚上收费10万元人民币的皇家套房吗？你有过直升机或劳斯莱斯车队接送客人的感受吗？你想象过仅在酒店端盘子、送茶水就能拿到月薪1万元以上的工作吗？近日，记者采访了在阿联酋迪拜JUMEIRAH酒店集团工作的武汉女大学生董超群和张晶晶，她们为我们讲述了这个七星级酒店里的神秘与奢华。

迪拜七星级酒店六成中国客 消费能力让人吃惊(图)
2010-08-09 来源：北京青年报 查看评论 进入光明网BBS 手机看新闻

图 2.13 迪拜酒店的软文营销

这两篇文章的核心内容被新华网、人民网、搜狐、腾讯、新浪等各大门户网站争先转载，并被其他平面媒体报道和引用，结果迪拜帆船酒店就这样进入了中国人的视野，帆船酒店于是成了中国内地富商、明星等争相参观的景点以及入住的首选。

据统计，帆船酒店的客人中超过 10% 是来自中国的。帆船酒店没有投入一分钱的广告费，仅仅靠两篇软文就成功收获了中国市场。

2.4.5 加多宝：借势与造势

加多宝与王老吉之争已经成为过去，王老吉归属广药。加多宝则采取广告诱导的方式吸引消费者，"全国销量领先的红罐凉茶改名加多宝，还是原来的配方，还是熟悉的味道"，这样一句广告语使得"王老吉"品牌的内涵迅速转变到加多宝品牌之下，从而分得了一部分"王老吉"的品牌影响力和美誉度，如图2.14 所示。

图 2.14 加多宝的广告语

广药虽然拿到了"王老吉"品牌的所有权，但是因为加多宝这条广告的迅速展开，减弱了广药"王老吉"的品牌影响力。这一动作体现了加多宝集团在市场方面的反应速度和灵敏度。

之后，加多宝成功加盟"中国好声音"节目，借助热门事件"中国好声音"，巧妙设计了广告语"正宗好凉茶，正宗好声音"，再次让"加多宝"迅速占领消费市场，进一步说明了加多宝凉茶是红罐凉茶中的正宗，从侧面对广药的红罐"王老吉"凉茶进行了打击，如图2.15所示。

图 2.15　加多宝借势"好声音"

加多宝"中国好声音"官网更是增强了与消费者的互动与粘度。华少（主持人）独特的读取广告的方式虽然很难听明白，但是这一特点也被加多宝网络水军进行了演绎："哈林是来做主持的，杨坤是来做宣传的，那英是来唠嗑的，刘欢是来开家长会的，华少就是来卖凉茶的。"

以这样娱乐、幽默形式的软文传播方式，将加多宝再次推向了消费者。当总决赛出现因广告时间长而引发观众不满的时候，加多宝集团又一次很好地利用了这一事件进行了一次传播，"看好声音上火，就喝加多宝"，充分体现了加多宝营销团队对事件的敏锐嗅觉和对网络资源的掌控度。同样赞助"中国好声音"的娃哈哈，收到的效果则远远不如加多宝。

专家提醒

加多宝每次的品牌运作都体现了"与时俱进"，都与消费者实现了零距离接触，让每一个消费者变成加多宝的传播者，是供创业者借鉴的典型案例。

第3章
软文关键词设置

要点展示：关键词的常见类别
关键词的设置技巧
关键词的布局技巧

学前提示：

　　"关键词搜索"是网络搜索索引主要方法之一，由此可见关键词的重要性。对于软文来说，关键词是用于表达软文主题内容的重要部分，因此巧妙地设置关键词能够提高软文的曝光率和转载率。

3.1　关键词的常见类别

软文推广在网络推广中一直有着举足轻重的地位。一篇好的软文就像一坛陈年老酒，放在网上越久，越能散发它的醇厚清香，自然也能为企业带来可观的经济效益。而作为软文当中的关键词，更是在文中起到精神支柱般的影响力，这也使得关键词在软文当中起着至关重要的作用。

所谓关键词，是指在搜索引擎中输入的一个词语或几个词语。利用关键词可以命令搜索引擎为你搜索到你想要的结果。如图3.1所示。

图 3.1　关键词

关键词一般为产品、服务、企业、网站等的名称；可以有一个，也可以有多个。一般来说，软文中的关键词主要包括以下几个类别。

3.1.1　核心关键词

所谓的核心关键词，就是网站主题最简单的词语，同时也是搜索量最高的词语。比如某网站是一个 SEO 服务型的网站，那么该网站的核心关键词就是"SEO、网站优化、搜索引擎优化"等。

此外，核心关键词也可以是产品、企业、网站、服务、行业等的一些名称，或是这个名称的一些属性、特色的词汇，如"××减肥茶"、"××公司"、"××网"。那么，我们应该如何选择核心关键词呢?

1．相关性

这是软文核心关键词选择中最基本的要求。例如网站是做服装销售的，如果关键词取"电脑器材"是肯定不行的。对于网站来说，核心关键词与整个网站的主题内容是息息相关的通常也就是网站首页的目标关键词。核心关键词要与网站紧密相关，告诉搜索引擎你的产品是什么、要为客户提供什么服务、能给客户解决什么问题。

2．根据用户搜索习惯来选择

做网站的目的是吸引用户，那么关键词的设置也要考虑到用户的搜索情况。所以在选择关键词的时候，网站可以列出几个可以作为核心的关键词，然后换一下角色，考虑自己若是用户会怎么搜索，以保证关键词的设置更接近真实用户。

3．竞争热度

经常被搜索的词才是最有价值的词，但是这样的词一般都比较热，而与其相对的是冷门的关键词，虽然排名好做，但是却没人去搜索。这里给大家介绍一下对关键词的竞争程度的判断。

（1）搜索次数。这个可以通过"谷歌"关键词工具和"百度"指数来观察，数值高就代表竞争度也高。

（2）竞争对手的数量。有人竞争，且竞争得多，就说明竞争对手数量大，这是衡量关键词竞争程度的重要标准。可以通过 intitle 指令查看 title 中包含某个关键词的页面的数量。因为这些网站会在 title 中出现这个关键词，一般来说是有优化的意图的。如图 3.2 所示。

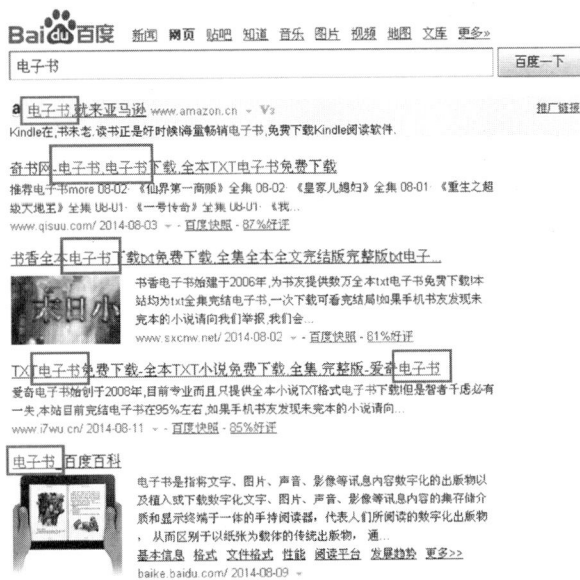

图 3.2　Intitle 搜索指令

（3）竞价推广数量。可以在某个关键词显示的搜索结果中查看竞价排名的数量，以判断该关键词的竞争程度。

（4）竞价价格。通过谷歌的流量估算工具可以查看关键词大致的竞价费用，虽然不准确，但也值得参考。价格高的不一定竞争激烈，不过价格低的竞争一定不会太激烈。

3.1.2　辅助关键词

辅助关键词，又可称为"相关关键词"或"扩展关键词"，是指与核心关键词相关的解释、术语、名称等，是对核心关键词的补充。辅助关键词的数量可以是无数个，其最主要作用是通过辅助关键词的 SEO 优化，把对网站业务有兴趣的用户吸引过来。在辅助关键词的选择过程中不需要考虑是否可以促成消费，只要与核心关键词相关，都可以罗列在内。

辅助关键词不仅可以是词语，也可以是短语。从对用户搜索习惯的了解中得知，用户很喜欢用"什么是 ×××"这一搜索短语。例如核心关键词是"网络营销"，那么"什么是网络营销"、"网络营销是什么"、"什么叫网络营销"都是非常好的辅助关键词。如图 3.3 所示。

再如某网站是一个 SEO 服务型的网站，该网站的核心关键词是"SEO、网站优化"等，那么辅助关键词就是类似于"企业 SEO 优化、门户网站 SEO 优化"等与核心关键词相关的近义词以及解释说明的词语等。

在中文软文中，我们也是通过对主关键词进行相应增删的方法得到辅助关键词的。例

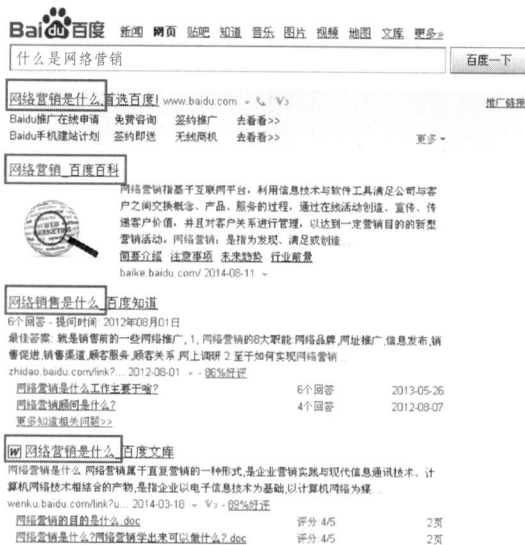

图 3.3　辅助关键词

如，将主关键词"手机"与"智能"这个词组合后，就产生一个新的辅助关键词"智能手机"。

在页面中，辅助关键词可以有效增加核心关键词的词频，突出页面的主题。此外，辅助关键词的存在还会提高页面被检索的几率，从而增加网站的流量。具体来说，辅助关键词有以下几个作用。

（1）从内容方面讲，辅助关键词是核心关键词的一个重要的说明及补充。例如有两个网站，包含以下栏目：

甲网站：手机、诺基亚、三星、摩托罗拉、多普达；

乙网站：手机、智能手机、拍照手机、音乐手机、娱乐手机。

乙网站中的辅助关键词"智能手机"、"拍照手机"、"音乐手机"、"娱乐手机"对主关键词"手机"进行了重要的补充，提高了页面相关性。

（2）利用辅助关键词可以有效增加核心关键词的词频，控制关键词的密度，避免为了提高主关键词的词频而陷入堆砌关键词的误区。例如有两个内容如下的页面：

页面1：手机、智能手机、商务手机、音乐手机、拍照手机；

页面2：手机、手机、手机、手机、手机。

搜索引擎对页面1进行分词操作后，得到的词汇包括"手机"、"智能"、"手机"、"商务"、"手机"、"音乐"、"手机"、"拍照"、"手机"。则页面1中的主关键词"手机"的关键词密度就是5/9，而词频是5。

而经过对页面2进行分词操作后，得到词汇"手机"、"手机"、"手机"、"手机"、"手机"。则负面2的主关键词"手机"的关键词密度是100%，而词频也是5。

假设关键词密度在10%时页面相关性最高，那么说明页面1比页面2在内容上与查询关键词更接近。

（3）增加相关的辅助关键词还可以提高页面被检索的几率。例如，一个页面存在主关键词"手机"及辅助关键词"手机报价"、"手机图片"等，则用户除了可以在主关键词"手机"的搜索结果中发现该页面外，还有可能在"手机报价"、"手机图片"等辅助关键词的搜索结果中发现该页面。

专家提醒

....

一般一个企业网站的核心关键词为 3 ~ 5 个，辅助词可以收集到 200 个左右。对这几百个辅助词分门别类后进行 SEO 写作，网站的内容会非常充实，网站的流量和人均浏览量也很容易得到提升，企业网站也可以做到几百个页面。

....

3.1.3　长尾关键词

长尾关键词是对于辅助关键词的一个扩展，而且一般长尾关键词都是一个短句。例如，一家 SEO 服务型网站的长尾关键词就是"哪家 SEO 服务公司好"、"网站 SEO 优化找谁"等。

长尾关键词的特征是比较长，往往是由 2 ~ 3 个词组成，甚至是短语，存在于内容页面；除了内容页的标题，还存在于内容中。如图 3.4 所示。

图 3.4　长尾关键词

网站大部分的搜索流量来自于长尾关键词，越是大中型和门户型网站，长尾词的流量占比越重。长尾关键词能给网站带来不错的流量，但随着个人站、企业站的不断增多，通过 SEO 优化网站也变得越来越困难。图 3.5 所示为长尾 SEO 投入风险与转化率关键词曲线。

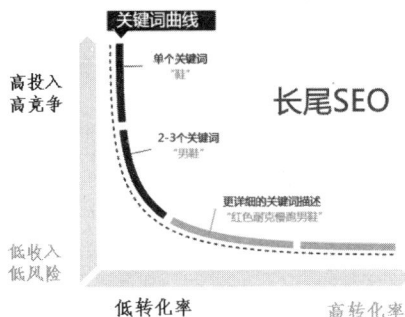

图 3.5 长尾 SEO 投入风险与转化率关键词曲线

一般来讲，长尾关键词的拓展方式有以下几种。

1. 流量统计工具

使用流量统计工具也可以大量获取真实并有价值的长尾关键词。这是仅次于使用搜索引擎后台的一大方法。借助网站流量统计工具，不仅能分析出网站访问流量的来源，同时也能分析出用户的具体搜索行为，即用户是通过什么搜索词进入网站的。

2. 百度下拉框

通过百度下拉框的提示也能获取一些长尾关键词，这些词在很大程度上会让用户直接搜索，因此也具有一定的访问量和转化效果。相关搜索也同样如此。如图 3.6 所示。但由于卜拉框是单体搜索，扩展量比较小，不适宜于大批量的长尾词拓展。

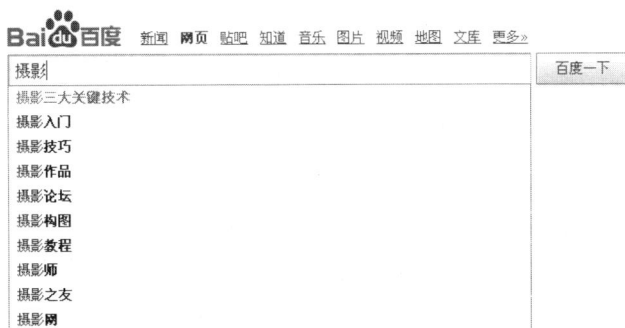

图 3.6 百度下拉框搜索关键词

3．客服软件

网站常见的客服软件，比如"商务通"、"53kf"、"乐语"等都提供关键词下载工具，这个绝对是用户真实搜索的关键词，并且具有相当的商业和转化价值。当然这其中很大一部分与后台流量统计工具的关键词有重叠，可作为筛选关键词之用。

4．问答平台及社区

像"百度知道"、"搜搜问问"、"天涯问答"这些综合型的问答平台，关于各行各业的问答都会有，虽然充斥着大量的推广和广告问答，但也有大量的真实用户的问答，所以有很大一部分长尾词可能是我们所意想不到的，是继搜索引擎后台关键词工具和流量统计后台关键词挖掘之后的又一大长尾词拓展方法，如图3.7所示。

图3.7　"百度知道"搜索长尾关键词

例如在"百度知道"搜索某目标关键词时，会出现许多与这个关键词相关的问题，而通过对这许多相关问题再搜索时，又会出现更多关于这个关键词的问题，如此循环，可利用的长尾关键词资源可谓源源不绝。

5．站长工具及软件

目前站长工具像"站长之家"、"爱站网"、"站长帮手"都有类似的关键词拓展查询，并给出关键词的百度指数、搜索量以及优化难度，也能拓展出一定量的关键词。

一些关键词拓展软件，如"金花"、"飞达鲁"，也会根据关键词进行拓展，并产生一些联想词，可以满足站长在量上的要求，但有可能会产生大批无用或无价值无意义的关键词。

6．搜索引擎的工具

谷歌的网站管理员工具和百度的"凤巢竞价"后台的关键词查询都有拓展关键词的功能。就国内来说，仍旧以百度为主，所以百度竞价后台的关键词相对来说比较重要，搜索次数和拓展词量也相对真实可靠。

7．拆分组合

把网站目标关键词按一定形式进行拆分，然后排列组合在一起产生大批量的长尾关键词，是很多网站的通用做法。这虽然并不像搜索引擎后台、流量统计以及问答平台得到的关键词那样在真实性和价值性上性价比高，但同样可以获得大批量的关键词，全方位地覆盖关键词，是一种全面撒网式的拓展方法。

8．其他方法

比如去竞争对手的网站查看，可自制一些抓取工具把对手网站的长尾词抓取过来，进行去重、筛选后存入关键词库。或者是利用"百度指数"、"搜索风云榜"这些工具，来搜集和拓展一些长尾词。

专家提醒

长尾关键词带来的客户转化为网站产品客户的概率比目标关键词高很多。而且存在大量长尾关键词的大中型网站，其带来的总流量非常大。长尾关键词的挖掘既是一个比较烦琐的工作，也是需要长期去做的事情。

3.2　关键词的设置技巧

对于商家和企业来说，没有质量、没有效率的曝光率自然得不到订单。那么，应该如何让商家的曝光率得到更准确的客户需求信息呢？笔者认为，如果产品的品牌影响力还没有达到深入人心的地步，那么商家可以从产品关键词的设置上入手，通过合理的关键词设置来获得曝光率。

3.2.1 从用户角度考虑

知己知彼方能百战不殆。首先要从用户的思维去思考、去选词，注意积累用户的搜索用语习惯。

1．搜索习惯

用户搜索习惯是指用户在搜索引擎中寻找相关信息时所使用的关键词形式。对于不同类型的产品，用户的搜索习惯会存在一定的差别，我们应该优先选择那些符合大部分用户搜索习惯的关键词形式。

专门统计网站表现的研究机构 Keynote Systems 的研究总监 Bonny Brown 博士曾表示："令搜索引擎用户最不满的是，搜索结果不够人性化，杂乱无章，甚至有时离题万里。如果一个网站从现实出发，以人类的心理为指引开展工作，必定能使用户十分满意。"

一般来说，用户在搜索时使用不同的关键词会得到截然不同的结果。对于同样的内容，如果页面中的关键词表达形式与用户的搜索习惯存在差异，则页面的相关性会大大降低，甚至会被排除在搜索结果之外，因为当大部分的用户在寻找 A 页面，而你提供的却是 B 页面。

因此，商家和企业在进行关键词的设置时，可以通过统计用户在寻找同类产品时所使用的关键词的形式，分析用户的搜索习惯。不过这样的关键词只是适用于同类产品。

例如，要分析用户在寻找 DELL 相关产品时的搜索习惯，可以在百度搜索栏搜索 DELL，其中有"dell inspiron"、"dell 外星人"、"dell 服务器"、"dell800"。这四个都是 DELL 的产品，我们能分析出各自的搜索量，搜索量大的是比较符合用户搜索习惯的，如图 3.8 所示。

图 3.8　对 DELL 相关产品的搜索

2．浏览习惯

对于网上的用户而言，上网的时候除了一些特别需要集中精力去研究、阅读的文章，大多数时间都是在浏览；而且在浏览的过程中往往会无意识地忽略对自己不重要的信息，而把主要精力集中在对自己有用的信息上。在对一个新网站毫无了解的情况下，我们浏览网站的时候除受主观的因素影响之外，还受我们的眼球轨迹的影响。

2006 年 4 月，美国长期研究网站可用性的著名网站设计师杰柯柏·尼尔森发表了一篇《眼球轨迹的研究》报告。报告称，大多数情况下浏览者都不由自主地以"F"形状的模式阅读网页，这种基本恒定的阅读习惯决定了对网页呈现 F 形的关注热度。

（1）水平移动。浏览者首先在网页最上部形成一个水平浏览轨迹。

（2）目光下移，短范围水平移动。会将目光向下移，浏览比上一步短的区域。

（3）垂直浏览。浏览者完成上两步后，会将目光沿网页左侧垂直浏览；这一步的浏览速度较慢，也较有系统性、条理性。

研究了大多数浏览者的浏览习惯之后，软文的关键词就可以沿着该轨迹进行设置，可以很成功地吸引用户的眼光。图 3.9 所示为眼球浏览轨迹。

3．阅读习惯

当人们的阅读习惯从传统的纸张转向互联网，又从互联网延伸到移动互联网的过程中，阅读习惯

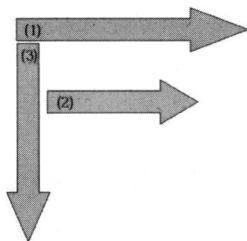

图 3.9　眼球浏览轨迹

也在发生着变化。互联网为人们提供了海量的信息，但同时导致了人们注意力的分散。在经历若干年的发展之后，用户对于精品内容的需求变得越发强烈。随着手机、平板电脑等移动端的普及，电子书籍成为人们阅读的首选。这些习惯都应该被软文推广者熟知，并应用到关键词的设置中去。如图 3.10 所示。

北京市报纸电子版

图 3.10　电子报刊逐渐普及

3.2.2　从对手的角度考虑

常言道：知己知彼，百战不殆。在设置软文关键词时，建议推广者们深入了解竞争对手的网站，摸清竞争对手网站的关键词及布局情况，这样能够掌握目前关键词的竞争热度，以便进行人力优化部署。具体方法如下。

（1）在搜索引擎中搜素与自己的产品相关的关键词，重点查看排名在前 10 页的网站都优化了哪些关键词，将它们摘录，然后做对比分析。

（2）可以到一些黄页网站和目录网站查询与产品相关行业的公司信息，分析这些公司的目录描述以及在描述中都出现了哪些关键词，创建 20 ~ 50 个竞争者的名单。

（3）可以到 B2B 的网站上寻找客户信息，分析这些客户的产品信息中重点体现了哪些关键词，将这些关键词汇总，整理到一张表格中。

3.2.3 关键词的确定

软文推广者在充分考虑了用户的需求和竞争对手的长处之后，就可以按照以下技巧确定软文的关键词了。

1．选择关键词

关键词是描述品牌、产品、网站或服务的词语，选择适当的关键词是增进被搜索率的第一步。选择关键词的一个重要的技巧是选取那些常为人们在搜索行业或产品时所用到的关键词。

2．理解关键词

在你收集所需的关键词之前，弄明白一般人怎样用关键词是十分重要的。人们在搜索的时候一般不会使用单个词，而是用短语或词组。这对于在文章里选择什么关键词起到很重要的作用。

3．处理关键词

到了这一步，推广者已经收集了很多与网站或产品有关的关键词了。接下来的工作就是把收集到的关键词进行组合，把它们组成常用的词组或短语。很多人在搜索的时候会用两个或三个字组成词，并且不会用普通的、单个的字作为关键词。

例如，一家名为"上海仲之朋机电设备有限公司"的企业有以下几个关键词："韩国、UV 灯管、紫外线"。如果简单地用这几个关键词去搜索，根本找不到这家企业。于是，该企业试着把它们组合为"韩国 UV 紫外线灯管"、"韩国紫外线 UV 灯管"等，这样企业就位于百度搜索中的第一位，很容易被用户找到，如图 3.11 所示。

4．舍弃关键词

推广者还要敢于舍弃一些关键词，如那些客户搜索时很少用

图 3.11 合并关键词

到的关键词，包括以下几种。

（1）在搜索引擎中，英文大小写是没有区别的。

（2）拼写错误的关键词是没有用的，但是找到一个经常出现拼写错误码的词可以额外地提高访问量。

（3）去除那些停用的词。

（4）没有人会用"最好的"、"疯狂的"等词语进行搜索。如果推广网站里有类似的词，最好去除。

5．最佳关键词

如果按照上面所说去做，推广者一定列出了一大堆的关键词。然后要做的就是通过长期的观察和去除，除去一些没人使用的或较少使用的，就是要长期推广的关键词了。

6．关键词的密度

通常来说，网页上会有数以百计的词语，那么搜索引擎怎样去分辨哪些是描述你的重要词语呢？搜索引擎会统计你一个页面的字数，而那些重复出现的词或短语被认为比较重要。

然后搜索引擎会利用自身的算法来统计页面中每个词的重要程度。关键词的次数与该页面字数的比例称为"关键词密度"，这是一个搜索引擎优化策略最重要的一个因素。因此，为了更好地被搜索到，你的关键词必须在页面中出现若干次，或者在搜索引擎允许的范围内。

7．突出关键词

在有价值的地方放置关键词，当推广者统计完页面需要多少个关键词后，接下来要做的就是考虑把关键词放在网页的什么地方。

搜索引擎将会专注于你的网页中某一部分的内容，处于这一关注部分的词语显得比其他部分的词语要重要得多，这就是所谓的"突出关键词"。

3.2.4　关键词扩展

在确定了核心关键词之后，就要对关键词进行扩展了。推广者可以根据这些核心关键词进行进一步的挖掘，以便扩展出更多的关键词。扩展关键词的方法有以下几种。

1．使用关键词工具

使用谷歌关键词工具或者百度指数，如图 3.12 所示。当我们在查询一个关键词的时候就会列出几十个相关的关键词，而当我们用其中任意一个相关关键词进行重新查询的时候，我们又可以得到另外几十个相关的关键词。如此一来，我们想要扩展出几千个关键词来可以说是很容易的事情。

图 3.12　百度指数

2．使用相关搜索

当我们在谷歌或者百度的搜索框输入核心关键词的时候，搜索框就会自动显示与此关键词相关的一些关键词。我们可以通过这样的方式找到搜索量最多的关键词，以此来确定我们的关键词。同时，也可以在搜索结果页面的最下面看到搜索引擎给出的相关搜索。

3．其他扩展工具

我们还可以使用其他的关键词扩展工具来确定我们的关键词，如"追词助手"、"飞达鲁"等工具，如图 3.13 所示。

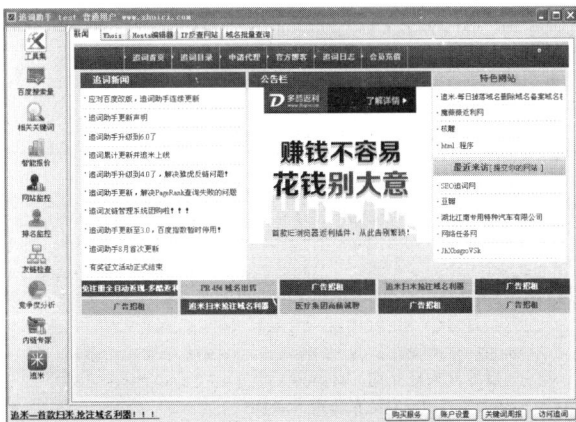

图 3.13　追词助手

4．其他关键词变体

使用其他关键词变体，来对关键词进行各种变化，主要的类型有同义词变体、简写变体、相关词变体以及错字四种。

5．使用形容词修饰

在核心关键词的前面加入形容词，用来扩展关键词。

6．网站流量分析

通过查看自己网站的流量，了解用户是通过什么方式、什么关键词访问网站的，然后把这些关键词输入谷歌关键词工具或者百度指数中去，形成更多关键词。

3.3   关键词的布局技巧

软文的灵魂就是关键词，是优化类软文中不可缺少的部分，因此在软文营销领域，可以说"得关键词者得天下"。那么，推广者应该如何在一篇文章中合理布局关键词，让它发挥最大的作用呢？

3.3.1   三类文章布局

网络购物陷阱多，实惠可信才叫好

提及团购，市面上也有很多已经成型的大型网站，甚至都邀请了知名的演员来代言，在媒体上大肆广告宣传。要知道，别说明星的代言费了，这些广告费用就是一笔不菲的开支啊。所谓"羊毛出在羊身上"，这些费用怕是要加在商品之上了，虽然消费者看到的商品或是一些团购信息确实比现实生活中的商品价格稍作便宜，但是其他网站上的一些同类产品更加优惠价格可能就此错过了。**果冻特惠秒杀团**就是专门为网友提供低价商品信息的QQ群。你可别小看了这个QQ群，要知道在群内每天都会发布成百上千的低价折扣商品，吃、穿、住、用、出行、旅游、美妆……总能找到你所需要的，做到真正的"实惠为网友，网友享实惠"。

网友们聚集在一起，还能讨论生活中的省钱经验啦，商品的好坏与否啦，甚至谁家孩子需要尿布，哪位大姐告诉你哪家商户经济实惠都可以。这些可是那些网络灌水的水军参与不了的，是咱老百姓自己茶余饭后讨论的话题，有了网友们的交流，你还怎被虚假信息欺骗吗？这就是咱果**冻特惠秒杀团**的特色。另外除了实惠的商品价格，按要求写评论网友们也可以像其他网站一样拿红包返现的，这些会由群里面的评论管理员统一审核发放，绝不出现虚假信息。

价格超低、经济实惠、品类繁多、更新及时、返现拿钱、真实可靠这些必备的优点咱**果冻特惠秒杀团**可是统统聚齐了，至于更多的惊喜之处，就等你自己来发现了，赶快加入**果冻特惠秒杀团**吧。

图 3.14   500 字软文的关键词布局

首先，我们可以根据软文字数分为 500 字、800 字、1000 字三类文章，这也是目前软文营销行业经常接触到的标准。

1．500 字文章

对于 500 字的文章，建议整篇文章的关键词频率在 4 ~ 5 次即可，因为再多的话容易造成关键词堆砌，而且太多的关键词插入会导致文章很难写，或者会产生一些病句之类的问题。图 3.14 所示为一篇关于"果冻特惠秒杀团"的 500 字软文，图中蓝色字体为关键词出现频率。

2．800 字文章

800 字的文章是需要把文章分为 3 ~ 5 段来写，关键词出现的频率依然建议为 4 ~ 5 次，因为 800 字文章和 500 字文章的整体长度以及结构大致相同，所以从 SEO 的角度来讲是属于同样类型的文章。而具体的布局方式如下：文章标题、首段、结尾安排关键词插入，文章中间核心段首尾加入关键词。

3．1000 字文章

这个字数的文章关键词出现频率建议在 5 ~ 8 次，因为 1000 字的文章整体结构和长度已经发生变化，所以适当的加强关键词出现频率是合情合理的，但是也不要太多了，不然整篇文章乍看上去就全是关键词，这样文章显得很不自然。图 3.15 所示为一篇关于"起名软件"的千字软文，我们略去了前文，重点列出了文章的结尾，蓝色字体为关键词出现频率。

"重要的部分，**起名**！"

"我怎么忘了这么重要的，我想起个中性点的名字，很酷呢。"

"哪有那么简单啊，**名字**可是要伴随一辈子呢，非常重要。什么八字，风水都有关的。"

"这么复杂……"一边和好友通话另一边我在网页上看到了一个有意思的软件。

"快上网，我发给你《**金娃娃起名软件**》"

"还有这种**软件**呢？"

"恩，看起来好像很专业呢。"

这件事有一段时间后终于又接到了好友带来的好消息。

"多亏了你告诉我那个《**金娃娃起名软件**》"

"好用吗？"

"恩，非常呢。我们宝宝的**名字**已经起好了，我公公还特地拿去请专人看了呢，说的确是不错的**好名字**，你就等着宝宝出世做干妈吧！"

图 3.15　千字软文的关键词布局

布局方式：文章标题可根据要求加或者不加关键词，文章首段出现 2 次关键词，文章末尾出现 1 次关键词，文章中间部分根据规律每 150 字左右加入一次关键词。

3.3.2　心得体会插入法

心得体会是现代软文创作中最经常使用的类型，也就是通过一些伪体验或者伪感受来作为切入点，主要是利用大家的同感来寻找彼此心灵上的融合点。

比如：80 后现在都已经做爸爸妈妈了，在教育孩子的问题上都有哪些心得体会，随即很自然地引出这些心得体会的来源，顺理成章地插入关键词。让大家先引发共鸣，在共同的体验和感受的前提下，再自然地过渡到对应的关键词上。这样的诱导技术我们称作顺理成章型，营销效果非常好。

3.3.3　两者比较插入法

不管是各种各样的网站，还是各种各样的产品，都不可能是这个世界上独一无二的，比如地方门户网站，在当地也不是唯一的，还有其他的类似网站。

那么在撰写软文的时候就可以先用比较法，用网友的口吻把所有类似的门户网站做一个比较，分析优缺点。再将文章的重点慢慢地转移到自己的网站上。通过这种方式加深大家对网站的印象度，从而产生想要到网站上来浏览的欲望。

这种方式可以用很形象的"欲擒故纵"来形容，好像是要介绍自己的网站或产品，但是先推荐介绍他人的，最后再通过比较返回到自己的关键词上，犹如隔山打牛，效果不言而喻。

3.3.4　明星八卦新闻法

这类文章虽然比较容易吸引广大的网民，但是最近几年来由于使用过度变得非常庸俗。而且明星大多数的新闻都是负面的，用得不好还会给网站带来不

利的影响。所以在使用的时候一定要注意看准方向。图 3.16 所示为凯迪拉克凯
雷德依靠三大男明星推出的广告软文。

① 凯雷德式的男人
三个凯雷德式男人：黄秋生 姜文 胡军

第一个男人，演过很多烂片，但是从来不演烂角色。所以他能无数次得到影帝的头衔，高高地看着娱乐圈内的沉浮。

第二个男人，演的都是汉子，只导了三部电影，却被誉为"中国最杰出的导演"。他的电影，第一部叫好又叫座，第二部被禁了却很叫好，第三部等到人们去发现其中的味道。

第三个男人，充满阳刚气，曾因主演的电影《蓝宇》而名声大振。

你当然知道，这三个男人是谁。但是，你并不一定说得出这三个男人之间的九种微妙关系或巧合。

图 3.16　凯迪拉克凯雷德明星软文

对于明星效应笔者有不同的看法，与其介绍现有的明星还不如制造属于网
站自己的明星。许多曾经十分火热的网络人物，都是完全由网友捧起来的，所
以笔者认为可以利用当地的热点，借机设置关键词进行推广。

随后广大的网友非常愿意做添砖加瓦的事情，往往宣传效果可以达到一鸣
惊人的地步，这种方式就如同借力打力，自己只出三分力，其他依靠众多网友
努力。

3.3.5　散文故事诱导法

这种类型的软文必须由高手来撰写，不然的话很容易偏题，过分注重了故事
的讲述，反而忽略了软文关键词的诱导。

好的故事散文型软文应该紧紧围绕关键词本身来撰写，也就是为了这个关
键词特别量身定制一个故事。脑海里时时刻刻都要有关键词的概念，任何一句
话或者包袱的铺垫最后都要归结到关键词上，图 3.17 所示为某品牌祛斑霜的软
文广告关键词诱导，在前文中，作者通过一个故事引入，一步步引出关键词，
推广者们可以借鉴。

在外人看来，我有着重点大学的头衔，有着外企高薪的职位。身材高挑，衣着光鲜，拎着品牌包包，踩着女人味尽显的高跟鞋，出入高档商务写字楼，穿梭于精英遍布的繁华商业区，每天都很优雅地过自己的品味生活。这，是一个典型的外企白领的格式化生活。

……

为了彻底驱除雀斑，为了我的幸福人生，我再次开始折腾自己，涂抹祛斑霜、吃祛斑药、打祛斑针，凡是传闻有效的方法，我都去尝试，但结果却让我大失所望。一个偶然的机会，几经辗转，我同事的朋友的朋友给我推荐了**伊莎贝尔祛斑胶囊**，我开始不抱任何信心，纯粹看同事的面子，试吃了七天，果然开始淡**斑**，但我并不惊喜，因为之前也有过这样的经历，后来又坚持服用了 20 多天，这时出现的效果让我有点心动，果然和同事的朋友说的一样。但我在高兴之余还有些担心，我怕反弹，不过后来时间证明我是错的，因为停用一段时间后我发现，脸上的**雀斑**确实淡了。这时，我才敢素颜以对我的男友。接下来的故事就是很幸福地过每一天了。

图 3.17　故事诱导关键词

所以这类软文所有的文字最后被集中体现的都是那么寥寥几个关键词。

3.3.6　日常心情记录法

这种方法非常适合女性读者，利用女性喜欢交流各种心得的特点。模仿撰写一些相关的心情帖、日记帖、抱怨帖、倾诉帖等，其中巧妙融合网站的关键词。

比如某网站曾经发布过这样一个帖子：假借一个女孩子失恋后的那种无助心情，发动本地区的网友寻找那个对她不负责任的负心汉，而应用网站正是要推广的网站。这样一来大家在获得感同身受的体会的同时也吸引了相当多的关注，从而把关注度都集中到网站上来。这种方法收效明显，从读者阅读的开始就已经被软文深深地吸引，然后越陷越深。

第4章
软文标题的撰写

要点展示： 软文常见标题
软文标题的要求
软文标题的写作
软文标题的误区

学前提示：

互联网时代，信息数量处于爆炸状态，在网上浏览信息的耐心就更少了，如果标题不吸引人，那么即使软文写得再好，也大大降低了软文的传播效率。因此，从新闻学的角度来讲，标题的成功就表明软文成功一半了。

4.1　软文常见标题

"一则好的新闻必然有一个吸引人的标题"，报纸的内容繁杂，人们在选择的时候除了选择版面靠前的新闻，更会选择一些吸引人的标题的文章去阅读。软文也是一样，如果没有一个好的标题，即便文章内容再专业也不会得到更多人的认可。下面笔者搜罗了几种常见的写作类型的标题，供大家借鉴。

4.1.1　宣事式标题

宣事式标题是一种常规型标题，是将广告正文的要点如实地简要地体现，使人一目了然，这是目前采用较多的形式，如图 4.1 所示。

渔歌网发起众筹，3天内认投近80万元
2014-07-12 14:31　来源：快餐鱼 我来投稿 参与评论
中介交易　SEO诊断　淘宝客　云主机　技术大厅
导语：渔歌网发起了目标120万元的众筹，每归创始人陈卫党希望它更接地气地了解中国用户，

ResellerClub成亚洲最大域名注册商
2010-11-30 17:21　来源：站长网 我来投稿 参与评论
中介交易　SEO诊断　淘宝客　云主机　技术大厅
近日，从权威域名评测机构dotandco了解到，全球域名注册商的前10排名中，ResellerClub是唯一来自亚洲的域名注册商。

图 4.1　宣事式标题

专家提醒

这类标题的写法中规中矩，新意不足，虽然它很自然平实地写明基本信息，能让读者第一时间感知文章的总体内容，但是建议推广者使用这个方法的时候考虑一些修饰词的运用，这样可以在平凡中凸显一丝新意。

4.1.2　新闻式标题

一般来说，新闻都具有权威性，因此新闻式标题也比较正式且权威。一般的新闻标题有单行、双行等多种形式，只要清楚描述人物、时间、地点等几个基本的要素即可，如图 4.2 所示。

图 4.2　新闻式标题

新闻式标题直截了当地告知消费者新近发生的某些事实，也可用于介绍新上市产品或生产企业的新措施，目的在于引起大众关心而转读正文，其本质上仍旧是宣事式标题的一种。

新闻式标题的特点是"一针见血，具有权威性"，这样编辑出来的文章可以放在网站的"企业新闻"或是"行业新闻"等类似的栏目中，就会显得很有权威性。

4.1.3　诉求式标题

所谓诉求，就是用劝勉、叮咛、希望等口气写标题，目的在于催促读者采取相应的行动。诉求式标题兼其多种优点，主要的有以下三点：

（1）标题主动地劝说或强暗示读者去做或去思考某些事情；

（2）标题一般直接言明所推荐产品的某种用途或使用方法；

（3）它同时具有利益性标题的优点，由于建议使用及促使购买的说辞铺陈，直接或间接地将使用该品牌产品的利益告诉读者，标题就具有了动之以情、晓之以理的双重功能。

例如，香吉士柠檬广告标题是"加点新鲜香吉士柠檬，让冰茶闪耀阳光的风味"，某品牌果珍广告标题是"果珍要喝热的"，劲酒品牌的广告语"劲酒虽好，可不要贪杯哦"，如图 4.3 所示。

劲酒虽好 也不许贪杯

NULL

2009-02-07

"劲酒虽好，可不要贪杯哟！"一句温馨的广告语让千家万户熟能详，倍感亲切，而在劲牌公司，可就不仅仅是不要贪杯那么简单了。在近期出台的《营销中心员工健康饮酒管理规定》中明确指出，不允许员工在工作性就餐期间饮酒过量，对违背这一规定的员工将进行考核处罚。

图 4.3　诉求式标题

这一类诉求式标题容易让人产生共鸣，但是需要注意的是，在写作这类标题时要绝对谨慎，否则容易引起读者反感。

4.1.4　颂扬式标题

这类标题是指用正面的方法，积极地称赞广告商品的优点。此类广告标题容易使人产生良好印象，以下两个标题就是典型的颂扬式标题。

杜邦塑胶广告标题：结实的杜邦塑胶能使薄型安全玻璃经冲击致碎后，仍粘合在一起；孔兰蛋蜜乳广告标题：只要三十元，孔兰蛋蜜乳，能使你的脸蜜蜜柔柔，表现个性美。

这类标题庄重严肃，无需强调和加强感情色彩，常一目了然地点明广告信息内容。但必须以事实为根据，切忌夸大，否则容易令人反感。

4.1.5　号召式标题

号召式标题是用带有鼓动性的词句做标题，号召人们从速做出购买决定。此类标题多用于鼓吹时尚流行的或即时性的广告，文字要有力量，能起暗示作用，且易于记忆，使消费者易于接受广告宣传的鼓动，产生购买行为。在文学修辞上，文字应力求委婉，以回避一般人都不愿受他人支配的心理特点。

举例来说，2008 年 5 月 18 日晚，加多宝集团代表阳先生手持一张硕大的红色支票，出现在某赈灾募捐晚会上，凭借着 1 亿元的捐款，王老吉成为国内单笔最高捐款企业，他们的善举顿时成为人们关注的焦点。

第二天，在一些网站论坛，不断流行着这样一个名为《封杀王老吉》的帖子：
"王老吉，你够狠！捐 1 个亿，胆敢是王石的 200 倍！为了整治这个嚣张的企业，
买光超市的王老吉！上一罐买一罐！不买的就不要顶这个帖子啦！"这热帖被各
大论坛纷纷转载，如图 4.4 所示。

让王老吉从中国的货架上消失！封杀它！（转贴）

图 4.4　号召式标题

这种号召式的标题，让王老吉品牌迅速传播，从当时的百度搜索统计上不
难看出，"王老吉"的搜索量在当年 5 月 18 日之后直线上升，而《封杀王老吉》
的流量曲线与"王老吉"几乎相当。

王老吉这次网络营销在切入点上选择得非常好，同时及时准确地利用了论
坛、博客、网站等网络营销阵地，利用吸引人关注的号召式标题，成功获得了
民意的支持。

4.1.6　悬念式标题

人类天然具有好奇的本能，这类标题专门在这点上着力，一下子把读者的
注意力抓住，在他们寻求答案的过程中不自觉地产生兴趣。

譬如有这样一则香烟广告："禁止抽各种香烟，连 555 牌香烟也不例外。"
读者的第一印象便是"555"有点特殊，接着要问为什么它值得单独提出，于是
忍不住要尝一尝它究竟有什么与众不同。

还有一则眼镜广告，其标题是"救救你的灵魂"，初听之时令人莫名其妙，
正文接着便说出一句人所共知的名言"眼睛是心灵的窗户"。救眼睛便是救心灵，
妙在文案人员省去了这个中介，就获得了一种特殊效果。

在软文中应用悬念式的标题，可以引发读者的思考，让读者带着作者给他

的思考引导去阅读文章，例如标题《新备案制度下，个人站长该何去何从？》如果读者心中有这样一个疑团，看到这样的标题，会有一种可能会在本文找到答案的感觉，也能引起其他一些没关注过此类话题的读者思考，所以会点击进来仔细阅读，如图 4.5 所示。

图 4.5　悬念式标题

4.1.7　提问式标题

提问式标题是通过提出问题来引起关注，从而促使消费者发生兴趣，启发他们的思考，产生共鸣，留下印象。

例如，"如何利用网络书签做网络推广和网站优化？""如何让您的关键词出现在百度搜索结果的左侧？"这类标题在教程式或者分享式文章里非常常见。图4.6 所示为常见的提问式标题。

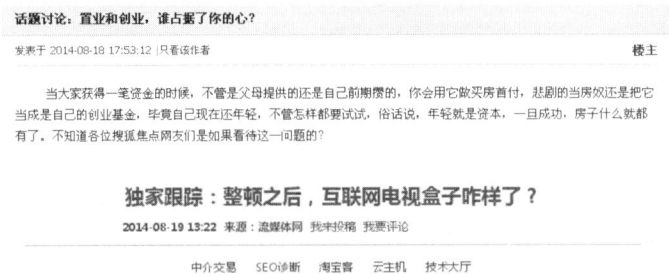

图 4.6　提问式标题

这类标题站在消费者的位置上，提出"为什么"或"怎么办"的问题，促使消费者在购买时进行分析思量。

4.1.8　对比式标题

这类标题通过与同类商品的对比，突出本产品的独到之处，使消费者加深对产品的认识，如图 4.7 所示。

国内"三大搜索"：三国鼎立or蜀吴抗曹？
2014-08-18 09:52 来源：人人都是产品经理 我来投稿 我要评论

中介交易　　SEO诊断　　淘宝客　　云主机　　技术大厅

诺基亚的今天难道会是小米的明天？
2014-08-19 14:48 来源：搜狐IT 我来投稿 我要评论

中介交易　　SEO诊断　　淘宝客　　云主机　　技术大厅

图 4.7　对比式标题

例如，台湾中兴百货的平面海报广告《思想的天使，肉体的魔鬼》，用的就是这种形式，虽然不是网络文案标题，但是也给我们很大启发。而《上海只适合××，不适合××》也属于这类，既用了对比，又有悬念，符合当代网民的口味。

4.1.9　爆炸式标题

此类标题的目的就是吸引人的眼球、增加点击量，往往写作思路就是不走寻常路，与平时的事务或者道理相背离，比如《40 年的他在深山从未下来过一步》，这样的标题会让人觉得匪夷所思，急切地想知道故事发展情节。同类的标题还有《捡破烂三年，他成了千万富翁》《三岁儿童竟然会背史记》等。

4.1.10　寓意式标题

主要是利用比喻的修辞方法，使标题增加新意，加深人们的印象。这种标题形式上处处为消费者着想，容易引起消费者好感。

寓意式与比喻式不同，比喻多借助具体、鲜明的形象来表达题意，寓意多借助人的本身知识、修养、情操等，对广告标题给以合理的想象的发挥，提高读者的意境。

例如，某软文标题《中国网络营销培训七宗罪》，用"七宗罪"来隐喻中国网络营销培训现状，在业界内引发轰动，被转载了几百次，拥有至少 100 万曝光量。图 4.8 所示为常见的寓意式标题。

图 4.8　寓意式标题

4.1.11　总结式标题

这类标题也深受读者喜欢，这样的文章给读者感觉有很大的层次性，对写手的逻辑性要求也很高，通过对大量文章的阅读对比给读者一个眼前一亮的结果，简单而明了，给读者省了不少时间。例如，《2010 年网上最赚钱的十大行业》《女人一生不可不做的 20 件事》，这类标题一般属于经验分享式的软文，吸引人的地方就在于总结性，这是很多读者所喜欢的，图 4.9 所示为常见的总结式标题。

图 4.9　总结式标题

4.2　软文标题的要求

软文标题的价值在于读者在阅读正文前，就已经对软文产生了阅读的兴趣。因此能够在第一时间抓住读者眼球的标题，才是软文推广者们真正需要的。那么，优秀的软文标题有哪些要求呢？

4.2.1　简短明了

对于软文标题的设计，若使用长句作为标题，难免会让人有一种软文标题冗余的感觉，而对于过度冗余的软文标题，更是会让读者反感，而产生不了阅读软文内容的兴趣。

举例来说，西安名胜大雁塔南侧有尊高大的玄奘铜像，经常有孩童爬到"唐僧"身上玩耍，周围游客众多，此行为甚是不雅。于是《华商报》撰写了一篇新闻稿，整个报道的照片就是一个随意的场景，但因为标题的简单传神，而让报道的分量得以提高，如图 4.10 所示。

首页 › 电子版 › 西安新闻

"徒儿"休得无礼(图)

2004-08-11 00:00:00

立秋后的西安丝毫没有降温的意思。大雁塔北广场又成了许多市民和游客消暑的好去处。放眼望去，喷泉边、道路旁都坐满了人。

图 4.10　简单传神的标题

因此软文标题设计应尽量简短，简短必须在通俗明了的前提下，若用户对软文标题都云里雾里，那何谈阅读兴趣？

4.2.2　内容相关

在着手软文写作之前，我们需明白软文的主题内容，并以此命题，从而让软文标题与文章内容能够紧密相连。

　　无论撰写软文的主题内容是什么，也不管其目的是吸引用户去阅读，去评论，或是让更多的人转载，从而带来软文外链，如果软文标题与软文主题内容不相关，该软文的目的很难实现，而对于搜索引擎而言也同样是不友好的做法。

4.2.3　内容点睛

　　标题是一篇软文的大门，读者会通过这扇门而进入你的软文内容当中。如何才能让软文标题为内容点睛，抓住用户的眼球呢？

　　我们在设计软文标题之时可尝试插入具有引吸力的词，如免费、惊曝、秘诀。当然具有吸引力的词汇有很多，这就需要我们软文写作中不断积累，并分析什么样的词对什么样的文章更具吸引力，如图 4.11 所示。

绝杀的秘籍：微信O2O加粉技巧

2014-08-19 16:18 来源：厚黑谷子 我来投稿 我要评论

中介交易　　SEO诊断　　淘宝客　　云主机　　技术大厅

网络公司突破发展瓶颈的终极 "武器"

2014-08-08 09:03 来源：刘金鸽博客 我来投稿 参与评论

中介交易　　SEO诊断　　淘宝客　　云主机　　技术大厅

图 4.11　标题要画龙点睛

4.2.4　多用问号

　　软文标题设计中，我们可以多用疑问句和反问句，从而引起读者的好奇心，前文我们曾经讲述了疑问式标题，可以作为这个要求的例证。

　　比如类似"豆芽为什么这么肥？激素催的！"精彩的设问型新闻标题，一问一答之间，让标题的语势波澜起伏，直接吸引了读者对新闻内容的关注。这句问答包含了最核心的新闻内容，并且给了读者最容易记住的一个生活信息："肥"豆芽要慎重购买，如图 4.12 所示。

图 4.12　问句标题

4.2.5　融入关键词

归根结底，推广的文章无非就是给搜索及用户看，因此在软文标题设计时我们需要充分考虑这一问题。对于这一问题，重点在于融入关键词，无论是对用户还是对搜索引擎，只有融入关键词、融入长尾关键词，搜索引擎才能更好地判断文章的主题与相关性，用户才能通过标题更精确地找到自己所需要的内容，当然这最后还是从用户的角度进行考虑，如图 4.13 所示。

图 4.13　标题融入关键词

专家提醒

软文写作技巧不仅仅局限于软文标题设计，还存在许多细节的地方需要我们去注意，但这都需要我们更多地进行软文写作，从而积累经验，让软文效果最大化。

4.3　软文标题的写作

想要让自己的软文获得点击量，推广者必须做一个"标题党"。互联网时代的标题党，是指是互联网上利用各种颇具创意的标题吸引网友关注，以达到各种目的。

虽说软文推广者也要做"标题党"，但是必须坚持标题与软文内容相关，否则会引起读者的反感。那么，软文标题的写作有哪些技巧呢？推广者在设计标题时需要重点关注哪些方面呢？下面针对这个问题进行详细解释。

4.3.1　标题写作原则

软文营销中，软文标题是重中之重。推广者不能小看只有几个字的标题，它的作用可能占整个软文的 50%，因此，写好软文的标题，让标题具有销售力，是网络销售的一个重要基础。那么，在标题写作时应该坚持哪些原则呢？

1．要让百度容易收录

一篇软文要发挥销售力，必须首先要被百度收录，客户才能在搜索结果中找到和点击阅读。尽管百度对文章收录有很多因素影响，但一个好的标题会促进百度的收录。

那么什么样的标题能促进百度的收录呢？关键就是标题要原创，并且要新鲜，最好能有一定的流行度，百度才能收录得快。

在标题写作的时候，可以先将拟好的标题输入百度的搜索框里查一下，假如那里已经有很多相同或相近的标题，推广者就不要用这个标题了。

例如，我们准备采用"微店开店秘籍"作为标题，可以先在百度上查看一下，会有很多类似的题目，然后我们可以根据相关标题进行更改，如图 4.14 所示。

图 4.14　标题要让百度容易收录

2. 站在客户角度拟定

在拟定软文标题的时候，一定要站在客户的角度去考虑，客户最有可能用什么样的搜索语句来寻找问题的答案？根据搜索引擎匹配性的原则，越是与客户搜索语句匹配的文章标题越能获得好的排名。

在拟定文章标题的时候，可以先将有关关键词输入百度知道或百度指数，推广者就会发现许多读者或客户提出问题的语句，尽管他们的语句多种多样，但还是能从中找出规律，如图 4.15 所示。

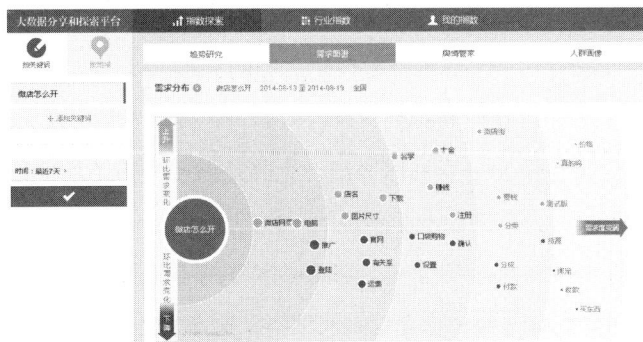

图 4.15　百度指数寻找关键词规律

专家提醒

找出关键词背后的规律，推广者的标题拟定就会更接近客户或读者的提问，也就会在客户提问的搜索结果中获得好的排名，从而让客户能够看到。

3．采取关键词组合

通过观察，我们可以发现能获得高流量的软文标题，一般都是相关关键词组合的标题。这是因为，简短的只含有单一关键词的标题，即使被收录，在单一关键词的搜索结果中排名也不会很好，而组合的相关关键词搜索结果不仅少，排名也会靠前。

例如，如果我们仅以"微店"一个关键词进行搜索，那么它的搜索结果不仅多，而且被收录的文章排名也不好，而标题上含有"微店""开店""经营"等多个关键词，则搜索结果的数量会大大降低，标题"露脸"的机会也就比较多。

专家提醒

在做关键词组合的标题时，一定要考虑关键词的相关性，也就是客户会将相关关键词组合起来，来搜索解决他的问题。否则不会有好的营销效果。

4．标题形式要新颖

这里介绍比较实用的几种标题形式。

（1）软文标题写作要尽量用问句，引起人们的阅读兴趣，比如"你想在网站一小时赚50元吗？""你想找价廉技艺高超的牙科医生吗？""我市最权威的糖尿病医院是哪家？"，这样的标题会对有相关问题的读者产生很大吸引力。

（2）软文标题写作要尽量具体详细，尤其是对于接近购买阶段的读者，越具体越可信越有吸引力，比如上面所说的"你想在网站一小时赚50元吗？"，如果笼统写成"你想让网站赚钱吗？"，它的可信力和销售力就会大大降低。

（3）要尽量将利益写出来，无论是阅读本文所带来的利益或本文涉及产品或服务所带来的利益，都应该尽量反映在标题上，从而增加标题的吸引力和销售力。

5．不同购买阶段的标题

推广者应该知道，客户在购买的不同阶段所使用的搜索词是不同的，那么，软文的标题也要针对客户在不同阶段所使用的搜索词和需求来拟定，才能达到精准网络销售的效果。

例如，你的软文是为了向客户推广“微店运营秘籍”。如果针对的客户是没有接触过该领域的新手，他们搜索的关键词一般是“微店开店步骤”“开店流程”，那么推广者的软文标题就可以是“这样开一家微店？”“微信开店的五大平台”。

如果软文是针对微店运营阶段的客户，他们的搜索词一般是“微店商品”“推广”“营销”等，那么推广者的软文标题应该就是“动漫类图书微店的营销攻略”。这样，推广者的软文标题才能符合所设定的目标群体最关心的问题，从而大大提升软文的吸引力和销售力。

4.3.2　标题设计技巧

撰写一篇优秀营销文案的一个重要环节就是一个好的标题。精心设计的标题往往影响推广者的营销文案是不是吸引人，能否被人们记住。软文营销的操作者可以从以下几点做起。

1．符号标题

一般来说，软文材料有三大亮点数字、观点和事例，其中数字符号是非常形象的软文标题材料，因此推广者可以采用数字或符号，来使自己的标题更有说服力。

（1）数字：《5700 万巨量变频蛋糕谁来切》。

（2）标点：《一个青年个体户说：“我们穷的只剩下钱了！”》。

（3）运算符号：《文凭≠水平》《海尔 + 海信 = 国际品牌》。

2．借力借势

对于中小企业来说，各方面的力量和影响力都不太强，并没有过多的资金投入软文营销，因此就需要善于借力，借政府的力、借专家的力、借社会潮流的力、借新闻媒体的力。图 4.16 所示的新闻标题《世界规模最大奶牛基地落户内蒙古科尔沁草原》便是

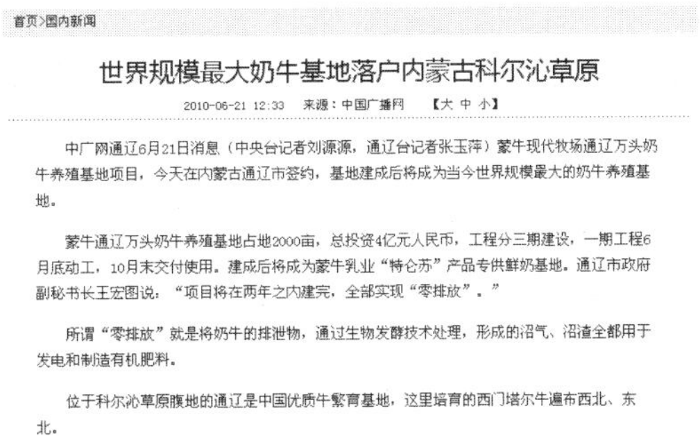

首页>国内新闻

世界规模最大奶牛基地落户内蒙古科尔沁草原

2010-06-21 12:33　来源：中国广播网　【大 中 小】

中广网通辽6月21日消息（中央台记者刘源源，通辽台记者张玉萍）蒙牛现代牧场通辽万头奶牛养殖基地项目，今天在内蒙古通辽市签约，基地建成后将成为当今世界规模最大的奶牛养殖基地。

蒙牛通辽万头奶牛养殖基地占地2000亩，总投资4亿元人民币，工程分三期建设，一期工程6月底动工，10月末交付使用。建成后将成为蒙牛乳业“特仑苏”产品专供鲜奶基地。通辽市政府副秘书长王宏图说：“项目将在两年之内建完，全部实现“零排放”。”

所谓“零排放”就是将奶牛的排泄物，通过生物发酵技术处理，形成的沼气、沼渣全部用于发电和制造有机肥料。

位于科尔沁草原腹地的通辽是中国优质牛繁育基地，这里培育的西门塔尔牛遍布西北、东北。

图 4.16　借力营销

借力营销。

借势不同于借力，借力一般都有代价，而借势却是完全免费的。借势一般都是借助最新的热门事件，包括奥运会、世界杯、神六登天等大软文事件。例如在电影《山楂树之恋》热映之际，配合电影宣传的"山楂月饼"——限量的3000套刚推出便全部售罄，如图4.17所示。

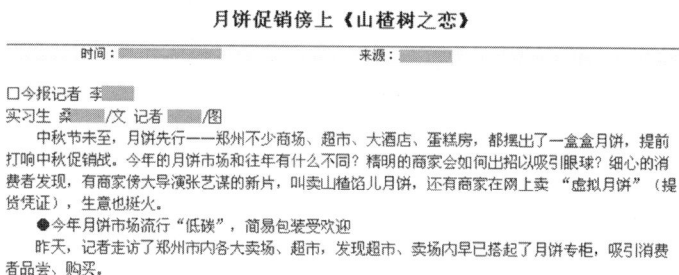

月饼促销傍上《山楂树之恋》

时间：■■■■■■　　　来源：■■■■■

□今报记者 李■■■

实习生 桑■■■/文 记者 ■■■/图

中秋节未至，月饼先行——郑州不少商场、超市、大酒店、蛋糕房，都摆出了一盒盒月饼，提前打响中秋促销战。今年的月饼市场和往年有什么不同？精明的商家会如何出招以吸引眼球？细心的消费者发现，有商家傍大导演张艺谋的新片，叫卖山楂馅儿月饼，还有商家在网上卖"虚拟月饼"（提货凭证），生意也挺火。

●今年月饼市场流行"低碳"，简易包装受欢迎

昨天，记者走访了郑州市内各大卖场、超市，发现超市、卖场内早已搭起了月饼专柜，吸引消费者品尝、购买。

图 4.17　借势植入式营销

相比赤裸裸的植入式营销，张艺谋的山楂月饼既合情又应景，为电影营销开创了一条新的道路。从山楂月饼的销售一空来看，张艺谋十分擅长"借势"，尤其会借具有国人共性的"势"。

3．利用悬念

前文中我们介绍了悬念型标题，一般来说，悬念的设计主要包括以下几种。

（1）反常造成悬念：《中国人90%"不会"喝茶》。

（2）变化造成悬念：《传统对开门"过时了"？全球上演高端冰箱升级赛》。

（3）惊骇造成悬念：《武汉上演"蛇吞象"风波》。

（4）疑问造成悬念：《数码产品年年换，废旧电池谁人管？》。

4．亮眼词汇

一个亮眼的标题，能在最短时间内吸引读者，报界所谓"三步五秒"之说，就是指读者到报摊买报纸时，选择哪一种报纸，考虑的时间只在走动三步之间五秒之内。因此，推广者可以采用轮盘赌、PK、三国演义、渐进史等词汇吸引读者的目光。

例如：《新平板主义中国彩电最后轮盘赌》《万明坚东山再起，中国手机市场"三足鼎立"》《曹荣：曹操是我十八辈祖宗》，图4.18所示为类似标题。

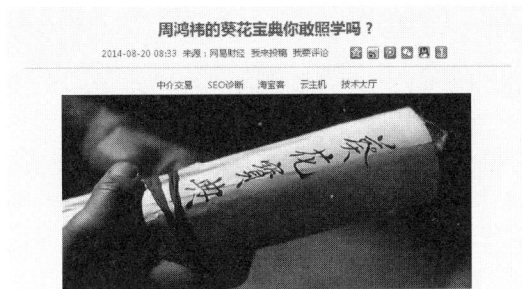

图 4.18　亮眼词汇标题

5．利用文化特点

推广者可以用诗词、成语典故、古汉语、谚语、歇后语、口语、行业内专业术语、军人常用语、外语和方言土语、人名地名、影视戏曲歌曲等特色词汇吸引读者，一般来说双行体较多，如《第一视频叫板央视：同根不同命，相煎已太急》《房价下跌百姓只问不买中介只求"非诚勿扰"》《五年成为"带头大哥"揭秘鼎好差异化经营之路》，图 4.19 所示为类似标题。

图 4.19　标题利用特色词汇

6．利用修辞手法

用比喻、衬托、引用、对偶等修辞方法，可以让标题更加有创意。

（1）比喻：《今年"秋老虎"好温柔》。

（2）拟人：《"双汇"掉泪了》《联想 × 平方急解高清之渴》。

7．巧用谐音

此类标题的特点在于：在切合新闻事实的前提下，巧妙地利用语音相同或相近而语义相反或相异的词语，使标题形成一种鲜明的对比，从而赋予标题以深刻的内涵。例如：《"裸画"有意，流"税"无情，人体艺术工作者抱怨税负太重》《百分通联让 APP 开发者有"平"有"果"》《不要把集体婚礼变成集体分礼》《考核验收别成了"考喝宴收"》，如图 4.20 所示。

图 4.20　谐音标题

8．选择、变化、对比

这种类型的标题设计展示的是一种趋势，主要包括以下三种。

（1）选择：《中国公关面临十字路口：向左走，向右走？》《风投资金进团购，该喜，该忧？》。

（2）变化：《五粮液不再强攻×××市场》。

（3）对比：《第一视频 VS 软文联播：一在泥土，一在云端》。

4.3.3　经典标题解析

下面列举了可以使标题或卖点更加突出的 33 种重要方式。这些是对诸多优秀广告方案人员的精选作品进行研究的结果，供大家借鉴。

典型案例	标题解析
一棵开出了 17000 朵花的植物！	用数字说明衡量大小
两秒内拜尔阿司匹林开始在玻璃杯中溶解	用数字说明衡量速度
洁净了 6 倍	对比型
燃烧难看的脂肪	比喻型
尝起来就像您刚采摘下来的一样	刺激潜在客户的触觉、嗅觉、视觉或听觉，使其对广告更加敏感
时速 60 英里的劳斯莱斯所产生的最大噪声犹如电子钟表的滴答声	通过典型范例示范广告效果

续表

典型案例	标题解析
我坐在钢琴前时他们大笑——但是当我开始演奏时……	情景化表达广告效果
光头理发师如何拯救我的头发	自相矛盾型
无需手术根治痔疮	消除广告限制
90% 的油漆匠长期采用平价 Wundaweave Carpets 牌油漆	将广告作品与潜在客户熟知的价值或人物相联系
立即缓解七大鼻腔通道的堵塞症状	详细展示能够起到的作用
快速根除丘疹的良方	提供关于如何实施的信息
服用 Wheezo 以外的高烧药物治疗使您昏昏欲睡；服用 Wheezo 后您的病情得到缓解并且人也变得精神	采用前后效果对比
宣布：引导导弹产出新型插座	加强广告的新鲜感
独此一家！波斯原产羔羊 289.75 美元	强调广告的排他性
是真的吗——只有她的发型师明确知道	将广告主张转化为兴趣引导
你能相信？我竟感冒了！	以情景故事的方式陈述广告主张
给您新的动力	将产品与其所取代的产品互换
自 7 月 5 日起——大西洋将增宽 1/5	广告符号化：将广告的直接陈述或措施改为类似的事实
将脂肪直接从体内清除	将机制与标题中的广告相连
人人应当了解的股票和债券业务	使广告本身能够提供信息
从未嫁人的玛丽阿姨	将广告或需求转变成一个历史案例
厌烦了日间劳累？请服用 Alka Seltzer	为问题或需求命名
未阅读本指南前请勿乱花您辛苦赚来的每一分钱	警告型：说明不使用广告产品的后果
您可依赖的男人！就是亚布罕	强调型：使用措词简练的两个短句或者重复全部或部分广告词的形式
只要您从 1 数到 11，您就能够提高您在数字方面的速度和技能	期望型：只要突破一点普遍限制就能轻易实现广告效果
优质汽油的与众不同之处在于其添加剂	在标题中重点突出产品的不同之处
看看您尝试压扁我们的高级行李箱后会发生什么事情——一点事都没有！	给读者以惊喜，使其意识到原有困难早已解决了
如果您已休假结束，请勿阅读本文，否则会让您大叹后悔	诱惑型：指明无须购买该产品的人群，但是通过限制目标客户吸引全体消费者的关注
遗传工程师们历时 24 年的心血之作	戏剧性的夸大产品开发的艰难性
赚钱如此轻松是不道德的	用谴责的语气，表现广告主张的极度优秀
您比自己想象的还要精明一倍	挑战潜在客户目前有限的信心
"YOU（你）"	强势标题中的关键词

4.4　软文标题的误区

在软文标题的创作中，必须遵循一定的原则，如点明主题、引人注意。可是也有一些软文推广者，因为没有掌握软文标题的写作技巧，进入了标题设计的误区。常见的误区包括以下三种。

4.4.1　虚假最高级标题

软文标题的创作要符合企业、商品和服务的实际。软文虽是夸张的艺术，但这种夸张并不是无限的炫耀，而是企业、商品和服务实际能力与质量的升华。

目前有些软文标题虚假自夸，冒充"第一"，并不能获得受众的欢心。如百事饮料的一则软文标题："无法超越的口味"。

作为世界上著名的可乐品牌，百事一直备受可口可乐的困扰，强大的软文宣传和有力的媒介轰击使可口可乐稳占市场占有率第一。市场是最有效的评判者，只单纯炫推"无法超越的口味气"并不能带来广阔的市场空间，百事饮料的这则软文标题似有"王婆卖瓜，自卖自夸"之嫌。

4.4.2　比喻不适当标题

比喻式软文标题是软文文案创作中一种常用的方法，由于它具有生动形象的特性，因而极富吸引力。但是如果比喻不当，喻体与本体之间关联不大，甚至没有可比性，也会产生不好的宣传效果，使人感到莫名其妙，影响受众对软文的理解，甚至会遭到受众的讥讽，影响受众对企业、商品或服务的品牌印象。

如某钢笔的软文标题"和铅笔一般好使"，含混不清，毫无创意。再如某内衣的软文标题"像弦乐四重奏一般和谐动人"，而"弦乐四重奏"似乎与"内衣"之间并无可比性。因此，这样的比喻只会使人无奈失笑，并不会打动顾客。

4.4.3　强加于人式标题

这种软文标题常常随意把自己的意见强加于顾客，替顾客做出唯一的选择。在这种强压之下，顾客没有选择的余地，应有的权利被剥夺。而完美的吹嘘和强势的肯定却往往物极必反，引起人们的心理抵触，使软文宣传走向反面的效果。

如马斯巧克力的一则软文标题，"只要你喜欢巧克力，你就一定喜欢'马斯'"，马斯巧克力或许适合一些人的口味，但绝不是所有人都一定喜欢它。

再如米勒啤酒的一则软文标题"您早该踏入'米勒时代'"。殊不知大多数顾客看后都会想：为什么我非要选择米勒？或许一些执拗的顾客还会说："我偏不喜欢米勒"，从而使得软文效果大打折扣。

第 5 章
软文撰写内容为王

要点展示： 软文写作的基础
软文开头的写法
软文正文的布局
软文结尾的写法
软文写作关键点

学前提示：

软文营销推广者都知道"内容为王"的道理，因为一篇精彩优秀的软文，既可以简单明了地表达中心思想，也能提供更好的关注用户体验，获得品牌传播。不过，对于推广者来说，写高质量的软文并非易事。对此，笔者总结了写作软文的经验技巧，以供参考。

5.1　软文写作的基础

软文写作不同于文学创作、新闻写作或是公文写作，但是软文的写作又可以借鉴诸文体的写作方法和形式。其实，很多的新闻稿都属于软文，尤其是门户网站和行业网站的频道资讯，大多属于软文性质的文章。

5.1.1　软文写作的基本特点

从软文最基本的构成和功能来看，它包括以下几个特点。

1. 软：篇幅较短

"软"是软文的首要特点。所谓"软"，即篇幅较短，字数一般控制在500字以内，这样既吸引读者，也便于转载传播。其次通俗易懂，即用浅显易懂、言简意赅的文字表达，让读者易于接受。

此外，应该注意内容精彩，但应避免过于张扬的广告宣传，图 5.1 所示为"三打哈软文网"推荐的软文范例，这是"豆八怪"推出的一篇餐饮行业宣传软文，文章浅显，故事性很强，很容易吸引读者的关注。

扬州八怪传奇

2010-9-17 11:44:20　阅读：6021次　来源：三打哈　评论(0)　我要投稿　收藏　字号：[大 中 小]

导读：食品软文是比较好些的，写自己的感受即可，但是把食品软文写成文化软文就不好写了。

都知道扬州有八怪，那说起"豆八怪"，想必各位读者一定觉得熟悉而又陌生吧。没错，它就是最近在市场屡推"彩虹果香豆浆豆腐"、"爽滑果冻豆浆豆腐"、"金种子保健豆浆"等创意新品的豆制品创富品牌。您要问起它的渊源，那就要追溯到百年以前了......

图 5.1　浅显易懂的软文

2. 准：主题明确

任何一篇文章都要有主题，而软文短小精悍，更要求精准。所谓精准，就是软文写作者在写作之初一定要明确软文的目的和面向的读者群，确定软文的看点以及定位软文的诱惑点。图 5.2 所示为王老吉的推广软文，"凉茶"客户定位准确，正文内容言简意赅。

抵御寒冬，凉茶相伴

2012-2-1 9:39:32　阅读：19364次　来源：三打哈　评论（0）　我要投稿　收藏　　字号：[大 中 小]

导读：寒冬来临，什么是你这个冬天的健康饮料呢？生活习惯往往是根深蒂固的，然而在冬季饮料市场上，健康的消费观念已经悄然地改变了人们的一些生活习惯，越来越多原本喜欢普通饮料的消费者开始将目光转向健康饮品。

寒冬来临，什么是你这个冬天的健康饮料呢？生活习惯往往是根深蒂固的，然而在冬季饮料市场上，健康的消费观念已经悄然地改变了人们的一些生活习惯，越来越多原本喜欢普通饮料的消费者开始将目光转向健康饮品。近日，记者在王老吉冬季防上火行动的写字楼和社区推广现场看到，市民们争相填写健康调查问卷，购买王老吉凉茶，火热的场面和寒冷的天气形成了巨大反差。促销人员介绍，消费者大都是看中了王老吉凉茶预防上火的健康功效。

图 5.2　软文主题明确

确定软文要素后，着笔写时作者要注意行文，在保持文章精彩度的同时，要保持软文的真实性，不确定的不要写，更不要为了营造某种效果而夸大其词，歪曲事实。

3. 快：传播转载

说到"快"，可能很多读者会觉得软文是速成品。速成品是对软文认识的一个误区。这里所说的"快"是指一篇成功的软文传播速度快，容易引发转载，要达到这样的效果，就要求写作者有足够的领域经验，对软文所宣传的内容非常精通，所以才会写起来得心应手，一针见血地写出读者的心声。

4. 新：新闻性强

新主要针对新闻性软文而言，比如一家新公司的开张、上市、收购、新产品发布，这种软文要求有很高的时效性，及时报道才能及时传播扩散，也可以在短时间内提升企业形象。

5.1.2　软文写作的四大要求

好的软文能够提高关键词的曝光率，提高网站的排名、权重和知名度。那么，推广者在软文写作时应该坚持哪些基本要求呢？

1. 符合营销推广的基本要求

软文写作是有其"任务"的，推广对象、推广目标、推广过程、推广手法、推广计划。在写作软文之前，应该有一个概括性的规划或者计划，或策划，因为软文写作时软文推广的基本的执行手段和方式，所以软文写作首先要符合推广的各项要求。

软文是营销推广的一部分和实际手段，软文写作要符合营销推广要求。如果这个要求不符合，软文就白写了，或者做了无用功，没有意义。

2．符合新闻文体的写作要求

软文写作，从体裁文体上说，基本上是借鉴采用新闻体裁的写法，因此软文写作要符合新闻体裁的基本要求。总而言之，从体裁上说，一篇软文应该是某种文体，不能"四不像"。

3．符合中文的写作要求

软文的表现形式是中文，并且是中文的书面语言，具体是指对字词句、篇章结构有一些基本要求。语句要通顺、文理要清楚、结构要合理、没有错别字、标点符号使用正确，具有逻辑性。选材要恰当，语句要精练，不要使用有歧义的词语和句子，并且适当使用修辞手法等。

4．符合网络的特殊要求

网络是除了报纸、广播、电视之外的第四个大众媒体，虽然网络媒体的手段基本是使用其他三种大众媒体的手段，但是经过长期的发展和实际运用，网络媒体已经有其特殊性和个性特点。

因此软文写作也要符合网络文字的要求。网络媒体的特性是快、广、形式多样，因此要求文章短，包括邮件、论坛、留言、群组、圈子、论坛、专栏等多种形式。

5.2　软文开头的写法

我们在写文章时讲究"凤头、猪肚、豹尾"，其中"凤头"是指文章的开头必须像凤头那样美丽、精彩。软文的写作也是一样，软文写作具有多样性，它既可以是一个看上去很正规很严肃的新闻稿，也可以是一个美丽柔婉的故事，还可以是帖子、广告语、微博等。

因此，不拘泥于形式的软文，一定要有一个让读者情不自禁地沉溺其中的开头。目前，常见的软文开头分为以下几种类型。

5.2.1　开门见山型

开门见山型开头是在文章的开头便开宗明义，直奔主题，引出文中的主要人物或点出故事，或揭示题旨或点明说明的对象。用这种方式开头，一定要快速切入中心，语言朴实，绝不拖泥带水。

例如，朱自清先生在《背影》中的开头便值得借鉴："我与父亲不相见已两年余了，我最不能忘记的是他的背影。"一句话交代完，既点了题又可以展开内文了。

当然，营销中的软文不同于文学作品，以最常见的医药行业的软文写作为例，一般都会采用开门见山式的开头，因为这类软文重点在于解决患者的问题，需要直截了当地从患者的角度提出质疑，同时疑问要到位，要与消费者（患者）的相关情况相吻合，这样才能够引起消费者共鸣，如图 5.3 所示。

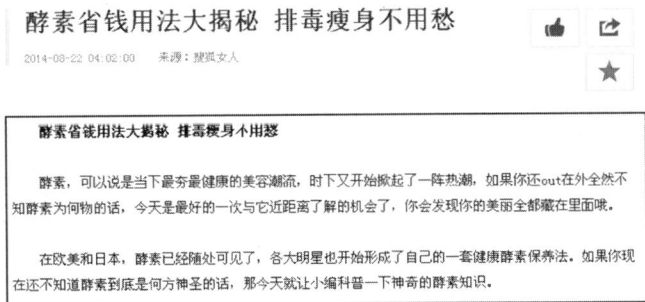

图 5.3　开门见山型开头

5.2.2　情景导入型

这类软文在开篇有目的地引入或营造软文行动目标所需要的氛围、情境，以激起读者的情感体验,调动读者的阅读兴趣。用这种方法去写开头,对于渲染氛围、预热主题有直接的效果。

例如,"灯下,我正在赶写堆积如山的作业,父亲轻轻地走进我的房间,把一杯热气腾腾的姜丝可乐放到了写字台上。透过层层雾气,望着父亲离去的背影,我的眼睛湿润了,泪水不知不觉地流了下来。"

又如,"电脑前,妹妹趴在桌上睡得香甜。妈妈看到后,轻轻放低脚步声,走到妹妹旁边,将身上的薄外套脱下来,轻缓地盖在妹妹身上。从房间里出来的我,看到这温馨的一幕,不禁红了眼眶。"

以上两篇文章的中心思想是表达父爱和母爱,开头先描写这个场景,温馨感人。下面讲故事就有了铺垫。

不过有些情景导入式软文更加高明,推广者把自己所要"软"的产品放到一个特定的情景中,通过情景的感染,让读者融入这个情景中而不知不觉地接受了要推广的产品。

图 5.4 所示为"老巷啤酒鸭"推出的软文,在开头作者营造了一个艳遇的场景,而在这个情景的背后,隐藏着这样一条信息:市中路燕山巷口有个"老巷啤酒鸭"的店,味道应该不错,还能在这里碰到美女,这才是这个帖子的真正意图。

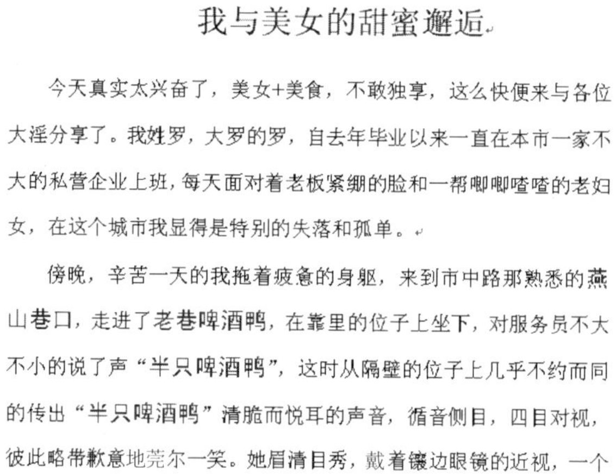

我与美女的甜蜜邂逅

今天真实太兴奋了,美女+美食,不敢独享,这么快便来与各位大淫分享了。我姓罗,大罗的罗,自去年毕业以来一直在本市一家不大的私营企业上班,每天面对着老板紧绷的脸和一帮唧唧喳喳的老妇女,在这个城市我显得是特别的失落和孤单。

傍晚,辛苦一天的我拖着疲惫的身躯,来到市中路那熟悉的燕山巷口,走进了老巷啤酒鸭,在靠里的位子上坐下,对服务员不大不小的说了声"半只啤酒鸭",这时从隔壁的位子上几乎不约而同的传出"半只啤酒鸭"清脆而悦耳的声音,循音侧目,四目对视,彼此略带歉意地莞尔一笑。她眉清目秀,戴着镶边眼镜的近视,一个

图 5.4　情景导入型开头

通过以上两个案例,我们可以看出,写一篇好的情景软文并不容易,作者需要重点关注以下三点。

（1）要有吸引人的人或事，太平淡的故事是没有人看的，例文中的美女可能是个可以吸引关注的人物。

（2）你所要"软"的产品在这个吸引人的故事中起到至关重要的作用，不能是可有可无的，比如在上文中，如果那位作者是在餐馆门口的街道上遇到美女的，那可能效果就要差很多。

（3）软文中的赞美点到为止，过犹不及。所谓好事不出门、坏事传千里，赞美太多或太牵强了，说明你和它有着说不清楚的关系。

5.2.3　引用名言型

使用名言名句开头的文章，一般很能吸引受众。因为在文章的开头，如果精心设计一个短小、精练、扣题又意蕴丰厚的句子，或者使用名人名言、谚语、诗词等句子，更能引领文章的内容，凸显文章的主旨及情感。

例如笔者曾经读过的新浪博客某博主的文章《"疯狂原始人"带来的感悟：父爱如山》，开头就是采用了一句经典的句子：Never be afraid.—永远不要害怕，如图 5.5 所示。

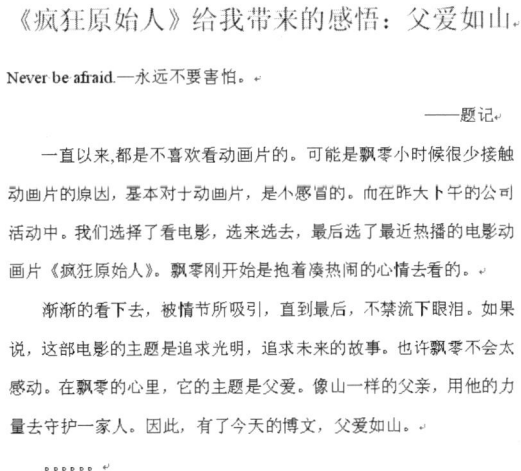

《疯狂原始人》给我带来的感悟：父爱如山

Never be afraid.—永远不要害怕。

——题记

一直以来，都是不喜欢看动画片的。可能是飘零小时候很少接触动画片的原因，基本对于动画片，是不感冒的。而在昨天下午的公司活动中。我们选择了看电影，选来选去，最后选了最近热播的电影动画片《疯狂原始人》。飘零刚开始是抱着凑热闹的心情去看的。

渐渐的看下去，被情节所吸引，直到最后，不禁流下眼泪。如果说，这部电影的主题是追求光明，追求未来的故事。也许飘零不会太感动。在飘零的心里，它的主题是父爱。像山一样的父亲，用他的力量去守护一家人。因此，有了今天的博文，父爱如山。

图 5.5　引用名言型开头

一般受众看到此开头，会给自己释放一种心理暗示，觉得文章的作者很有文采。这种写法既能吸引受众，又能提高软文的可读性，是一个比较常见并常被应用的写法。

此外，这种方法开头也可以引申出故事导入，用富有哲理的小故事，或者与要表达的中心思想或者段意相关的小故事直接做开头，一句话揭示道理也不失为一个容易入手的开头方式。

5.2.4　平铺直叙型

这种类型的开头是把一件事有头有尾顺畅地说出来，平铺直叙，如同流水账，它在软文里用得比较少，在媒体发布的新闻稿中见到的是最多的，但不是不可以用在软文当中，一般可以用于重大事件或者名人明星的介绍，通过软文本身表现出来的重大吸引力来吸引读者继续阅读。例如下面这篇软文：

胃癌被认为是一种严重影响身体健康的疾病，每当临床症状严重时，往往已经是胃癌晚期，患者濒临死亡。现在有个好消息告诉大家，一向被认为是难上加难的胃癌治疗有了革命性的突破，一种堪称神奇的胃癌预防针日前在美国诞生，它不仅能大幅降低胃癌的发生率，对晚期胃癌也有一定的效果，获得了医学界的关注。

类似上述类型的软文，开头可以平铺直叙，但作为有推广目的的软文，还是需要在开头中多加入技巧，就像胃癌是大家已知的顽疾，治疗难度很大，但偏偏就出现了令人意想不到的治疗方法，不仅对患者有益，而且对健康人也有帮助。自然在第一时间吸引读者关注。

5.2.5　夸张刺激型

这种类型的开头就像软文的标题，在读者视线飘过的瞬间迅速抓住读者的注意力，有夸张的成分，却能立刻刺激读者体内的肾上腺皮质激素上升，急切地想一探究竟，如图 5.6 所示。

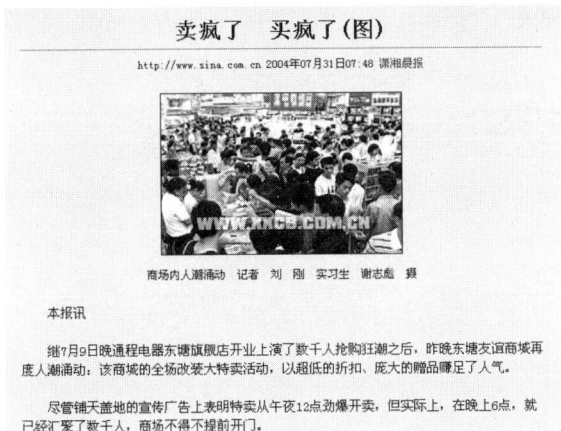

图 5.6　夸张刺激型开头

　　类似的迅速喊出惊人之语是许多软文吸引读者最常用的技巧，尤其是以销量为诱饵。在产品的人气、销量、价格等诸多因素中，销量是产品品质最有说服力的一项。这是因为人气旺可能是关注的人多但购买的人少，而"好货不便宜"的观念也是深入人心，则价格也没有什么说服力。

　　可销量就完全不同，这不仅代表了人气，还显示决心付费购买产品的消费者数量，因此销量火爆不仅意味着产品的超人气，而且代表了消费者对产品品质的绝对信心。

5.2.6　联想猜测型

　　这种类型的开头与夸张刺激型有点类似，但并不夸张，更倾向于写实或拟人，能让读者在看到第一眼的同时展开丰富的联想，猜测下文会发生什么，于是就有了继续阅读的欲望。例如下面这篇软文：

　　3400 米，这就是他们每天用脚步衡量的距离。无论风雨，无论霜雪，他们的脚步稳稳地踏过坚实的土地，或慢或快，没有一丝懈怠，常常是人们还在熟睡中，他们已经走出家门沐浴在淡薄的晨霭中，而人们已经入睡，他们却还披着星光忙碌奔波。他们是谁？他们就是我区供电所的电工师傅们。

　　这类软文用朴实或者华丽的语言来叙述一个对象或者一件事，尽最大努力感动读者，让读者心甘情愿地思考阅读。

5.2.7　故事讲述型

这种类型的开头效果很明显，能迅速抓住读者的注意力，但写手们用得并不多，因为放在推广产品的软文开头，它显得有点"沉重"，太含蓄，没能一针见血地引出产品。不过，故事讲述型开头并非不能用，在故事、散文、微博中更有优势。

例如下面这篇软文，便是利用故事引出的品牌宣传。

有这么一则众所周知的童话《豌豆公主》，王子希望能娶到一位真正的公主，他找了很久，却失望而归。但雨夜而至的女孩子确实是一位真正的公主，她能感觉到二十层床垫和二十床鸭绒被下的一颗豌豆！瞧，只有真正的公主才能有如此娇嫩的肌肤！在经受过风沙、雾霾、粉尘后，你还想拥有像公主一样吹弹可破的美肌吗？没问题！照着下面的步骤做，你一样能做到！

用大家熟悉或者不熟悉的故事作为软文的开头，能产生一种讲故事的良好氛围，故事就能顺利讲下去，想要推广的产品也就能顺利地推出来了。

5.3　软文正文的布局

软文主题虽然千变万化，但是万变不离其宗，软文仍旧属于文章的范畴，而其布局自然也离不开"凤头、猪肚、豹尾"三大构架。凤头就是开头新奇，猪肚就是中间内容详尽，豹尾就是结尾巧，强而有力。下面笔者总结了软文布局的常见形式，从整体进行软文营销分析。

5.3.1　悬念式

所谓悬念，是指设置疑团，不做解答，借以激发读者的阅读兴趣。通俗地说，它是在情节发展中把故事情节、人物命运推到关键处后故意岔开，不做交代，或说出一个奇怪的现象而不说原因，使读者产生急切的期盼心理，然后在适当的时机揭开谜底，如图 5.7 所示。

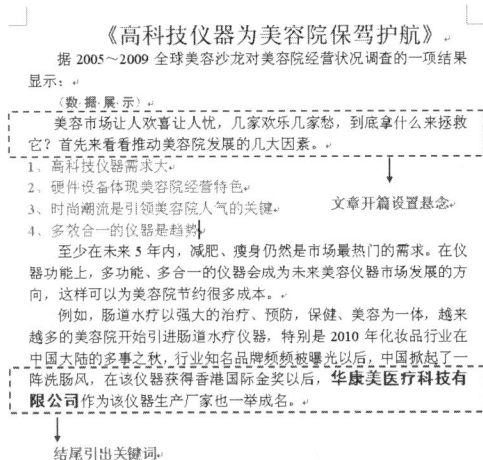

图 5.7 悬念式布局

要达到这种效果，推广者可以借鉴悬念式广告的营销方式，在软文撰写时有意识地制造悬念。

悬念式广告，是指把一个完整的故事或者创意在情节发展的关键点分割开来，通过设置悬念的方式来持续吸引受众关注。要做到这一点并不难，只要沿着正确的方向，按照合理的步骤进行下去即可。

（1）不要过早点明结局。所谓悬念就是要让一些神秘的东西悬而未决，否则一旦神秘的面纱被揭开，那就起不到吸引人的作用了。

（2）充分重视受众的感受，并根据受众的期待发展情节。重视个人的主观意志、喜欢发表自己的见解、习惯快速浏览信息、重视感官体验等，都是当下人们认同的生活和思维方式。如果能紧密结合这些心理需求，那么营销就能取得成功。

（3）不断深化冲突，把最精彩的东西留到最后。

一般来说，制造悬念常用以下三种形式。

（1）设疑，这个疑问随着文章展开逐层剥开。

（2）倒叙，将读者最感兴趣、最想关注的东西先说出来，接下来再叙述前因。

（3）隔断，叙述头绪较多的事，当一头已经引起了读者的兴趣，正要继续了解后面的事时，突然中断，改叙另一头，这时读者还会惦记着前一头，就造成了悬念。

专家提醒

悬念式软文也可以叫设问式，核心是提出一个问题，然后围绕这个问题自问自答。例如"人类可以长生不老？""什么使她重获新生？"，通过设问引起话题和关注是这种方式的优势。但是必须掌握火候，提出的问题要有吸引力，答案要符合常识，不能作茧自缚漏洞百出。

5.3.2 抑扬式

在文章写作中，我们经常采用这样的写法：对所表现的事物，欲扬之，却先抑之；欲抑之，却先扬之。这样组合结构的方法，不但可以增加文势的变化，而且还能突出事物的特点或人物思想情感的发展变化。

所谓"抑扬"，是记叙类文章写作中常用的一种技巧，可分为欲扬先抑和欲抑先扬两种情况。欲扬先抑，是先褒扬，但是不从褒扬处落笔，而是先从贬抑处落笔，"抑"是为了更好地"扬"，欲抑先扬则正好相反。用这种方法可以使文章情节多变，形成鲜明对比。

一篇软文，特别是故事性软文，看完开头就知道结尾的不是好的软文。如能运用抑扬法就能做到千回百折，避免平铺直叙，使文章产生诱人的艺术魅力。

以下是两篇软文的对比，前一篇采用简单的平铺直叙，而后一篇采用欲扬先抑手法进行改写，读者可以进行对比借鉴。

（1）原文：我是个农村的孩子，家里经济条件不好。回家过星期天，要返校了，妹妹一边往我的菜瓶子里装菜，一边偷吃菜里的肉丁。我怨妹妹嘴馋，妹妹说："姐姐，你不在家，我们尽吃小菜。你一回家，妈妈总是割肉买鱼给你补养身体，你又吃又往学校带。要是你天天在家多好啊！"

（2）改写：周末，邻居对回家的女儿迎出老远，嘴里"心肝宝贝"叫个不停。而妈妈对我只是笑了笑，我心里很不是滋味。妹妹在给我装菜时偷吃菜中肉丁，更使我火冒三丈。但妹妹的一句话让我羞愧难当："姐姐，你不在家，我们尽吃小菜。你一回家，妈妈总是割肉买鱼给你补养身体，你又吃又往学校带。要是你天天在家多好啊！"

以上两个片段都是颂扬母爱，可是前文就事写事，未必是佳作；后文先抑后扬，文章显得曲折生动，可以给读者留下强烈的印象，增强文章的感染力。

再如，一位同学参加演讲比赛，主题是语文老师如何关心他，为他补课，严格要求他，老师因为家里出了事情夜里不能休息，但是还坚持白天来给学生上课，最后累得病倒了。大家听了尽管觉得有真情实感，但是情绪还是不够，甚至台下的学生听众还有小声聊天的。

当他大喊一声："老师，我恨你！你知道吗？我们都恨你！"全场突然沉寂下来，大家都蒙了。"我们都恨你为什么不爱惜自己的身体！"依然是沉寂，两秒之后，全场响起热烈而持久的掌声。评委老师和现场的同学们都被这种欲扬先抑的表现手法折服了，结果这个同学毫无争议地获得了一等奖。

5.3.3 层递式

层递式布局方法经常用于议论文体中，特点是在论证时层层深入，步步推进， 环扣 环，每部分都不能缺少。论述时，由现象到本质，由事实到道理，这是层递；提出"是什么"，再分析"为什么"，最后讲"怎么样"，也是层递；讲道理层层深入，也是层递。

运用层递式结构要注意内容之间的前后逻辑关系，顺序不可随意颠倒，这种方法的好处是逻辑严密，能说明问题，图 5.8 所示为脑白金的众多软文之一，文章便采用层递式布局。

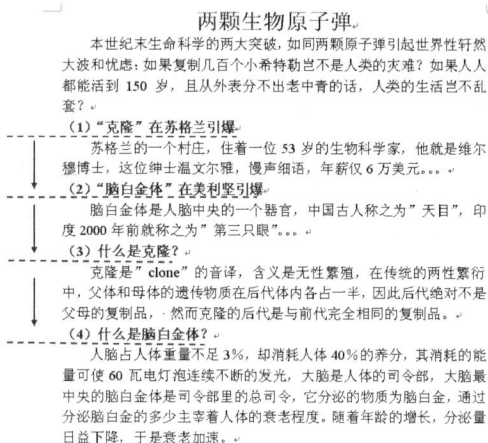

图 5.8　层递式布局

5.3.4　并列式

所谓并列式软文布局，是从若干方面入笔，不分主次、并列平行地叙述事件、说明事物，或以几个并列的层次论证中心论点的结构方式。其特点是将事件、事物或论题分成几个方面来叙写、说明和议论，每个部分都是独立完整的部分，与其他部分是并列平行关系，如图 5.9 所示。

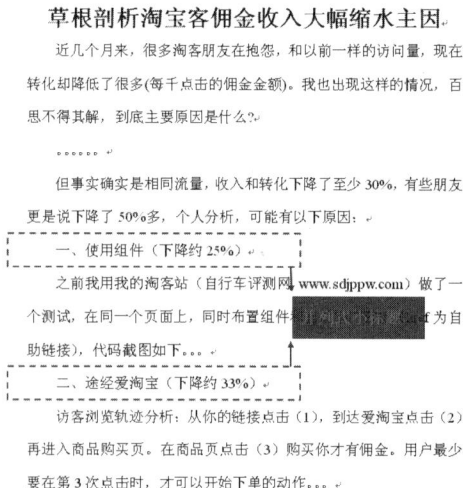

图 5.9　并列式布局

并列式软文的组成形式基本上有两种：一种是围绕中心论点，平行地列出若干分论点；另一种是围绕一个论点，运用几个并列关系的论据。推广者在运用并列式结构时要注意以下两点。

（1）并列的几个内容各自独立，又紧紧围绕一个中心。

（2）并列的各个部分必须是平行的，要防止各个方面交叉或从属。

5.3.5　三段式

三段式布局法是仿新闻学中"倒三角写作法"，第一段以较为简练的语言对事件做一个概述性的描述，通常说清楚事件的主体、客体、时间、地点，再以一句话简单概括出这一事件的意义。

第一段就是软文的"浓缩"，这种"浓缩"的好处在于便于媒体记者的删改，同时也有利于读者的阅读。

第二段主要对第一段所描述的事件进一步展开，包括交代事件发生的背景，事件相关的细节，重点则在于阐述事件作为新闻的"由头"。

第三段主要是对事件提出"观点"，也就是对事件的"意义"进行"拔高"。撰写这一段的要领在于要"发散"开去写，要把这一事件放到大的市场环境、产业背景以及企业自身的发展历史中去写，只有这样，才能够在更高、更深的层面去体现事件的价值和意义。图5.10所示为三段式软文举例《皇明集团在武汉设立市场推广基地》，推广者可以从中学习借鉴。

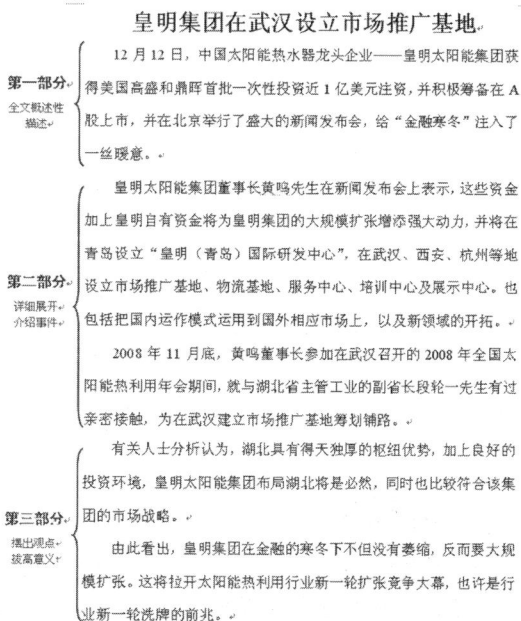

皇明集团在武汉设立市场推广基地

第一部分
全文概述性描述

12月12日，中国太阳能热水器龙头企业——皇明太阳能集团获得美国高盛和鼎晖首批一次性投资近1亿美元注资，并积极筹备在A股上市，并在北京举行了盛大的新闻发布会，给"金融寒冬"注入了一丝暖意。

第二部分
详细展开介绍事件

皇明太阳能集团董事长黄鸣先生在新闻发布会上表示，这些资金加上皇明自有资金将为皇明集团的大规模扩张增添强大动力，并将在青岛设立"皇明（青岛）国际研发中心"，在武汉、西安、杭州等地设立市场推广基地、物流基地、服务中心、培训中心及展示中心。也包括把国内运作模式运用到国外相应市场上，以及新领域的开拓。

2008年11月底，黄鸣董事长参加在武汉召开的2008年全国太阳能热利用年会期间，就与湖北省主管工业的副省长段轮一先生有过亲密接触，为武汉建立市场推广基地筹划铺路。

第三部分
提出观点、拔高意义

有关人士分析认为，湖北具有得天独厚的枢纽优势，加上良好的投资环境，皇明太阳能集团布局湖北将是必然，同时也比较符合该集团的市场战略。

由此看出，皇明集团在金融的寒冬下不但没有萎缩，反而要大规模扩张。这将拉开太阳能热利用行业新一轮扩张竞争大幕，也许是行业新一轮洗牌的前兆。

图 5.10　三段式布局

5.3.6　总分总式

运用"总分总"式的文章往往开篇点题，然后在主体部分将中心论点分成几个基本上是横向展开的分论点，一一进行论证，最后在结论部分加以归纳、总结和必要的引申。

简单地说，总分总式布局可以用 A—B、C、D—E，这种结构方式适用于多件事情写一个人。具体写法如下：

一个点明题意的开头部分（A），简洁醒目，作为文章的总起部分。主干部（B、C、D）也可以说是文章的分述部分，它的几段互相独立，从不同的角度表达中心，在先后编排的次序上还需要有一定的斟酌。结尾 E 是文章的总结部分，它不仅是 D 的自然过渡，而且常常是对 B、C、D 的归纳小结，又是对 A 的呼应。图 5.11 所示为总分总式软文范例。

尊严之花

（1）总：星河云淡，水榭歌台，是谁手持狼毫，泼墨那尊严于宣纸？残月清风，亭台楼阁，是谁怀抱琵琶，拢捻抹挑那尊严于琴弦？岁月的烟云中，那份尊严依旧如新；尊严的世界中，一切的时空围墙均被消弭，只有那尊严之魂，永存于天地之间！

（2）分 1：尊严如菊，凌霜自得，不趋炎热……

（3）分 2：尊严似竹，筛风弄月，刚毅潇洒……

（4）分 3：尊严如兰，空谷幽香，风流清华……

（5）分 4：尊严像梅，剪雪裁冰，一身傲骨……

（6）总：尊严之色，清华其外，淡泊其中，不做媚世之态。它需要淡泊之心加以刚劲之意配以柔和之骨，方可调和而成。尊严的世界，任何人都有可能成为胜者。

守护尊严吧，让尊严之花香馨世间！

图 5.11　总分总式布局

专家提醒

运用"总分总"结构时要注意，分总之间必须有紧密的联系，分述部分要围绕总述的中心进行，总述部分应是分述部分的总纲或水到渠成的结论。

5.3.7　片段组合式

片段组合式布局又称为镜头剪接法，是指根据表现主题的需要，选择几个典型生动的人物、事件或景物片段组合成文。主题是文章的灵魂，是串联全部内容的思想红线，因此，所选的镜头片段，无论是人物生活片段，或是景物描写片断，甚至是故事、抒情片断，都要服从于表现主题的需要。

运用镜头组合法构思文章时，主要有两种组合法。

（1）横向排列组合。横向组合一般以空间的变化为主，例如以"屋子"为题，可以写家乡的老屋，城市里的高楼大厦，农村里的低矮木屋等。

（2）纵向排列组合。一般以时间的变化为主。镜头组合法在结构形式上一般有两种方式，或者用"一""二""三"将文章分为三到五个部分，或者给各部分加上一个简明醒目的小标题，对各部分内容进行简要概括。

下面我们针对不同的片段组合式软文进行详细分析。

感受四季·感悟芳香

不必慨叹生命的匆匆流逝，融入四季，感悟生命的芬芳。

春之颂 ——→ 片段一

是谁留下了一季的亮丽与一时节的灿烂？是谁抛洒了一地的紫花与一原野的翠绿？

夏之恋 ——→ 片段二

炎炎夏季，漫步在碧蓝的海边是一种至高的享受和欢乐，这千变万化而又变幻莫测的自然奇景，显得异常安静，金黄色的阳光照在上面，如同一湾镀满金粉的江水，有时层层海浪中夹杂着朵朵雪白的浪花，如同一只饥饿的猛兽扑向那弱小的羔羊。

秋之思 ——→ 片段三

曾为《秋之思》而饮泣，但秋真的只是萧瑟的吗？

冬之盼 ——→ 片段四

高挂在天空的孤独，坠落在人间的是沉寂，冬，洒满了一山的柳絮，送来寒瑟的北风，有人说："岁月如流成枯枝，日月如梭韶华逝。"冬，我是该恨你的早临，还是该愿春的迟临。

我相信，生命的意义在自然，生命的芳香在四季中，让我们扬起四季的帆，踏上生命的船，去感受四季，感悟生命的芳香。

图 5.12　片段组合式布局

1．小标题式

小标题的拟写不仅要整齐、富有艺术感染力，还要能反映作品的创作思路，写作层面跳跃性不可太大，图 5.12 所示为《感受四季·感悟芳香》一文，作者用"春之颂""夏之恋""秋之思""冬之盼"作为小标题，文思清晰，由题入文，给人以清新、幽雅之感。

2．回环反复式

回环反复式在内容上句句紧扣主旨，因此可使中心突出；在形式上，由于它的出现可使层次更清晰；在表达上，因其常与排比句连用，可以很大地增强

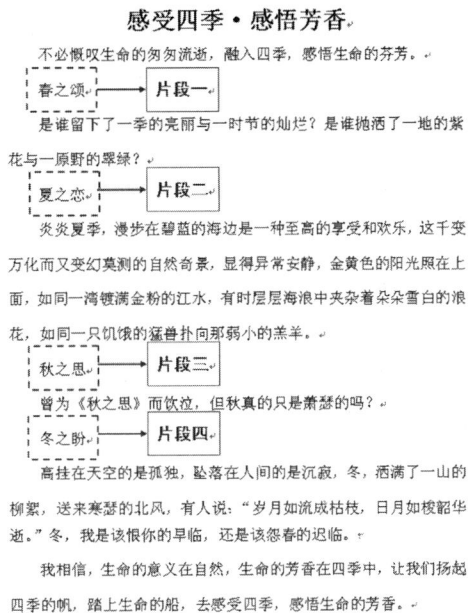

语言的气势与节奏感。

3．岁记式

岁记式以"岁"为主线，简明地记叙在每个"岁"中的主要事件，而将许许多多的内容作为艺术"空白"留给读者去想象，去再创造。可以用"五岁—十岁—十五岁""小时候—长大后—而现在""童年—少年—青年"等几个时间段写人生经历或事件，脉络清楚。

4．片段记叙式

在记叙文中，我们经常写几件事，如《母亲的牵挂》，写了小时候身体差妈妈没日没夜地照顾，参加夏令营妈妈的牵挂，学习遇到挫折妈妈的疏导三件事，每一件事的后面都进行抒情，抒发对母亲的感激之情，文章的线索清楚，脉络分明。

5．片段议论式

议论文中的并列式、递进式、对比式等也采用了片段式作文形式。

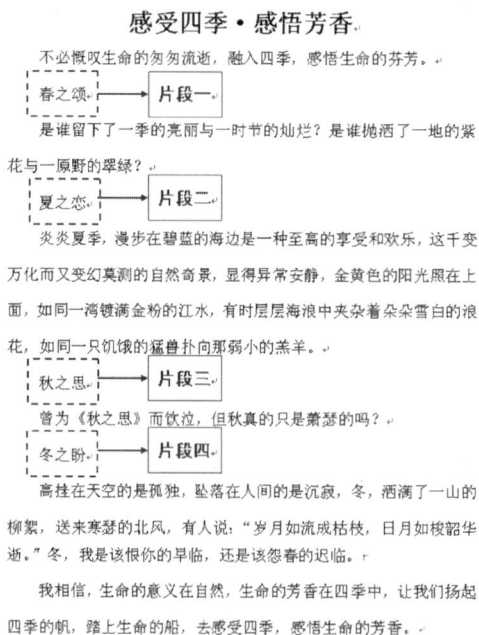

图 5.13　穿插回放式布局

5.3.8　穿插回放式

穿插回放式记叙类文章，利用思维可以超越时空的特点，以某物象或思想情感为线索，将描写的内容通过插入、回忆、倒放等方式形成一个整体。具体操作上就是选好串起素材的线索，围绕一个中心截取组织材料，如图 5.13 所示。

5.3.9　正反对比式

通过正反两种情况的对比分析来论证观点的结构形式。通篇运用对比，道理讲得更透彻、鲜明；局部运用正反对比的论据，材料更有说服力。推广者在使用正反对比法时应注意以下几个问题。

（1）围绕中心论点选择比较材料，确定对比点。所选对象必须是两种性质截然相反或有差异的事物，论证时要紧扣文章的中心。

（2）正反论证应有主有次。若文章从正面立论，主体部分则以正面论述为主，以反面论述为辅；若文章从反面立论，则以反面论述为主，以正面论述为辅。

5.4　软文结尾的写法

软文结尾的目的是总结全文、突出主题或者与开头相应。所以，相对文章开头与标题来说，软文结尾比较好写一些。但是，软文推广者仍然需要掌握软文结尾的技巧，恰当地收尾。

5.4.1　首尾呼应式

一般文章最常用的方式就是总—分—总，结尾大多根据开头来写，以达到首尾相应的效果。如果文章的开头提出了观点，中间进行分析。到了结尾，就必须自然而然地回到开头的话题，来个完美的总结，如图 5.14 所示。

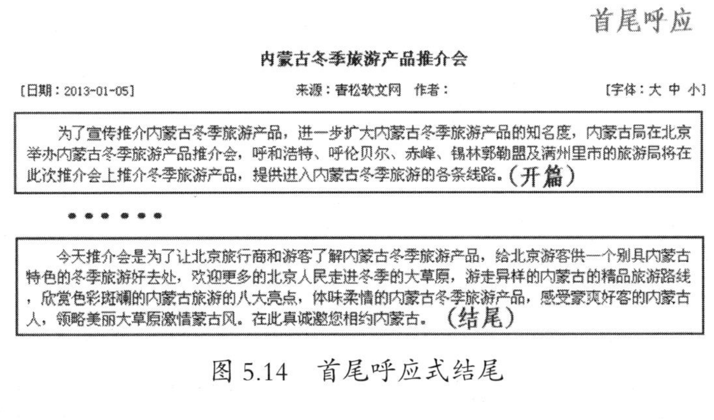

图 5.14　首尾呼应式结尾

专家提醒

首尾相连的方式运用在议论性的文章里居多。这个收尾技巧能使文章的结构更加完整，使得文章从头到尾很有条理性，浑然一体。

5.4.2　篇尾点题式

这个技巧是要根据文章内容来决定是否使用。如果内容主旨上没有明确提出观点，在结尾时，就可以使用一句或者两句简短明了的话来明确文章的观点，起到画龙点睛的作用，如图 5.15 所示。

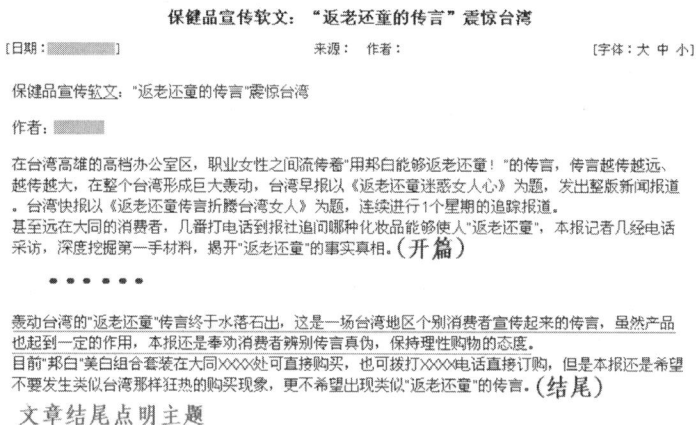

图 5.15　篇尾点题式

这种方式可以起到伏笔的作用，让读者慢慢被文章所吸引后，读到最后终于恍然大悟，原来文章是表达这个意思。这种点题式的技巧能够很好地提升整篇软文的品格。从而给读者留下深刻的印象，也能唤起读者深思回味。

5.4.3　名言名句式

用名言、名句来收尾，让软文的意境更加深远，或者能够揭示某种人生的真谛。名言名句，古今中外一直是很流行的，励志警句更是广泛地应用于文章写作中，它往往用三言两语就能表述出含义深刻、耐人寻味的哲理性或警醒性内容，使之深深地印在读者心中，起到"言已尽，意无穷"的效果。如果文章结尾能够巧妙引用名言名句，就一定能让文章增添不少色彩，甚至能让软文大放异彩。

5.4.4　自然结尾式

在记叙性软文中，经常会以事情终结作为自然收尾。在内容表达完结之后，不去设计含义深刻的哲理语句，不去描绘丰富的象征形体，自然而然地结束全文，给读者意料之外情理之中的感觉。一般情感故事类的文章会用这种技巧来结尾，如图 5.16 所示。

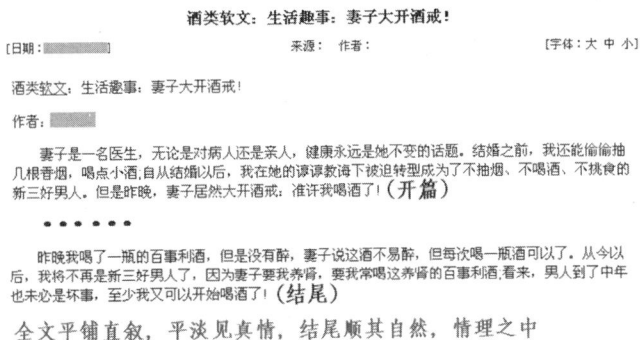

图 5.16　自然结尾式

5.4.5　余味无穷式

很多写手在写作时，喜欢在结尾之处留白。给读者留下一个自由驰骋、纵横想象的世界，读者可以适当补白，续写来揣测写手的心思，这样的思维阅读会有令人惊奇的收获和非同寻常的深刻体验。余味无穷的结尾除了妙手偶得之外，绝大部分都是对生活有了独特的感情后，再加以精心提炼形成的结晶，如图 5.17 所示。

酒类软文：今年过节送什么？

[日期：]　　　　来源：中国软文基地　作者：周兴伟　　　　[字体：大 中 小]

作者：

　　喜庆的春节迎面走来，全家团圆的日子让我们无比期待，而"今年过节送什么"再次成为了城市里的热点话题。为此，记者决定走进生活深入调研，希望能帮助大家找到真正有特色、有意义的新年最佳礼品，为大家解决这个疑难问题。**(开篇)**

• • • • • •

　　到了这时候，我想已没有再探究的必要了，市场是检验产品的唯一真理，百事利酒作为2008年的新礼品已经征服了市场，征服了消费者，同样征服了我。临走时，我也从美丽的张小姐手中接过了一张购物单，提着两瓶百事利酒凯旋离去！

　　今年过节送什么？送他百事利酒，和百万郑州市民一起开始养肾！**(结尾)**

　　结尾处留下悬念，引起读者遐想

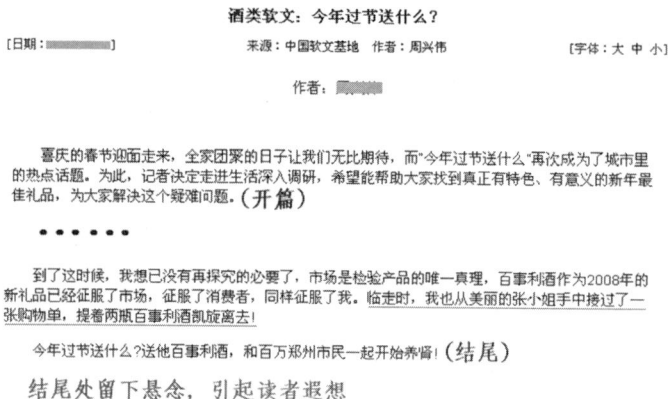

图 5.17　余味无穷式

　　这个收尾技巧多用于记叙文中，写手以独特的认识和理解，写下深刻含蓄的结语，力求意味深长，引人深思，从而引起读者反思。之后在读者回复时，如果及时抓住互动，那么这篇软文的功效就能很好地表现出来。

5.4.6　抒情议论式

　　这种收尾方式多用于写人、记事、描述的文章结尾。当然也可以用在说明文、议论文的写作中。用抒情议论的方式收尾，考验的是写手能否将心中的真情流露，从而激起读者情感的波澜，引起读者的共鸣，如图5.18所示。

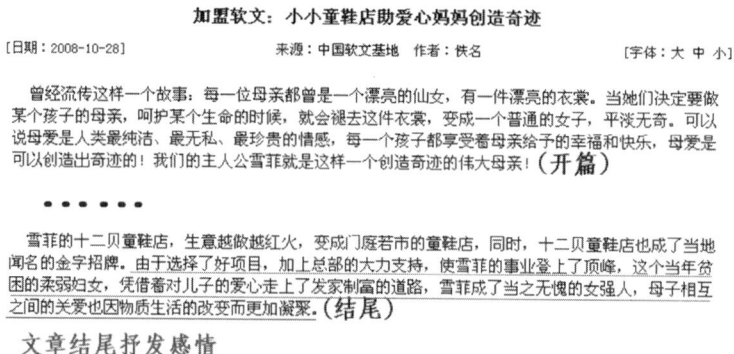

加盟软文：小小童鞋店助爱心妈妈创造奇迹

[日期：2008-10-28]　　　来源：中国软文基地　作者：佚名　　　　[字体：大 中 小]

　　曾经流传这样一个故事：每一位母亲都曾是一个漂亮的仙女，有一件漂亮的衣裳。当她们决定要做某个孩子的母亲，呵护某个生命的时候，就会褪去这件衣裳，变成一个普通的女子，平淡无奇。可以说母爱是人类最纯洁、最无私、最珍贵的情感，每一个孩子都享受着母亲给予的幸福和快乐，母爱是可以创造出奇迹的！我们的主人公雪菲就是这样一个创造奇迹的伟大母亲！**(开篇)**

• • • • • •

　　雪菲的十二贝童鞋店，生意越做越红火，变成门庭若市的童鞋店，同时，十二贝童鞋店也成了当地闻名的金字招牌。由于选择了好项目，加上总部的大力支持，使雪菲的事业登上了顶峰，这个当年贫困的柔弱妇女，凭借着对儿子的爱心走上了发家制富的道路，雪菲成了当之无愧的女强人，母子相互之间的关爱也因物质生活的改变而更加凝聚。**(结尾)**

　　文章结尾抒发感情

图 5.18　抒情议论式

5.4.7　请求号召式

这种收尾多用于公益软文，写手在前文讲清楚道理的基础上，向人们提出某些请求或发出某种号召，如"让我们共同抵制公共场所吸烟的行为吧！"让读者在看完内容之后，在最后一句引起共鸣，从而隐形地支持文章所发起的号召。

5.4.8　结尾祝福式

祝福式收尾在软文营销中非常常见，这种收尾技巧关键在于推广者要站在第三者的角度对软文中的人或者事物进行祝福，例如：听了大家的一番见解，相信各位也学到了很多，最后，祝福某某公司或网站越做越好。图 5.19 所示为软文基地的软文范例结尾。

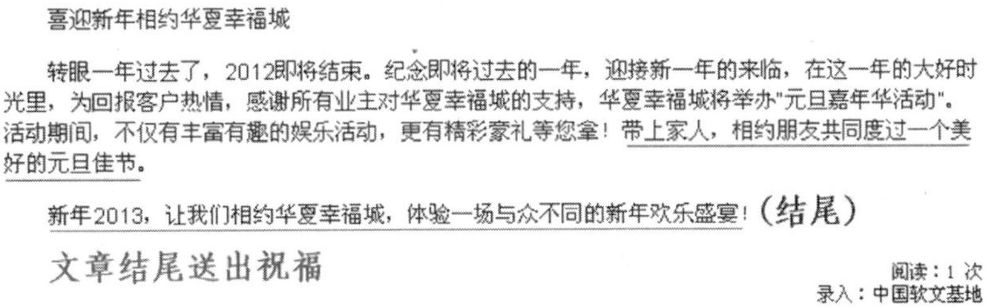

喜迎新年相约华夏幸福城

　　转眼一年过去了，2012即将结束。纪念即将过去的一年，迎接新一年的来临，在这一年的大好时光里，为回报客户热情，感谢所有业主对华夏幸福城的支持，华夏幸福城将举办"元旦嘉年华活动"。活动期间，不仅有丰富有趣的娱乐活动，更有精彩豪礼等您拿！带上家人，相约朋友共同度过一个美好的元旦佳节。

新年2013，让我们相约华夏幸福城，体验一场与众不同的新年欢乐盛宴！**（结尾）**

文章结尾送出祝福

阅读：1 次
录入：中国软文基地

图 5.19　结尾祝福式

5.5　软文写作关键点

前文中我们对软文的不同部分进行拆分详解，读者可以从软文的标题、关键词、开头、正文、结尾等各个部分入手撰写软文。不过，软文毕竟是一个整体，推广者仍旧需要从整体入手，把握软文写作的三大关键点。

5.5.1　增强软文说服力

顾名思义，说服力是指说话者运用各种可能的技巧去说服受众的能力。软文的说服力，简单地说就是如何让读者信服软文中的观点，如何服从软文的行动目标。

1．关注消费者感受

营销定位大师特劳特曾说过："消费者的心是营销的终极战场。"那么软文也要研究消费者的心理需求。

（1）安全感。人是趋利避害的，内心的安全感是最基本的心理需求，把产品的功用和安全感结合起来，是说服客户的有效方式。

例如，新型电饭煲的销售软文称这种电饭煲在电压不正常的情况下能够自动断电，能有效保障用电安全。对于关心电器安全的家庭主妇一定是个攻心点。

（2）价值感。得到别人的认可是一种自我价值实现的满足感。将产品与实现个人的价值感结合起来可以打动客户。脑白金打动消费者的恰恰是满足了他们孝敬父母的价值感。

例如，销售豆浆机的软文可以这样描述："当孩子们吃早餐的时候，他们多么渴望不再去街头买豆浆，而喝上刚刚榨出来的纯正豆浆啊！当妈妈将热气腾腾的豆浆端上来的时候，看着手舞足蹈的孩子，哪个妈妈会不开心呢？"一种做妈妈的价值感油然而生，会激发为人父母的消费者的购买意念。

一位先生领着太太来到一家珠宝店。太太轻声叫起来，原来她发现了一枚很大的钻戒，非常漂亮。两个人欣赏完这枚价格不菲的钻戒，先生的脸上微有难色。销售员很轻快地报了价，紧接着说："这枚钻戒当年曾经被某大国的总理夫人看好，只是因为有点贵他们没有买。"

"是吗？"那位先生的眼睛立刻睁大了，"竟然有这样的事情？"先生问。销售员简单地讲了那天总理夫妇来店的情景，先生饶有兴趣地听完，脸上的难色一扫而空，又问了几个问题，很痛快地买下了这枚钻戒，脸上尽是得意之色。

图 5.20　关注消费者支配感

（3）支配感。"我的地盘我做主"，每个人都希望行使自己的支配权利。支配感不仅是对自己生活的一种掌控，也是源于对生活的自信，更是软文要考虑的出发点，下面是一篇关于消费者支配感的软文，如图 5.20 所示。

（4）归属感。归属感实际上就是标签，你是哪类人，无论是成功人士、时尚青年，还是小资派、非主流，每个标签下的人都有一定特色的生活方式，他们使用的商品、他们的消费都表现出一定的亚文化特征。

比如，对追求时尚的青年，销售汽车的软文可以写："这款车时尚、动感，改装也方便，是玩车一族的首选"。对于成功人士或追求成功的人士可以写："这款车稳重、大方，开出去见客户、谈事情比较得体，也有面子。"

2. 掌握说话的技巧

俗话说，"良言一句三冬暖，恶语伤人六月寒"，同样的一句话用不同的表达方式表述出来，也会有不同的效果。写文章也是一样，下面我们结合具体实例进行分析。

（1）在表述观点时，如果能找到具体数字，或者能估算粗略的数字，则尽量不要用模糊的数字。比如，描述一件羊毛衫的羊毛含量高有如下两种表述。

表述一：该款羊毛衫羊毛纯度高。

表述二：通常羊毛衫的羊毛含量为 60%，该款羊毛衫经检测羊毛含量为 80%。显然第二种表述更具说服力。

（2）在表述具体时间的时候，也是越具体越好。比如，报道创维云电视的公益活动有如下两种表述。

表述一：据介绍，本次由创维云电视发起的公益活动将于月底结束。

表述二：本次由创维云电视发起的公益活动将于本月 25 日结束。显然也是第二种表述更好。

（3）在借第三方的观点来佐证自己提出的论点时，第三方的名称如果能够检索到，则一定要披露，这样会显得比较客观，特别是找到行业权威或者名言名句，甚至是古诗词会更有说服力。

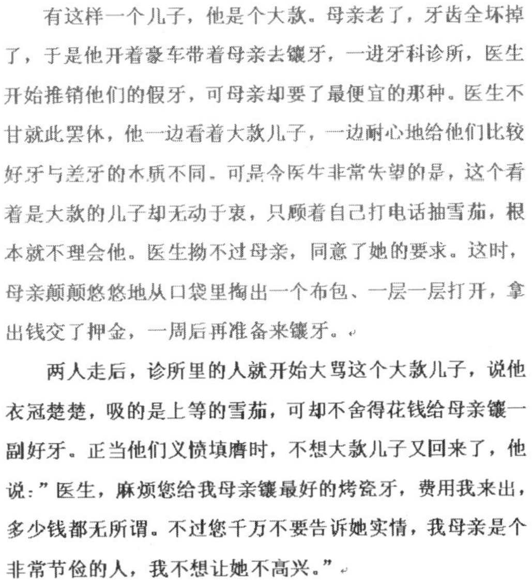

有这样一个儿子，他是个大款。母亲老了，牙齿全坏掉了，于是他开着豪车带着母亲去镶牙，一进牙科诊所，医生开始推销他们的假牙，可母亲却要了最便宜的那种。医生不甘就此罢休，他一边看着大款儿子，一边耐心地给他们比较好牙与差牙的木质不同。可是令医生非常失望的是，这个看着是大款的儿子却无动于衷，只顾着自己打电话抽雪茄，根本就不理会他。医生拗不过母亲，同意了她的要求。这时，母亲颤颤悠悠地从口袋里掏出一个布包、一层一层打开，拿出钱交了押金，一周后再准备来镶牙。

两人走后，诊所里的人就开始大骂这个大款儿子，说他衣冠楚楚，吸的是上等的雪茄，可却不舍得花钱给母亲镶一副好牙。正当他们义愤填膺时，不想大款儿子又回来了，他说："医生，麻烦您给我母亲镶最好的烤瓷牙，费用我来出，多少钱都无所谓。不过您千万不要告诉她实情，我母亲是个非常节俭的人，我不想让她不高兴。"

图 5.21　前后对比增强感染力

5.5.2　增强软文感染力

所谓的软文感染力，就是软文引起别人产生相同思想感情的力量或者启发读者智慧或激励读者感情的能力。故事性的软文对感染力的要求会很高，而要想软文感染力强，则要重点考虑打感情牌，其中爱情、亲情、友情都是永恒的话题。下面是一篇关于亲情的软文，如图5.21所示。

专家提醒

推广者在撰写软文时，要增强软文的感染力，需要掌握运用各种修辞手法，包括比喻、对比、拟人、反复、反问、设问等。

5.5.3　增强软文传播性

所谓软文传播性，是评判一篇软文是否合格的标准，包括两个方面：一是软文的阅读数量，软文被点击的次数越多，说明这篇软文越有吸引关注的魅力，如今很多文章以标题党形式来获取点击，其实这种方式有时候也可以让一篇帖子成为热点；二是软文的转载数量，好的文章具有很高的收藏价值，人工转载的数量可以反映出文章质量的好坏。

那么，推广者应该如何提高软文的传播率呢？

1．具有争议性的文章

每个人的观点和看法都有所不同，因此很多东西都没有唯一的评判标准，这时候如果我们能写一篇争议性比较强的文章，那么肯定会受到正方的赞同和反方的反对，通过正方和反方的不断点击和评论，一篇帖子就会成为热门帖。

例如，如今郭敬明与韩寒一直被认为是一对冤家，而关于两人的恩怨一直不断，如图5.22所示。隶属于不同阵营的"韩粉"与"郭粉"之间的斗争一直没有停息，而此类争议性软文一直点击量超高。

揭秘韩寒郭敬明真正关系恩怨情仇全纪录
2010-09-28 14:59:17　来源：国际在线论坛　编辑：梁宁

郭敬明与韩寒相爱相杀：十几年他一直这样
2014-07-14 09:31:24 来源:南方都市报(深圳) 有176人参与　分享到 ▼

在之前《后会无期》发布会上，有媒体口误把韩寒叫成了郭敬明。郭敬明对此表示：“我没有太大的感觉，因为十几年了他也一直这样，不太喜欢聊这个”。

图 5.22　争议性文章

再如，如今 NBA 最热门的两大明星：科比和詹姆斯，到底谁强谁弱一直是大家讨论的重点，而且每当出现关于两人的文章都具有很高的浏览量，毕竟双方的粉丝都非常多。假如现在我们写一篇关于《詹姆斯强于科比的 10 大理由》，这样的文章一旦观点写得不错时，肯定会受到很多詹姆斯球迷的好评，甚至收藏或者转载文章。

而科比的球迷肯定不同意，互相对骂的情景可以在文章评论中体现，当一篇文章有大量的点击和评论时，那么我们的文章就写得非常成功了，我们要的就是这种效果。

2．抓住实时新闻热点

老生常谈的文章一般受到的关注度不高，而新闻热点是大家比较喜欢看到的，如果推广者能抓住一些新闻或热点去打造软文，那么文章的关注度肯定是非常高的，既然是新闻就应该抓住它的实时性，越早更新受到的关注可能就越大。图 5.23 所示为雪佛兰新赛欧汽车抓住了时下火热的"爸爸去哪儿"节目，推出的营销软文。

此外，推广者还可以结合节假日撰写软文，比如三八妇女节

爸爸去哪儿？到三水雪佛兰团购买车啦！

11 月 16-17 号（周六、日）:"爸爸去哪儿"! 孩儿童趣，父爱如山，实现购车愿望，表达浓浓爱意，带给全家幸福! 雪佛兰全车系年末冲量，空前钜惠，超越您所想价格!

作为一款国际品牌小车，雪佛兰新赛欧严格遵循通用汽车全球产品开发流程以及通用汽车全球工程、质量标准打造，整车 95%的零部件供应商来自于现有的通用汽车全球体系，其中 40%以上属于全球大型零部件集团或其合资企业，确保了新赛欧的零部件在质量、服务、技术、价格等方面达到雪佛兰品牌的国际标准。

在国内入门级经济型轿车市场，能以 5 万元一步到位地买到一辆合资品牌的经济型家轿，对于大家来说本来就相当具有吸引力。而如今推出的 3000 元幸福礼包，无疑在细分市场投下一颗重磅炸弹，让新赛欧在小车细分市场中的性价比优势更为明显。这款国际品质的小车切准了工薪家庭购车的脉搏，以高品质、多实惠，亲民价格成功打造国际大品牌的家轿，赢得了消费者的口碑。

图 5.23　时事热点文章

的题材。几大搜索引擎的三八妇女节 LOGO 赏析，就抓住这个题材来写文章，从而让网站获取一定的流量。

3．穿插感人故事情节

每个人都有一颗同情的心，感人的故事可能会打动很多人，比如恋爱中的男女如果看到一些关于"相爱却不能在一起、因某事而不能结婚"的文章，肯定会觉得文章是非常真实的，这时候尽管推广者在文章中提到了产品或网站，读者可能仍会点击观看，而且这样的文章具有一定的宣传力，读者会自动转发，效果也就大大增加了。

第6章
软文写作创意招数

要点展示: 创意营销点亮软文
软文写作创意招数

学前提示:

通过非凡的视觉效果,让消费者自然而然地接受企业品牌文化,这就是创意软文的魅力所在。借助不同的创作招数,软文也可以变得创意十足,并具有极强的营销力。本节就是各种软文创意招数的大集合,希望创业者们能够借鉴学习。

6.1　创意营销点亮软文

创意营销是通过营销策划人员思考、总结、执行一套完整的借力发挥的营销方案，带来销售额急剧上升。创意营销可以给广告主带来意想不到的收获，可以说是一分投入十分收获。

而随着软文营销的火热，创意与软文之间的互动也增多了，许多商家企业从创意营销案例中找到了软文营销新的切入点，软文营销也变得创意十足。

6.1.1　创意营销案例

创意营销风头正劲，对营销人员来说，继续平淡无奇的传统营销方式相当于"自掘坟墓"。软文也是一样，如果继续推出传统无趣的营销软文，前途可谓是"一片黑暗"，那么，软文营销如何引发受众兴趣，在潜移默化中将品牌的价值植入到他们心中呢？我们不妨从以下创意营销案例中寻找灵感。

1．汉堡王：删除好友得皇堡

"删好友，得皇堡！"六个字便能概括这次营销活动的主旨，参与者只需要在自己的 Facebook 上安装一个程序，删除十个好友，便能得到一个免费的汉堡。而更加"尴尬"的是：被你删除的朋友会被赤裸裸地公开在网站上，让每个人都知道，如图 6.1 所示。

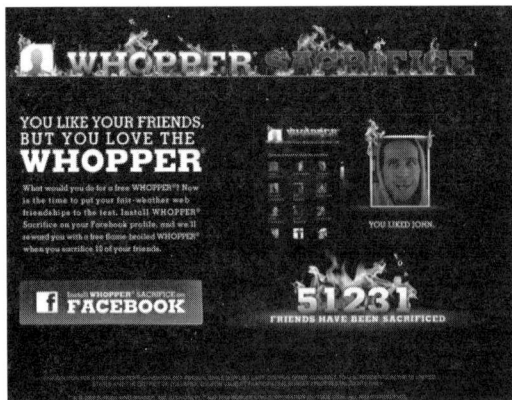

图 6.1　"皇堡的牺牲"创意活动

"皇堡的牺牲"这一 Facebook 营销活动在上线初期非常低调，仅仅依靠 SNS 的力量，甚至没有媒体支持。活动期间，汉堡王送出了 2 万个免费汉堡，而在这十天内，共有 8 万多人参与了此次活动，而被删除的好友数量达到 23 万人次。

创意亮点：汉堡王使用了一个非常简单的行动号召（call-to-action），独辟蹊径去挑战人们的底线，获得了极大的曝光率。

2．百事可乐：一秒变土豪

2014 年 9 月，百事推出了"渴望就现在"揭盖有奖活动，又名"瓶瓶有天猫红包 一块变土豪"。活动期间，购买 600 毫升促销装百事/七喜/美年达产品后，消费者通过手机天猫或手机淘宝客户端扫描促销包装二维码，根据指引参与"百事'渴望就现在'"，输入真实有效的 13 位串码，经验证有效后即可获得奖品，奖品包括 NIKE& 纪梵尼球鞋、豪车以及米其林晚宴等，如图 6.2 所示。

图 6.2　百事"一秒变土豪"活动

创意亮点：百事一向是创意营销的佼佼者，此次活动结合时下最流行的网络语——土豪，配合丰厚的奖品促销，同时与当下最火热的喜剧《往往没想到》合作，吸引了一大批粉丝的关注。

3．Office Max：圣诞精灵

Office Max 是美国办公用品三大零售商之一，由该公司推出的"圣诞精灵"活动，获得了极大的成功。因为早在 2006 年，谁也没有想到上传自己、朋友或爱人的照片，就能够看着他们在互动卡片上像圣诞精灵一样舞蹈。这也是一个简单的想法，但在 2006 年推出时可以算是一个开创性的举动。

至今，圣诞精灵卡片已经拥有了超过 5 亿的分享，这不仅是一种病毒现象，也是一种持久的成功，在美国，跳舞的圣诞精灵似乎已经成为了一个节日传统。

创意亮点：对于企业商家来说，在营销活动中给消费者做"明星"的机会，会使消费者感到十分新奇和满足，进而产生认同感。不过这类活动有一个关键点，那就是要易于参与，更易于分享。

4．Old Spice：病毒视频营销

2010 年 7 月，美国男性护理品牌 Old Spice 在 YouTube（全球著名的视频网站）上发布的系列视频在短短 3 天内访问量就已突破 2000 万，如图 6.3 所示。

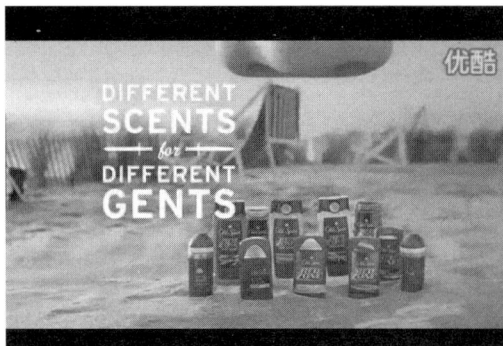

图 6.3　病毒视频营销

这则视频由波兰的一家名为 W+K 的广告公司为宝洁旗下美国男性护理品牌 Old Spice 量身打造。该"病毒视频"主角还是广告片中的健硕美男 Isaiah Mustafa，内容依然是猛男、浴室、幽默三元素，但形式已不再是由创意人员构思主题的传统模式，而是改为回答 Twitter 和 Facebook 上的粉丝和名人提出来的问题。

创意亮点：首先，Old Spice 准确选择了目标受众。影响男士香水购买决策的不只是使用它们的男士，还有那些为优雅男士着迷的女士们，她们的建议与评价往往直接决定男士对香水品牌的选择。

其次，与传统视频营销依靠营销人员构思主题不同，Old Spice 此次通过邀请用户提问来设定话题，塑造了崭新的视频互动模式。征求用户意见，既体现了对用户的尊重，让他们对品牌平添了几分好感，又具有足够的话题性，引发大家竞相谈论。

5．大堡礁：世界上最好的工作

只要待在一个美丽的海岛上，清理水池，喂鱼，收收邮件，就能拿到 15 万美元的报酬。世界上真有这么好的工作？没错。

2009 年，昆士兰旅游委员会开始了招募"世界上最好的工作"的活动，申请人只需要录制一段一分钟左右的自我介绍视频，便能够参与这次选拔。活动期间，共有 34684 人参与了此次招募活动，招募活动仅仅花费了 170 万美元，

但在全球产生的广告效益达到 1.1 亿美元，如图 6.4 所示。

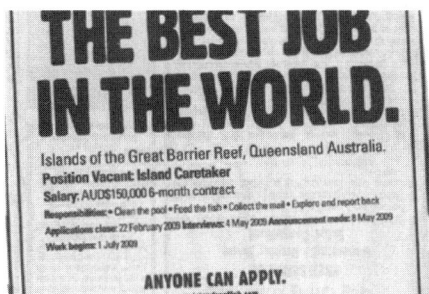

图 6.4　大堡礁创意营销

创意亮点：企业需要不断去尝试新的、非传统的营销渠道，一旦想到一个足够好的点子，完全不需要投入巨额的广告费。

6．奥巴马：2008 年总统大选

2007 年年初，奥巴马只做过一任参议员，他的名字发音滑稽，品牌认知度不到 10%。18 个月后，奥巴马筹集到比任何美国历史上其他总统更多的资金，最终成功出任第 44 任美国总统。

他是怎么实现的呢？在某种程度上来看是因为他所执行的绝妙的营销活动。这个营销活动使他得到了草根阶层的支持，而他的竞争对手还没有开始考虑到这个问题。

奥巴马在 YouTube 和其他社交媒体上掌握着超过 2000 万的观点，并拿下了最受欢迎的 facbook 个人页面。他在社交媒体上发布照片、视频、行动口号，打破了他与其支持者之间的障碍。

创意亮点：奥巴马是第一位出现在社交媒体上的美国总统，也是完全懂得如何通过各种渠道与选民们保持联系的第一人。

7．星巴克：微信二维码营销

2012 年 8 月，微信携手星巴克，推出特惠二维码：在星巴克全国门店（江浙沪除外），只要用户用微信的"扫描二维码"功能拍下星巴克咖啡杯上的二维码，就有机会获得星巴克全国门店优惠券，成为星巴克 VIP 会员。

同时星巴克微信订阅平台同步上线，收听"星巴克"微信官方账号，只需发送一个表情符号，用户即刻享有星巴克"自然醒"音乐专辑，获得专为个人

图 6.5　星巴克"自然醒"

心情调配的曲目，如图 6.5 所示。

创意亮点：微信与星巴克的战略合作让微信迈出了通过二维码介入商户营销的第一步，不仅破除了传统商业经营模式辐射面积小、用户参与度不高、受时间地点等制约的弊端，同时还具有轻松时尚、趣味性高、商家与用户互动性强等优势。

8. 沃尔沃：林书豪中国行

2012 年年初，当沃尔沃签约林书豪的时候，他正处于最受关注的时期。而林书豪作为一位睿智、敏捷的领袖型球员，阳光、健康的形象，低调、高品位的特质代表了进取型精英的风范，也与沃尔沃车主形象高度契合；林书豪在成长过程中坚持不懈、厚积薄发的精神，与沃尔沃汽车的品牌精髓相得益彰。

对沃尔沃汽车来说，他们正在经历林书豪式的成长，致力于成为世界最受尊敬的豪华车品牌，如图 6.6 所示。

图 6.6　沃尔沃汽车"林书豪中国行"

创意亮点：围绕林书豪中国行可能产生的营销机会，沃尔沃在公关层面果断决策，迅速执行，充分利用新媒体形成立体传播，引发一轮传播热潮。

9. 雀巢：笨 Nana 冰淇淋

2012 年，雀巢新推出了一款全新笨 Nana 冰淇淋（冰激凌），在产品上开创了一种有趣的食用体验：食用时当从顶部咬上一口可剥离的果冻壳，就可以像剥香蕉皮那样剥出美味的冰淇淋。

从营销的角度，笨 Nana 冰淇淋"好玩"的食用体验无疑是一个绝佳的卖点，而崇尚分享的社会化网络自然成为最适合的平台。事实上对于这款产品微博上的讨论也大多集中于此，比如"史上第一只可以剥开吃的冰棍""吃香蕉不吐香蕉皮"等带有趣味的评价得到了大量转发，如图 6.7 所示。

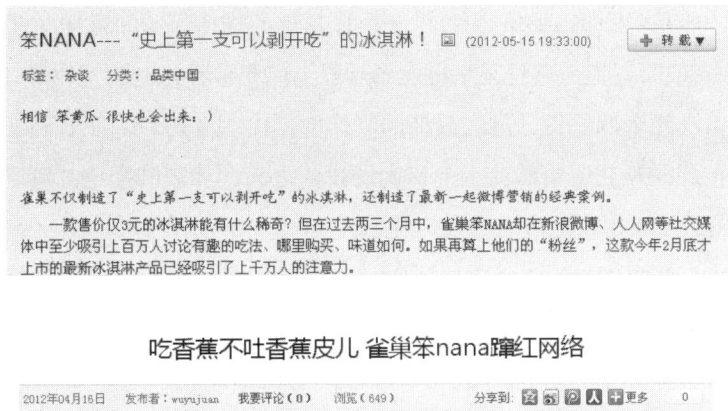

笨NANA---"史上第一支可以剥开吃"的冰淇淋！ ☑ (2012-05-15 19:33:00) ✚ 转载▼

标签：杂谈 分类：品类中国

相信 笨黄瓜 很快也会出来：)

雀巢不仅制造了"史上第一支可以剥开吃"的冰淇淋，还制造了最新一起微博营销的经典案例。

一款售价仅3元的冰淇淋能有什么稀奇？但在过去两三个月中，雀巢笨NANA却在新浪微博、人人网等社交媒体中至少吸引上百万人讨论有趣的吃法、哪里购买、味道如何。如果再算上他们的"粉丝"，这款今年2月底才上市的最新冰淇淋产品已经吸引了上千万人的注意力。

吃香蕉不吐香蕉皮儿 雀巢笨nana蹿红网络

2012年04月16日 发布者：wuyujuan 我要评论（0） 浏览（649） 分享到：🉐🆒❓👤➕更多 0

中国食品饮料网讯 以前大家都知道"吃香蕉不吐香蕉皮儿"是不现实的，但近日，雀巢的一款新品雪糕，"笨nana"就让那个不可能实现的事情实现了，一时间笨nana"蹿红网络，被网友称为"冰棍界的奇葩"，但售价也随之不断攀升，从刚上市的4.5今卖到如今6元。对此广告创意专家称，"笨nana"备受热捧，价格不断攀升，是因为雀巢正好抓住了消费者对新鲜事物感兴趣的心态，在产品外形上做创意，也就是说雀巢的"笨nana"卖的不是雪糕是创意。

图 6.7 雀巢"笨 Nana"冰淇淋营销

创意亮点：差异化是产品营销的一个重点，笨 Nana 的走红就是由于它酷似香蕉的外形，新奇的食用过程，这就是它与一般雪糕的差异。而这个差异又充满了趣味性和新鲜感，使它不但能很快吸引大家注意，而且能在大部分人中间传播开来，受到消费者的喜爱。

6.1.2 创意软文撰写策略

网站的宣传软文充斥着互联网，特别是电子商务网站的促销软文更是多如牛毛。在如此众多的软文中，枯燥乏味的软文占了大多数，当然不乏一些非常有特色的创意软文，这些软文让人乍看上去就耳目一新。那么，创意软文如何撰写呢？下面我们结合电影宣传的技巧，讲述创意软文的写法。

1．标题的撰写

在百度中搜索为电影首映撰写的新闻标题：如《地域无门5月16日公映，众主创微访谈揭看点》《浮城大亨5月18日公映，郭富城身陷情场》《追凶全国公映，揭秘六大重口味看点》，我们可以模仿这些标题来撰写开业软文标题。

2．导语的撰写

导语一般是对即将上映的影片做一个概括性的描述。例如这样的软文导语："经过紧锣密鼓的筹备，近日某家电卖场斥资上亿元精心打造的贺岁影片《××家电开业》已经全部杀青，进入后期的制作中，12月15日至17日将在苏城全面公映。在此次开业促销活动中，该卖场投入之大、加盟的家电品牌之众、让利之多，将带给本市家电市场巨大的震撼。"

3．小标题的撰写

撰写小标题要下一番苦功，将所要介绍的促销内容结合当时热门电影的名称，并通过分享精彩片段的方式将文章段落有机串联在一起，如精彩片段一：平板厂商递交《投名状》；精彩片段二：彩电产品吹响《集结号》；精彩片段三：手机帮你《命运呼叫转移》；精彩片段四：电脑数码乘上《长江七号》等。

4．正文的撰写

前面结合电影撰写的小标题已经为软文添色不少，所以正文如果能将内容与小标题完美呼应，再加上刚才的标题、导语，那么这篇软文必将极大地吸引读者的关注，并引发他们阅读的兴趣。

6.2　软文写作创意招数

如今很多企业都把软文当作一种必要的宣传手段，甚至一些中小企业由于不能投入大量的经费操作硬广，常常以软文起步。软文不仅费用低，而且信息量大，对顾客了解产品本身起着很好的作用。那么，软文如何写才更有杀伤力呢？当然离不开以下创意招数。

6.2.1　介绍历史文化

　　软文撰写人员可以把有特点的企业文化或者产品历史，以软文的形式写出来，这是创意软文的招数之一。我们赏析下下面这篇软文，标题为《茅台历史文化：千年积淀芬芳香醉天下》(来源于《南方日报》)。

　　2013 年 10 月 13 日，茅台集团广场。

　　这天是茅台集团举行祭祀茅台酒历代祖师宗师和祭水活动的第十个"茅台酒节"。

　　上午 9 时 9 分，鼓角争鸣。4000 余茅台集团员工，在身着唐装的集团现任高层和离退老领导的带领下，拉开了祭祀活动帷幕。

　　一如既往，祭祀程序仍然是向酿酒祖师敬献高粱、小麦、净水、陈年茅台酒和花篮。现场气氛庄严肃穆。

　　置身活动现场，不禁让人想起公元前 7 世纪古希腊的"大酒神节"。每年 3 月，为表示对酒神狄奥尼索斯的敬意，古希腊人都要在雅典举行这项活动。

　　而在仁怀的民间，一直都有"九月九，下河挑水煮新酒""重阳下沙芳满缸，重阳酿酒香满缸"等民谣。而这些民谣，对应了赤水河仁怀段的一个奇特自然现象：每年端午节至重阳，河水呈赤红色；而重阳节至翌年端午，河水则清澈见底。

　　重阳以后下沙投料，需大量用水，赤水河正当澄碧。

　　由此，九月九这天便成了茅台酿酒行业流传千百年的祭水日子。

　　10 年前把这一天定为"茅台酒节"，并坚持每年举行九月九大型祭祀活动，只是茅台对历史文化尊重的表现之一。而茅台本身，因为历史的不断推进演变，也积淀了非常丰富的文化内涵。

　　据考证，茅台酒最早的历史文化，可追溯至公元前 135 年。

　　这一年，唐蒙出使南越，将茅台一带产的"枸酱"美酒带回中原，汉武帝饮后赞曰"甘美之"。

　　唐、宋时期，茅台出现了以粮食制曲和酿造谷物酒的工艺，开始酿造蒸馏酒。

　　元、明之际，茅台已出现了"回沙"工艺。

　　清代，茅台回沙酱香酒逐渐定型。康熙年间，"茅春""茅台烧春""回沙茅台"等已成为中国西南市场的佼佼者。

1915 年，茅台酒在巴拿马万国博览会上获金奖，留下了"智掷酒瓶振国威"经典佳话，茅台从此成为世界名酒。

这个历史的演变，让人们对茅台酒的历史认知，有了一个相对清晰的时光空间里的逻辑：始于秦汉，熟于唐宋，精于明清，兴盛于当代。

1935 年，红军长征过茅台，茅台人捧出茅台酒为红军洗尘疗伤，茅台酒从此与中国革命结下了不解的红色情缘。

新中国成立后，茅台酒在中国的政治、经济、军事、外交、文化活动中，发挥了不可替代的作用，被赞誉为国酒、文化酒、友谊酒、健康酒等。

笔者在茅台听到这样一个故事：2004 年，为了让茅台酒在历史演变中，不出现历史文化细节上的遗漏，茅台集团董事长、贵州茅台酒股份有限公司董事长袁仁国亲自飞赴美国旧金山，百年寻根，万里求证，经过多方努力，费尽周折，还经历了一场车祸，最终了解到茅台酒获巴拿马金奖的详实历史过程，也丰富了茅台酒的历史沉淀。

正是因为具有如此丰富厚重的历史文化积累，1999 年，在贵阳召开的全国白酒发展研讨会上，茅台集团率先在国内提出了"文化酒"的概念，这不仅为茅台酒以文化酒定位而成为中国酒林至尊奠定了坚实的品牌基础，也让"文化酒"的概念纵横中国白酒市场。

历史还在被续写，中国茅台正沿着时代的轨迹，一路散发出愈发醇厚的文化芳香。

创意解析：对于酒类企业来说，介绍悠久的历史文化是最好的软文撰写方向，尤其是对于"国酒茅台"这种历史文化厚重的企业，挖掘自身的历史文化来美化企业，可以让品牌深入人心。

6.2.2　借势新闻事件

我们常说"君子善假于物也"，软文营销也是一样，借助重点新闻事件进行软文营销，可以成功借势，引起人们的关注。下面以"积木家族"借势奥运会，塑造企业品牌新形象的营销实战为例，详解借势营销的策略。

奥运会作为当今最大规模的体育盛会，受到了全球注目。然而，现代奥运会已经不是单纯的体育盛事，也成为产品展示、品牌展示的盛会。作为全球早教专家领导品牌，在这个奥运之夏，积木宝贝自然也没有错过营销的好时机，结合当下最热门的社会化媒体，将奥运营销做得风生水起，引起了众多网民的关注。

在人们观看精彩赛事的同时，积木家族的 3 个可爱的卡通形象——红色的矩形宝宝、黄色的圆形宝宝、蓝色的三角形宝宝，在每天中国优势项目夺金后，马上会出现相关的视频。视频里的 3 个卡通形象，它们也像在举行运动会，进行射击、举重、游泳、跳水等项目，可爱即时的卡通形象，迅速被人们记住和传播。

传播的成功需要精心的计划与执行，做到天时地利人和，在整个奥运营销中，积木宝贝做到了极致。

经过认真的策划，积木宝贝制作了 12 个十分精致的主题动画，人物性格鲜明，故事搞笑幽默，在小范围取样验证时效果就非常理想，获得 90% 以上的好评，为后续的传播成功奠定基础，如图 6.8 所示。

图 6.8 "积木家族"借势营销

积木家族的 3 个可爱的卡通形象的广泛传播，为积木宝贝也带来巨大的品牌回报。据了解，早教市场虽然火爆，但是实现奥运营销的企业并不多见，通过卡通形象搏击奥运的企业更是少之又少。

自积木家族的 3 个可爱的卡通形象推出以来，受到了广大受众的喜爱。至今仍有人在不断地转发与传播。借势奥运会和卡通形象塑造，积木宝贝为早教市场呈现了一份奥运新媒体营销的成功范本。

创意解析：透过"积木家族"的借势营销范例，我们可以收获时事类软文的写作启示，主要包括以下几个方面。

（1）分析关键词。时事热点能创造很多关键词，撰写软文时就需要有强大的分析能力，将热门关键词总结出来，进行软文宣传。

（2）软文与时事热点相结合。前段时间的"北京雾霾"，曾经盛行的H7N9，都是热门的关键词，对健康网站来讲，就可以设置相关关键词进行站内站外优化，并做出相关专题，从而提升访问量。

（3）新闻报道的热门事件，百度风云排行榜，其他搜索引擎的搜索排行榜，搜索引擎搜索框等都是我们可以得到热门事件的来源，将这些热点事件与网络营销、搜索引擎优化等相结合就是一篇不错的有教育意义的软文。

6.2.3　讲述产品故事

前文中曾介绍过故事型软文，毋庸置疑，讲故事是人们最容易接受的广告方式，故事性的软文能够使读者记忆深刻，拉进与读者的距离，让读者感同身受，进而产生消费行为。下面我们赏析以下这篇经典房产行业故事性软文。

在深圳工作的张先生终于如愿以偿地在翡翠绿洲买下了一套三房单位。

和许多在外打拼的年轻人一样，张先生买房是为了把父母接过来。一方面解决自己的后顾之忧，另一方面也用于投资。然而近期深圳的房价不断攀升，张先生逐步把目光投向了深圳以外的周边城市，由于广州与深圳一衣带水，彼此之间的关系更是唇齿相依。特别是，拥有良好生态环境的广州东部，离深圳仅不到1小时车程，在承接珠三角城市一体化格局的同时，更是房地产的价格"洼地"，因此，当异地置业已经成为深圳人"全民运动"的时候，"为父母买房"的张先生也就适时地加入了这场"运动"的行列。

买房，注重性价比

张先生的父母住在湖北老家，用他们的话说，一是不和儿女住，两代人之间少些磕磕碰碰的事；二是乡下的环境好，视野开阔，人住得舒坦。只是岁月不饶人，父母的年纪越来越大，健康状况也大不如从前。2007 年年初的时候，张先生开始谋划给父母买套房。他想，即使父母在这里住着不习惯，将来这套房子也可以作为投资品，保值升值都不错。

张先生给父母买房，一是要离自己近，彼此之间都有个照应；二是小区环境好，老人家可以经常出来散散步。刚开始的时候，张先生的目光有些挑三拣四，毕竟这不是一笔小数额的开支。但是，当他买房的愿望越来越强烈时，深圳的房价也是日新月异，张先生一家的购房款在手中一天天贬值。而他们看房的战场，也从新房转向了二手房，从关内转向了关外。

张先生在一家大型 IT 公司上班，部门共有六个人，其中有三人都在东莞、惠州买了房。受他们的启发，张先生决定到周边城市看一下。今年六月，一个很偶然的机会，张先生到广州开发区的总公司开会，不少同事就住在翡翠绿洲。5800 元每平方米，几乎是深圳楼价的三分之一，这样的价格首先就把他吸引住了。

居家，关键看环境

走进翡翠绿洲，张先生感受最深的是生活的宁静与心境的祥和。这里没有城市中让人不堪忍受的高分贝噪声、高污染的空气和不到半夜十二点不退的嘈杂与喧嚣，只有"山高水静，朝霞舒展"的诗境。

这样的居住环境正是张先生想要的。早晨，阳光会穿越重重叠叠的树叶，晨曦从草地、湖面漫溢出来，会所的泳池边，老人们打太极，做操……用他们自己的方式享受着阳光带来的灿烂。对于张先生的父亲而言，顺着林荫路上慢跑是他的最爱。而他的母亲或许会带着小孙子到亲子乐园嬉戏，脸上绽放的皱纹就像盛开的花朵。晚上的时候，老人家可以在小区里散步，路边的灯光映出婆娑的树影，清新的山风让人的心也安静下来……

另外，翡翠绿洲新推出的森林半岛二期在产品设计上也非常符合张先生的需求。140 平方米的大户型单位方正实用，注重居室的通风采光，三代同居也不会显得拥挤，再加上大露台、三梯四户的格局设计，极为符合中国传统居住习惯。

生活，美好的遐想

如今 5 ＋ 2 的生活工作方式、一年中 3 次 7 天长假及各种休假制度，为生活节奏越来越紧张的都市人提供了难得的休闲放松时间。张先生打算，以后就把老人和小孩留在翡翠绿洲，据说，社区的幼儿园已经开始招生，小学也动工了，将来还将与名校合作办学，孩子的教育有了保障。到了周末和节假日的时候，自己就和妻子过来，既可以当作休闲度假，又可以和父母孩子在一起，享受天伦之乐。

创意解析：讲故事的软文最难的一点是"如何挖掘故事"，如果没有吸引人的故事，软文营销就会显得无力。那么，我们应该有哪些挖掘故事的方法呢？

1．与客户闲聊

倾听客户的声音，是软文故事的最佳来源，一方面每位顾客都是不同的，背后的故事也是不同的；另一方面，顾客又是相同的，因为他们都是产品的使用者，如果将他们的产品体验写出来，更有说服力，营销效果自然不言而喻。

2．采访名人

撰写者可以与思想领袖、战略合作伙伴进行问答式采访，或者与直率的、有趣的或创造性的思考者进行采访，以便制作极富吸引力的文章。

3．向客服询问

工作一线是最好的产品内容来源，因此，直接问客户服务部门的员工：客户与我们联系，都涉及些什么？他们提出了一些什么问题？你是怎样帮助他们解决问题的？这种方法对于反复出现的"来自客户的问题"主题的内容，效果尤其明显。

4．抓住行业新闻

分享一些会影响同行业或受众的最近的新闻故事。不管什么时候，只要有可能，就要及时分享；这样企业可能额外地受益于提升为关于那一主题的第一条评论，因为后来的评论，可能参照你，或者是链接到你。

我们曾提到过软文推广就是给客户讲故事，在明白了软文故事的"挖掘渠道"后，软文作者应该如何将故事性软文写得更加深入人心呢？可以从以下三点做起。

（1）多说一些案例。软文推广肯定是要推广产品的，而企业要做的就是让用户看到其他人都在购买这个产品，这个产品非常出色，所以自己也要购买。企业可以把一些案例放在里面，让用户知道其他人都在做什么，说说自己产品的好处，尽量引起用户的共鸣。这样的推广比死板的推广效果要好很多，多讲述一些其他人的故事，用户更愿意看。

（2）让故事掩盖推广。之所以使用案例来做推广效果这么好，主要是因为用户更加关心的是这些案例，只要企业可以把案例描述得很出色，用户的注意力都集中在案例中，而此时企业要做的就是让品牌融入案例，这样用户在阅读的时候就会潜移默化地接受品牌，而不是让用户像背书一样对网站的品牌死记硬背。

（3）符合用户的文字。编写好的软文比什么都重要，而针对这个方面，企业要做的又是什么呢？其实很简单，就是看看自己的用户究竟喜欢什么，然后根据用户的喜好去编写信息。

比如说企业推广的对象年龄比较年轻，那一些比较俏皮的话就能得到用户的肯定，如果是一些年纪比较大的，那一些严肃的话语则能够让用户相信企业的推广内容。

6.2.4　通过数据说话

首先，我们来看一下这篇软文，标题是《江淮和悦 A30 年销量有望达 5000 台》，如图 6.9 所示。

创意解析：在整篇软文中，我们看到很多数据，包括“5000 ~ 6000 台”“83 千瓦”“20% ~ 25%”等，这类软文通过数据说话，被称为“数据类”软文。

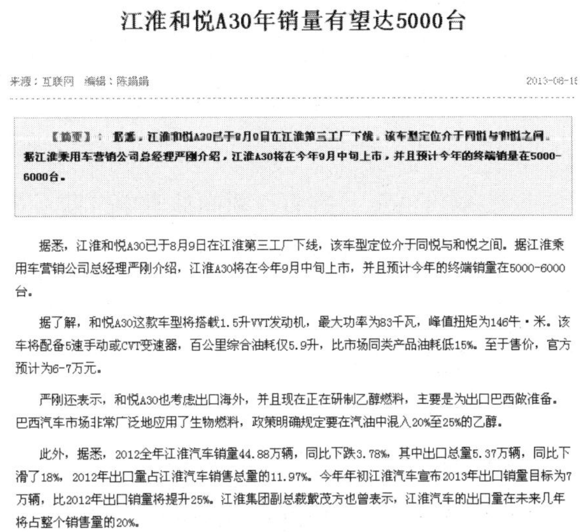

江淮和悦A30年销量有望达5000台

来源：互联网　编辑：陈娟娟　2013-08-1

【摘要】：据悉，江淮和悦A30已于8月9日在江淮第三工厂下线，该车型定位介于同悦与和悦之间。据江淮乘用车营销公司总经理严刚介绍，江淮A30将在今年9月中旬上市，并且预计今年的终端销量在5000-6000台。

据悉，江淮和悦A30已于8月9日在江淮第三工厂下线，该车型定位介于同悦与和悦之间。据江淮乘用车营销公司总经理严刚介绍，江淮A30将在今年9月中旬上市，并且预计今年的终端销量在5000-6000台。

据了解，和悦A30这款车型将搭载1.5升VVT发动机，最大功率为83千瓦，峰值扭矩为146牛·米。该车将配备5速手动或CVT变速器，百公里综合油耗仅5.9升，比市场同类产品油耗低15%。至于售价，官方预计为6-7万元。

严刚还表示，和悦A30也考虑出口海外，并且现在正在研制乙醇燃料，主要是为出口巴西做准备。巴西汽车市场非常广泛地应用了生物燃料，政策明确规定要在汽油中混入20%至25%的乙醇。

此外，据悉，2012全年江淮汽车销量44.88万辆，同比下跌3.78%，其中出口总量5.37万辆，同比下滑了18%，2012年出口量占江淮汽车销售总量的11.97%。今年年初江淮汽车宣布2013年出口销量目标为7万辆，比2012年出口销量将提升25%。江淮集团副总裁戴茂方也曾表示，江淮汽车的出口量在未来几年将占整个销售量的20%。

图 6.9　数据类软文

1．数据类软文的定义

顾名思义，数据类软文就是以分析数据、做出统计，并且用文字的方式来展现给用户的文章。虽然称为文章，但是里面通过一些数据调用、文字信息、图片图表或评论举例等方式来穿插自己的广告，从而达到合理的宣传。这样的软文写起来速度比较快，字数也不要太长，有时候是引用第三方的数据，加上自己的评论完成。

2．数据类软文的特点

此类软文有自己明显的特点，首先这类软文主要是对各种的分析数据、统计数据、调查数据等加工整理而成，中间配合统计的图表以及图片，因此数据类软文有较强的传播性、专业性以及简洁性等特点。能帮助企业或者网站快速传播品牌的影响力，由于文章数据较多，往往给用户一种专业性的感觉，所以可信度比起其他软文就会有一定程度的提高。

3．数据类软文的写法

数据类软文总体上来说和其他软文是一样的写作方式，但是由于其数据比较多，所以也有它自己的写作特点。

（1）整理数据源，数据源可以包括生活、手机、汽车、创业等各个行业，有了这些可以让我们写作的时候不费力；

（2）自身调查，有些数据是自己做测试或者是调查的结果，也非常有说服力；

（3）重在加工，有了数据之后，加工成用户喜欢看的很重要；

（4）第三方网站上下载，比如艾瑞网就有很多可以利用的数据；

（5）善于搜索，在百度新闻搜索中，搜索相关关键词就能发现很多原始的数据分析，我们可以在这些数据的基础上进行整理和加工。

6.2.5　借助权威舆论

我们都知道，权威的东西有两个重要作用，一方面容易获得消费者认可，一方面容易形成好的口碑，两个方面相互作用，相互支撑。因此软文在宣传产品的时候，往往极力宣传推广产品的权威，容易让产品获取生命力，易于消费者接受。举例来说，相对于普通报刊来说，《人民日报》的数据总是更加让人可信，图 6.10 所示的微博所展示的数据，就颇具行业权威性。

图 6.10　《人民日报》发布的微博

软文宣传中，一旦产品赋予某种权威或者权威的暗示，产品会立刻因为披上某种权威的外衣而显得格外耀眼和光彩夺目，一定程度上讲软文推广中，产品宣传在权威的运用上，体现市场消费日趋理性，人们更信任有保障的服务和产品。

那么，软文作者们应该怎么做呢？

我们可以针对产品特点，将产品权威之处进行无限放大延伸，对其特点进行深度剖析，把消费者所想要的内容进一步阐明，突出权威性，把产品高姿态摆放出来。

然后把利益诉求放大，通过权威机构的引证表现产品的安全性、高效性，同时具有全新的防治理念和全新的使用方式。紧紧围绕权威、安全、新颖这个核心，不断加深消费者的印象。

专家提醒

权威观点，权威专家论证，权威机构推荐，是软文广告前期要着重表现的利益点，以报纸媒体为主，针对主要社会热点事件，通过新闻的形式进行报道，进行隐性传播，增加软文内容的吸引力与可读性。

6.2.6　爆料行业内幕

内幕揭秘类软文得益于对心理学的研究，常常有一种神秘感，让人感觉不看的话定会后悔，很好地抓住了用户的心理，所以以此为题的内容，容易产生强大的点击率，图 6.11 显示了曝行业内幕的营销威力。

记者纷纷著书 爆行业内幕走俏图书市场

作者：刘雷 时间：2011年08月18日

订阅《新出版日报》　　　　　　　　　　　　　　　　　　　　□收藏 微博评论

向来关注、报道社会新闻事件的媒体记者，将笔触由外转内对准了行业本身。近年来，出现了诸多取材于新闻界的作品，作家出版社推出海岩、凌云的《独家披露》和丑丁的《新闻人》，贵州人民出版社出版任相君的《一不小心做娱记》，2010年，南京大学出版社和大众文艺出版社先后推出同名图书《记者圈》，2011年，文化艺术出版社和新世界出版社又分别推出同名图书《女记者》……为何此类图书受到读者的密切关注，这一现象说明了什么？本报记者就此采访了相关人士。

图 6.11　曝行业内幕的威力

目前，各行业都有内幕爆料软文，尤其火热的是美容化妆品、汽车行业、酒店行业等，图 6.12 所示为美容行业的爆料软文。

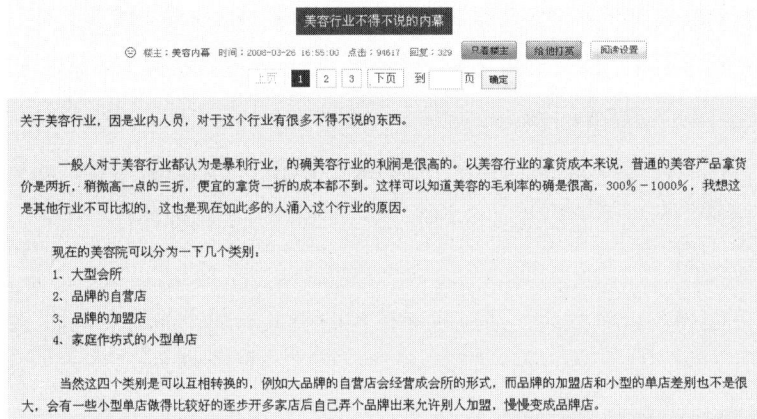

美容行业不得不说的内幕

楼主：美容内幕 时间：2008-03-26 16:55:00 点击：94617 回复：329　只看楼主 给他写信 阅读设置

上页 **1** 2 3 下页 到　　页 确定

关于美容行业，因是业内人员，对于这个行业有很多不得不说的东西。

　　一般人对于美容行业都认为是暴利行业，的确美容行业的利润是很高的。以美容行业的拿货成本来说，普通的美容产品拿货价是两折，稍微高一点的三折，便宜的拿货一折的成本都不到。这样可以知道美容的毛利率的确是很高，300%－1000%，我想这是其他行业不可比拟的，这也是现在如此多的人涌入这个行业的原因。

　　现在的美容院可以分为一下几个类别：
　　1、大型会所
　　2、品牌的自营店
　　3、品牌的加盟店
　　4、家庭作坊式的小型单店

　　当然这四个类别是可以互相转换的，例如大品牌的自营店会经营成会所的形式，而品牌的加盟店和小型的单店差别也不是很大，会有一些小型单店做得比较好的逐步开多家店后自己弄个品牌出来允许别人加盟，慢慢变成品牌店。

图 6.12　论坛发布的爆料软文

通过以上案例，我们发现内幕软文的点击率是非常高的，那么内幕软文应该如何写作呢？

（1）多在网上以"内幕""秘密"为关键词搜索文章，多方参考或加工。

（2）开篇最好曲折，行文最好具有传奇色彩。

（3）"内幕、秘密"有时来自于对档案、资料的搜集加工，来自于对于背景知识和情况的掌握。

不过需要提醒大家的是：爆料行业内幕也需要坚持一定的原则，不能以诋毁竞争对手为目的，这一点我们在软文营销风险一节会讲到，此处暂不赘述。

6.2.7　制造新闻事件

如今，越来越多的网站开始重视新闻传播在市场推广及品牌建设中的作用，并且随着软文与新闻的完美结合，多种手段协同作战的新闻软文营销逐渐被人们接受。

前文中我们提到借助新闻事件创作软文，可是如果没有足够的行业新闻供自己借鉴呢？这就需要企业或者推广者制造新闻事件，即"没有新闻就制造事件，没有事件就制造概念"。

那么，企业应该如何制造新闻事件呢？我们可以从沃尔沃的软文范例中获得启示，如图 6.13 所示。

马年年会 感恩2014 有您与"沃"共成长

发布时间：2014-01-16 17:33

2014年1月15日，淄博奥德达沃尔沃4S店在蓝海国际大饭店举办了隆重的马年年会，祝总设宴款待所有员工，一起分享这次隆重的"家庭盛会"！本次年会的主题为"感恩2014 有您与"沃共成长"。年会主要目的是激扬员工士气、增强团队意识、深化内部沟通、增进目标认同，并制定各部门目标，为新一年度的工作奏响序曲。

年会开始前，祝总、魏总及各部门的经理提早的站在门口迎接即将到来的员工，对每个员工都鼓掌欢迎，让每一位到场的员工深深的感动，以实际行动表达对员工的深切关怀。

图 6.13　沃尔沃年会软文

对于近期没有新闻事件的企业，其实是有很多新闻可以用的，比如说年终年会、年底座谈会或经销商大会、知名人士到访或是企业领导参加知名活动，这类事件都可以作为软文写作的素材，如图 6.14 所示。

图 6.14　制造新闻事件

6.2.8　学习竞争对手

沙丁鱼性喜密集群栖，而且有不爱动的惰性。当他们被捕捞上船之后，常常因为挨得太紧而窒息死亡。由于渔船每次出海的时间都比较长，少则两三天，多则六七天。所以等到归来时，大多数沙丁鱼早已死了，而死了的沙丁鱼价格要低很多。渔民们想了无数的办法，但都失败了。

然而，令人奇怪的是，有一条渔船总能带回来比别人多得多的活鱼，由于活鱼比死鱼贵出好几倍，这条渔船自然大赚其钱。人们纷纷猜测：原因何在？这条渔船的内部有什么秘密吗？可是对这个问题，渔船的船长却一直三缄其口，人们也始终百思不得其解。

直到这位船长死去之后，人们才终于发现了他成功的秘密。他们打开渔船上的鱼槽，发现与其他渔船上鱼槽不同的是，里面多了几条大鲶鱼。原来，鲶鱼来到一个陌生的环境之后，会四处游动，到处挑起摩擦。而习惯群栖的沙丁鱼受到这个"异类"的冲击，自然也会变得紧张起来，四处游动。这样，就大大提高了捕捞上来的沙丁鱼的成活率。

后来，人们就从这个故事里总结出了一条规律，这就是"鲶鱼效应"：通过引入外界的竞争者，往往能激活内部的活力。软文写作也是一样，从竞争对手那里获得灵感，也是软文的招数之一。那么，软文撰写者应该怎么做呢？

（1）访问对手网站。所谓知己知彼，百战不殆，经常访问对手网站可以时刻了解对手的动向，然后结合自身情况做出相应调整。

（2）对比双方产品。企业可以将同行业产品放在一起进行对比，无形中推荐自己的产品，如图 6.15 所示。

三大主流手机系统对比 iOS上网最流畅

2012-04-12 08:55:31 来源：南方网 智无网友评论

分享到：　　　　　　0

浏览字号：大 中 小　打印本页　通过Email推荐　　　　提交

最近几个月，手机行业可谓风起云涌，先是苹果推出了最新版的iOS 5.1，微软也在三月下旬召开发布会，Windows Phone 7.5 "全新 全易" 登陆中国，这也是第一个正式在中国发布的Windows Phone操作系统。而谷歌也是不甘寂寞，上月末已开始销售Google I/O大会2012的门票，虽然价格高达900美元，但是不到半个销售就被订购一空。此次大会能有如此高的人气，主要是因为之前有消息称Google将在会上发布最新的Android 5.0操作系统，毕竟这也符合它推出新系统的周期。且不管消息是真是假，单从关注度就不难看出各界对于最新系统的重视，随着Symbian逐渐没落，Windows Mobile退出市场，iOS、Android、Windows Phone逐渐成为手机市场的主角，那这三个系统在各个方面的表现又如何呢？今天小宇就从多方面对三者进行一下对比，让大家对它们能有一个更深入的了解。

图 6.15　对比产品进行营销

6.2.9　巧借名人效应

这类利用明星或者名人效应，对某种产品进行推广的软文很常见，如下面这篇软文《〈风华绝代〉背后的精彩揭秘舞台上刘晓庆美丽秘密》（来源于《贵州都市报》），如图 6.16 所示。

为什么要借用名人或者明星呢？这就是名人效应，即名人的出现所达成的引人注意、强化事物、扩大影响的效应，或人们模仿名人的心理现象的

《风华绝代》背后的精彩揭秘舞台上刘晓庆美丽秘密

2012年11月29日 星期四 贵州都市报数字报 字号[放大+ 缩小- 默认]

一个好汉三个帮，话剧《风华绝代》上，传奇影后刘晓庆让舞台成为了自己的"秀场"，展现无穷魅力，近日，记者从话剧组委会得知，舞台上的影后华丽万千，除了自己的独特气质，舞台背后的精良团队和重金投入更是居功至伟。

据悉，在《风华绝代》长达3个小时的表演中，刘晓庆全场换装6次，明黄、橙色、大红、纯白，镶有蝶芯花、鹭鸶戏水、荷花仙鹤等精致图案，造型一套比一套新艳，而这6套服装每件戏服上的图案都是手工制绣，件件价值过万。据说，有一次刘晓庆在表演时演得入情，说跪就跪，每次腾完，刘晓庆都会心疼不已，说，"服装金贵啊，后台金丝间都是小心翼翼生怕摔坏，就被我这一往地上跪，不忍心。"

《风华绝代》的服装设计师赵桃此次已是和沈渝鑫导演八度合作，虽然《风华绝代》的戏服采用已故香港清宫戏电影大师李翰祥的服装构图为底图，但赵桃还是作了发展，还原故事发生时代晚清时的华服，此外还会有鲜艳的大红、贵气的金黄紫等多种颜色。同时衣服上的图案也变化多样，连续片也是精心挑选的。

此外，话剧中刘晓庆的妆容，是由我国著名化妆师毛戈平亲自完成的。此前，刘晓庆与毛戈平曾多次合作，成功打造出多个深受大众喜爱的角色，这次刘晓庆首先想到的化妆师就是毛戈平，她亲自给毛戈平打了电话，毛戈平也非常爽快地回复："只要是晓庆姐的事，您一句话，我一定尽力！"

主办方负责人告诉记者："有的观众说《风华绝代》的票贵，但我们所有的东西，都是用中国最好的标准去要求和执行的，看这场话剧，不仅仅是看内容，更是去感受，所以一点也不贵。"

"品鉴食品之夜 大型话剧《风华绝代》"购票信息：

总票房购票热线：13312236867；18585006932

票价：180元(售罄)、280元(售罄)、380元、480元、580元、680元、780元、880元、1080元、1380元、1680元、1980元

图 6.16　利用名人进行营销

统称。

名人效应已经在生活中的方方面面产生深远影响，比如名人代言广告能够刺激消费，名人出席慈善活动能够带动社会关怀弱者。简单地说，名人效应相当于一种品牌效应，它可以带动人群，它的效应可以如同疯狂的追星族那么强大。

例如以下三个标题：《林无敌教你如何推销自己》《从刘翔看外贸网络营销技巧》《从李彦宏成为大陆新首富看搜索引擎市场》，大家看看这三篇软文有什么共同点呢？那就是利用名人效应。

电视剧《处女无敌》让第一篇软文颇受关注，刘翔则是备受国人喜爱的体育明星，李彦宏是国内知名的企业家。关注这些人的读者本来就多，利用名人效应可以为你的软文带来意想不到的效果。

专家提醒

要提醒大家的是：名人和明星软文涉及多方面利益和关系，作为一把"双刃剑"，其积极效应与负面效应都很突出，企业要重点注意，选择正面形象的明星作为代言。

6.2.10　利用感情营销

情感一直是广告的一个重要媒介，软文的情感表达由于信息传达量大、针对性强，当然更可以叫人心灵相通。"老公，烟戒不了，洗洗肺吧""女人，你的名字是天使""写给那些战'痘'的青春"等，情感最大的特色就是容易打动人，容易走进消费者的内心，所以"情感营销"一直是营销百试不爽的灵丹妙药。

下面是一篇关于淘宝和阿里旺旺的营销软文，标题为《我爱你只是隔了两个旺旺的距离》：

2009 年的冬天，当青岛落下第一场雪的时候，我蜗居在家里，窗外的雪花如同一片一片记忆，那么的脆弱无力。音乐频道传来何洁的《你一定要幸福》，我听着听着就哭了，那些我们一直以为的爱情，不是天长地久才感人，不是我爱你才会生死不渝，无论如何抵不过一句在一起。

2009 年最冷的日子里，我没有工作没有爱情没有目标，整个一三无人员，陷入了我人生最低迷的一段时间。死党打来电话问，最近好吗，天气预报说那里下雪了。看着熟悉的号码，突然觉得原来自己离开了那么久。当死党最后说，记得好好照顾自己，生日快乐。我所有假装的坚强都在挂机的那一刻，变成大颗大颗的眼泪。

这是我宅在家里的第 17 天，我以为全世界都快要忘记我的时候，居然还有人记得我的生日。我决定好好地给自己一个幻想，没有了王子，我依然是骄傲的公主。登上习惯的淘宝小店，我搜索着可以用来纪念自己最孤单生日的蛋糕。一页一页地翻着，如同翻着自己的小记忆。

同城，一个小时内。这是淘宝上的承诺。

30 分钟后响起了敲门声，宅居的日子熟悉这种敲门声，外卖快递收电费或者查煤气。门口居然站着一个帅气的快递员，"小姐，你好！麻烦你签收一下。"

我疑惑地看着这个满脸涨红的快递员，笑着说："你都没有问过我的名字，不怕送错人。"

"哦，不好意思。"我接过快递单，看着自己的名字，突然好陌生，因为离开那么久，从来没有在纸上写过颜小司这个名字。我接过蛋糕，还有一个其他的礼物盒。我以为是蛋糕店免费赠送的的生日礼物，也没有在意。

打开才发现，并不是我预订的那个蛋糕。才发现事情有点不妙，我撕开礼物盒发现只是一个简单的磁带。我登上淘宝店看看掌柜的是不是有促销活动，结果大失所望，然后打电话给死党，结果还是未知。

就在这时，旺旺突然滴滴地响起，我忙打开，只有简单的一句话：小姐，来一份爱情，三分熟，五分辣，打包，爱情街 51 号。宅在家里的日子，逛淘宝开小店吃爆米花看盘成了我生活的主题，看着这个古怪的访客，我不知道怎么回答。

然后又是滴滴的声音，蛋糕收到了吗？

我不敢回答。然后手机响起，陌生的号码。"如果不是你留在淘宝店上的电话，我以为这辈子再也不会见到你，离开了那么久才知道，原来我们只隔了一层楼，两个旺旺的距离。"我听着陌生而又熟悉的声音，心里突然莫名的悸动，顾斯年，那个我曾经挚爱的人，被我亲口拒绝的人，突然在我离开两年后的今天打通了我的电话，在我生日的当天，说着原来离开之后才知道，没有人可以代替你，你无可复制。

我点着蜡烛，一根根地吹灭，然后眼泪吧嗒吧嗒地落下，我以为两年的摸爬滚打我变得刀枪不入，可是这个冬天，我一个人唱着生日歌的时候突然掉泪了，那个干净的男子再次闯入了我的生活。自己切着蛋糕，然后一点一点地吃，突然咬到一个硬硬的东西，我吐出在纸巾上，慢慢地擦拭，突然看见一个精致的戒指。

我曾经拍下却缺货的戒指，想套在无名指的幸福，突然就摆在了自己的面前，幸福来得太突然，我突然有点措手不及。手机响起，顾斯年笑着说："小司，麻烦开一下门。"

我彻底被雷得外焦里嫩，真不知道顾斯年这小子玩的什么花样。拉开门，当亲眼看着顾斯年站在我面前的时候，我突然吓了一跳，刚刚还在淘宝上古怪的男子怎么突然一下子就跟穿越似的站在我的面前。

我一直都不敢相信，刚刚还在旺旺上聊天的人突然就面对面了。城市好小，我们转了那么久还是在同一座城市，只是过着自己的生活，有了一帮新的朋友。直到顾斯年从背后拿出一束花，我还是愣愣地站在门后。

原来这些年，我们逗留过同一个小店，在陌生的店铺下留言，偶尔用站内信沟通，他知道，而我永远不知道我们离的只是两个旺旺的距离。顾斯年一直在身边，一直都在，从未离开过。

我记得我曾经问过顾斯年的一句话："如果有一天我丢了，你会不会满世界地找我？"原来我一直没有走出顾斯年的视野，隔的只是一个旺旺的距离和一个恰好的时间。

我一直都记得，弱爱三千，我只取一秒爱了解，这一秒，爱上，然后在一起。

创意解析：以上范例是一篇典型的情感营销软文，十分巧妙地将淘宝和阿里旺旺植入爱情故事，通过爱情打动读者，可以说是非常成功的软文范例。

在软文撰写的实际操作中，通过真情感动读者并不容易，首先这种感情需要打动你自己，其次可以从爱情、亲情等方面入手，达到营销的目的。

6.2.11　逆向思维方向

图 6.17　凤凰传奇最新
宣传海报

说起逆向思维，最为著名的应该是"司马光砸缸"了，有人落水，常规的思维模式是"救人离水"，而司马光面对紧急险情，运用了逆向思维，果断地用石头把缸砸破，"让水离人"，救了小伙伴性命。

所谓逆向思维也叫求异思维，它是对司空见惯的似乎已成定论的事物或观点反过来思考的一种思维方式。

软文营销也是如此，要敢于"反其道而思之"，让思维向对立面的方向发展，从问题的相反面深入地进行探索，树立新思想，创立新形象。

图 6.17 所示为凤凰传奇最新推出的宣传海报，这次凤凰传奇剑走偏锋，在某报纸投放了整版广告，来为自己的北京跨年演唱会宣传造势。

众所周知，企业做广告必定是宣传自己是行业第一，而自认第二的并不常见，这次凤凰传奇利用逆向思维，进行了一场很具话题性和争议性的全民争论。新浪博客也开设了专门的热门话题栏目，进行"谁的演唱会第一好看"话题讨论，如图 6.18 所示。但是无论结论如何，凤凰传奇的曝光度必定是第一的。

图 6.18　微博话题"谁的演唱会第一好看"

从凤凰传奇发行新专辑《最好的时代》开始，整个宣传套路就同传统唱片思路不同。尤其是微博借用《后会无期》"依然体"，"唱过很多神曲，依然好不过这一张。""有机会，我把我的新歌都唱给你听，可惜得等到年底演唱会了"等借力打力的台词甚至得到了《后会无期》官方微博转发。

之后又推出了超级接地气抢头条广告，如"全面开展凤凰传奇新专辑学唱学跳工作""凡是凤凰传奇的我们就要编舞"，以小博大的宣传手法博尽了关注。

6.2.12 发布促销活动

首先我们来赏析一下这篇名为《冲刺 2011，苏明灯饰连锁收官大惠战》的促销活动类软文。

"年底促销"的战场向来是广大商家的必争之地，拨开市场上各种促销手段"乱花渐欲迷人眼"的迷雾背后不难发现，有些商家拿出的是"明码直降"的真工夫，明明白白地把实惠给到消费者，有些只不过是在"虚抬原价"基础上所谓的"打折"，纯粹玩猫腻而已。

在灯饰行业声名鹊起的苏明灯饰连锁，始终坚持以"明码实价"的态度与消费者沟通，12 月 17 日、18 日即将拿出的年度促销"大手笔"，便是在明码标价基础上实实在在的优惠让利。商家除了一次性拿出 400 盏精品灯饰超低价惠卖之外，活动期间现金付款满 1000 元就送鲁花牌葵花籽油一桶，多买多送上不封顶；此外，抽奖环节也是本场活动的亮点之一：一般商家在抽奖活动中拿出的奖品往往华而不实，名为奖品实则不过是"清库存"，消费者将奖品拿回家后经常形同鸡肋；本次苏明灯饰连锁提供的奖品，一等奖 10 名可享受全额免单，二至四等奖则可分获 2000 元至 100 元不等的现金提货券，真正做到将利润返还消费者，奖品足够"分量"，足见苏明灯饰连锁的企业实力与诚意。

伴随着现代家居审美观念的不断提升，人们对于灯饰的需求已由仅仅满足照明功能，逐渐过渡为对设计与外观的追求、对灯饰所营造室内空间氛围的关注。然而，长期以来灯饰行业存在品质、价格差异大，缺乏售后保障等弊端，可以说灯饰行业的运营模式与服务意识远远落后于一般零售行业。自成立以来，苏明灯饰连锁就立志成为中国灯饰流通领域的价值创新者和变革领航者，为此，企业一方面致力于为消费者开创"一站式购齐"的灯饰消费体验，另一方面，通过参考苏宁、国美成熟的售后服务经验，在灯饰行业首创贯穿"售前、售中、售后"的金牌服务体系，从灯饰选配到送货、安装，从清洁保养到后续维修，都拥有可以参考的服务标准，从而彻底免除了消费者的后顾之忧。

来到苏明灯饰连锁弘阳广场店，首先会被这里的超大卖场空间所震撼。不同于普通灯饰经销店面小则三四十平方米、大不过百来平方米的局促格局，这里拥有 8000 平方米的超大卖场空间，可轻松容纳万款灯饰产品，无愧为灯饰的"海洋"。在这里，造型各异的灯饰璀璨闪烁、交相辉映，无论你偏爱水晶灯的瑰丽奢华、欧式灯的复古情调、羊皮灯的中式韵味，还是 LED 灯的变换多彩、PP 料灯的灵动造型，各种灯饰各具绰约姿态，满足你对灯饰的偏好，为家增添情调与色彩。

即将于 12 月 17 日、18 日举行的优惠促销活动力度非常大，近期存在购灯需求的消费者不妨在活动期间前往苏明灯饰连锁弘阳广场店逛一逛，挑选一盏称心如意的好灯，扮靓家居。

创意解析：每逢节假日，无论是线下实体商家还是电商平台，都是摩拳擦掌，事前就风风火火地进行活动策划。但是很多商家发现，明明活动很有创意，很有吸引力，优惠措施也很大，可活动结束后一盘算，效果却不是很明显。

其实，策划固然重要，但宣传更重要，再好的活动也要有人知道才行。那么，活动宣传中的软文推广究竟该如何做，才能使活动达到预期效果呢？

1．主题策划

活动内容确定后就要根据活动内容确定软文的主题。主题可以从节日名称和活动内容两部分综合提炼，提炼出来后可以直接作为标题使用，统领全文。

2．软文创作

活动软文的写作，最好采用新闻格式，主要突出三大部分：节日氛围，活动力度（优惠、折扣），消费者消费案例（此部分以记者角度、第三人称撰写）。

3．发布安排

此部分的前提条件是要先精准地找出自己的消费群体，依据其习惯的阅读媒体进行精准发布，当然，大型门户的新闻发布不可缺少。此点，也是为什么要编写软文进度表的原因，不同媒体要求的风格不一样，所以要依据发布渠道撰写不同软文，没有计划性的创作容易千篇一律，没有风格。

第7章
软文推广抢占市场

要点展示：软文推广的优点
软文推广的作用
软文推广的三个层面
软文推广的常见平台
软文推广的六个技巧

学前提示：

　　软文推广简单来说，就是把一篇关于企业的文章、新闻发布到多家不同的媒体平台上，并在后面注明文章的来源企业及作者信息，以便想了解这些内容的人阅读。软文推广既简单又很复杂，需要推广者掌握营销技巧，巧妙推广。

7.1 软文推广的优点

前文中我们了解了软文的基本定义以及软文的写法，明白了这些概念，软文推广就简单了，就是指用文字或图片、视频、音频等形式对自己所要营销的产品进行推广，以达到促进销售、提升企业形象的目的。

软文推广有狭义和广义之分，狭义是指企业付费在报纸或杂志等宣传载体上刊登的纯文字性的广告。这种定义是早期的一种定义，也就是所谓的付费文字广告。

广义是指企业通过策划在报纸、杂志、快现商品广告（DM）、网络、手机短信等宣传载体上刊登的，可以提升企业品牌形象和知名度或可以促进企业销售的一些宣传性、阐释性文章，包括特定的新闻报道、深度文章、付费短文广告、案列分析等。

软文推广因为其独特性和创意性而优于其他推广方式，那么，软文推广有哪些优点呢？具体来说，包括以下四个方面。

7.1.1 让读者接受产品

一篇精美的软文可以让读者在不知不觉中相信并接受推广者的产品，在很短的时间内吸引一批初期的关注者或者潜在客户。

读者阅读你的软文文章，文章里面有他所需要的东西，让他相信这个不是广告，能够最大限度地接受文章包含的部分内容和广告。这就是产品与用户之间的接触，优势在于帮助推广者宣传产品，比其他的宣传手段更能获得用户的认可。

这一优点在于让读者不知不觉地按照软文推广者设计的思路，一步一步地走到设计好的"软"字里面去，逐渐转化为忠实的客户，来达到积聚信用和名声的作用。

7.1.2 增加网站外链接

制作以及推广网站并不是容易的事情，需要网站推广者精心打造。在搜索引擎上面有一个好的排名，需要下一番工夫，但事实上，要想持续获得不错的网站排名，并不是一件轻松的事情，需要我们每天进行网站优化，特别是外链接来做网站。

增加网站外链接的方法有很多种，要想轻松获得高质量的外链，却是十分困难的事情，与其他的网站推广方法相比，最有效的方法就是软文推广，可以说是效果立竿见影。

很多网站平台发表软文的时候，可以允许推广者带上网站链接的，这个自然是乐见的好事。这样更加利于推广者发挥网站软文的作用，将软文优点表现得淋漓尽致，如图 7.1 所示。

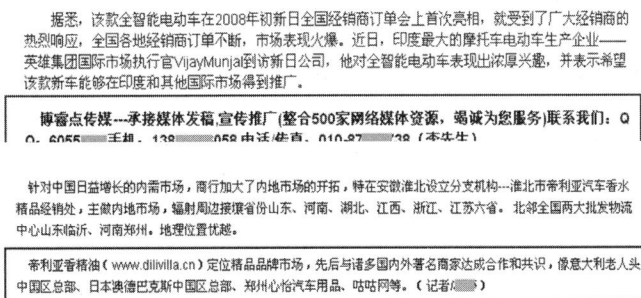

图 7.1　软文网站外链接

7.1.3　让软文更多次传播

一篇高质量的软文在高知名度的平台得到了发表，如发布在搜狐、新浪、网易、腾讯等权威媒体平台的显著位置上，软文的威力便展现出来了，大量的网站会转载发表的文章，推广效果自然事半功倍，图 72 所示为一些著名软文平台。

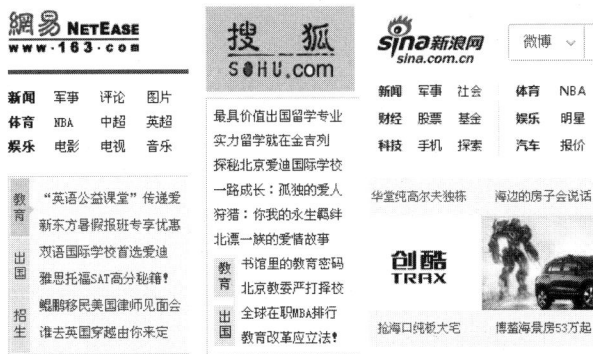

图 7.2　高知名度软文平台

7.1.4　网站搜索引擎优化

众所周知，搜索引擎优化对于任何一家想在网站推广中取得成功的网站来说，都是至为关键的一项任务，所以发布一些优质的软文可以带来大量的点击率，增加外链，进而提升网站的权重，迅速优化排名，可以有效地抢占百度引擎有利位置，这对于产品口碑的打造是至关重要的。

7.1.5　大量软文引发扩散

大量的软文发布可以引发事件，产生病毒扩散效果。网络推广软文随处可见，用户在论坛、博客、贴吧，甚至新闻门户都可以看到，这就在无形中对品牌进行了口碑宣传，使得品牌更加有公信力，增加了市场竞争力。由此可见，软文的推广对于企业的发展有着举足轻重的作用，图 7.3 所示为脑白金系列软文全集，整整 12 篇软文遍布各类媒体，为脑白金品牌的扩散打下了基础。

脑白金系列软文全集（1-12 篇）

之一、两颗生物原子弹
之二、生物原子弹——脑白金
之三、司机慎用"脑白金"
之四、脑白金席卷全球
之五、人类可以"长生不老"？
之六、脑白金的革命
之七、人的寿命有望达到 150 岁
之八、今年夏天需要脑白金
之九、你一天吸几包香烟
之十、世界睡眠日：关注失眠
之十一、不睡觉，人只能活五天
之十二、一天不大便有问题吗？

图 7.3　脑白金软文全集

7.2　软文推广的作用

广告可以提高品牌的知名度，软文同样可以提高品牌的知名度，但是软文还可以提高品牌的美誉度，这是广告所不能达到的。当然，提高知名度并不是软文推广唯一的作用，下面笔者总结了软文推广的作用，供营销推广人员借鉴。

7.2.1　宣传的作用

宣传作用是软文推广最基本的作用之一，大到宣传商家、企业，小到宣传企业文化、事件等，都是软文推广可以胜任的工作。而提及宣传，我们可以从对外和对内两方面进行介绍。

（1）对内：文化营销。对公司或企业内部的推广，能够使员工了解公司文化，接受公司经营理念。

因此，企业文化的建设离不开内部刊物即软文的宣传，员工思想素质的提高也离不开软文的灌输，无论是团队精神、执行力还是忠诚度等，都需要一而再再而三的培训，达到"上下同欲者胜"的境界，图 7.4 所示为某企业的内部软文。

永葆创业精神

德力西今天的辉煌，靠的是脚踏实地、艰苦奋斗的创业精神。我们践行"德报人类，力创未来"的企业使命，就要传承和发扬创业精神，创造更好的物质产品和精神产品，让人类生活因我们而更加精彩。

曾记否，德力西创始人胡成中睡地板请来了工程师，借高利贷办起检测室，开创了企业飞速发展的新纪元。曾记否，德力西上下齐心，密切配合，实行卓越绩效模式考核，夺得了全国质量管理领域的最高奖。曾记否，德力西的员工夜以继日，刻苦攻关，研制助飞神舟的电气精品，为中国的航天事业作出了贡献。

德力西的创业精神，就是德力西人开创企业兴旺背后的伟大精神力量。近 30 年来，德力西在自身发展的同时，也孕育了独具特色的企业文化。德力西人深刻地感悟到，企业文化是企业发展的灵魂。创业精神正是德力西企业文化的精髓所在。

孟子早在 2000 多年前就说过："入则无法家拂士，出则无敌国外患者，国恒亡。然后知生于忧患，而死于安乐也。"翻译成现代的白话，就是：在国内如果没有坚守法度的大臣和足以辅佐君主的贤士，在国外如果没有与之匹敌的邻国和来自外国的祸患，国家经常会灭亡。这样以后才知道在忧患中得以生存，因沉迷安乐而衰亡。

国家如此，企业何尝不是如此。

图 7.4　企业内部文化宣传软文

（2）对外：广告公关。软文广告或公关软文的目的是直接或间接地促进销售，维护企业形象或建设品牌，达到优化传播质量，扩大传播效果的功效。

尤其是通过软文优化即对搜索引擎优化的处理，软文随着网页而被检索到，软文中的关键词优化如果设计的话，往往是免费地排列在搜索引擎搜索结果的首页甚至首位，这种传播更是迅速，从而进一步广而告知。

此外，通过软文宣传，对提升产品知名度和美誉度也有相当大的促进作用。美誉度是市场中人们对某一品牌的好感和信任程度，对企业和产品而言，美誉度往往是指公众对其质量可信度、社会公信力、市场竞争力、服务诚意、致力公益和回报社会等方面的综合评价，如图 7.5 所示。

图 7.5　企业美誉度软文

总之，再有创意的广告、再好的营销策略，没有软文提供充足的话语权印证，将达不到文字解释和推广的效果，品牌美誉度和产品知名度显然会大打折扣。

7.2.2　销售的作用

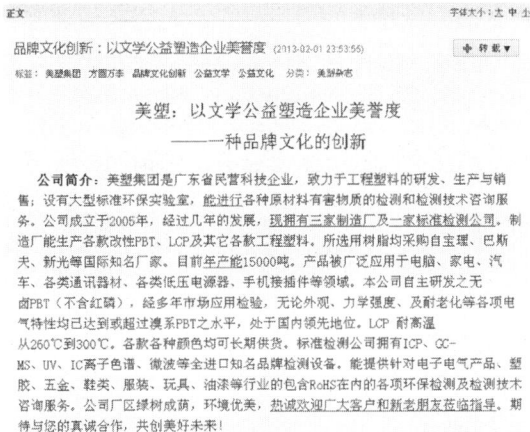

图 7.6　促销软文

软文推广，无非是推广品牌、推广产品、推广活动，其间接目的就是提升销售。软文本身可以写成业务推广的软文，图 7.6 所示为某品牌汽车的促销软文，直击消费者的内心需求，激发其购物欲望，促进销售。

软文还能从消费者的需求出发，引导消费者关注企业的产品，进而促进产品的销售。具体软文如何去引导，各行业的热点不一样写法也不一样，不过有一点是需要有经验的软文营销顾问来撰写或把关。

7.2.3　信任的作用

销售基于信任，以目前火热的微信朋友圈营销为例，相对于陌生人来说，亲友们更愿意购买熟人的商品，原因就在于对方相信熟人。而软文营销就是具备通过一篇篇文章的输出来制造信任的功能，当消费者脑子里相信某样产品的时候，需求产生之时便是买卖成交之日。

软文从一开始就是为了摆脱广告的影子，所以软文广告之软非常讲究隐蔽性，所谓"绵里藏针"或"含沙射影"，"润物细无声"地影响消费者决策，最终达成目标，图 7.7 所示为取得客户信任的软文。

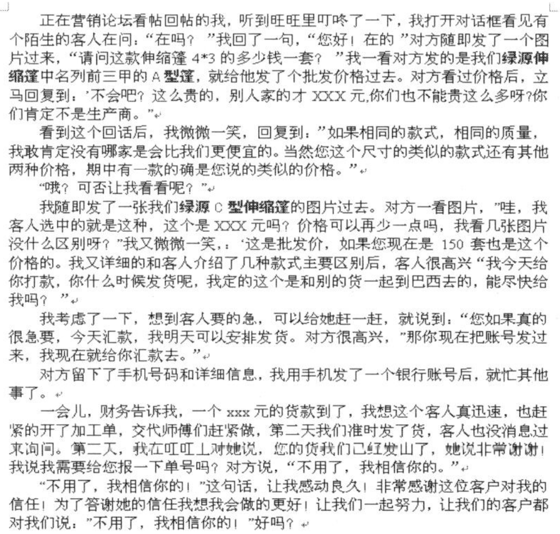

正在营销论坛看帖回帖的我，听到旺旺里叮咚了一下，我打开对话框看见有个陌生的客人，"在吗？"我回了一句，"您好！在的"对方随即发了一个图片过来，"请问这款伸缩蓬 4*3 的多少钱一套？"我一看对方发的是我们绿源伸缩蓬中名列前三甲的 A 型蓬，就给他发了个批发价格过去。对方看过价格后，立马回复到，"不会吧？这么贵的，别人家的才 XXX 元,你们也不能贵这么多呀？你们肯定不是生产商。"

看到这个回话后，我微微一笑，回复到，"如果相同的款式，相同的质量，我敢肯定没有哪家是会比我们更便宜的。当然您这个尺寸的类似的款式还有其他两种价格，期中有一款的确是您说的类似的价格。"

"哦？可否让我看看呢？"

我随即发了一张我们绿源 C 型伸缩蓬的图片过去。对方一看图片，"哇，我客人选中的就是这种，这个是 XXX 元吗？价格可以再少一点吗，我看几张图片没什么区别呀？"我又微微一笑，'这是批发价，如果您现在是 150 套也是这个价格。我又详细的和客人介绍了几种款式主要区别后，客人很高兴 "我今天给你打款，你什么时候发货呢，我定的这个是和别的货一起到巴西去的，能尽快给我吗？"

我考虑了一下，想到客人要的急，可以给她赶一赶，就说到，"您如果真的很急要，今天汇款，我明天可以安排发货。对方很高兴，"那你现在把账号发过来，我现在就给你汇款去。"

对方留下了手机号码和详细信息，我用手机发了一个银行账号后，就忙其他事了。

一会儿，财务告诉我，一个 xxx 元的货款到了，我想这个客人真迅速，也赶紧的开了加工单，交代师傅们赶紧微，第二天我们准时发了货，客人也没消息过来询问。第二，我在可可上对她说，您的货我们已红发山了，她说非常谢谢！我说我需要您报上单号吗？对方说，"不用了，我相信你的。"

"不用了，我相信你的！"这句话，让我感动良久！非常感谢这位客户对我的信任！为了答谢她的信任我想我会做的更好！让我们一起努力，让我们的客户都对我们说，"不用了，我相信你的！"好吗？

图 7.7　取得客户信任的软文

不过，现在由于大量的软文的存在，读者对软文似乎产生了一种免疫能力，有时候一看标题就知道是软文，便会产生逆反心理，于是软文的信任危机便产生了。因此，推广者如何利用软文赢得客户的信任，是软文推广的重点。

（1）产品一定要是对客户有用的，能够满足客户的需求。例如，如果潜在客户是上班族，产品软文推广必须符合上班族的需求。

（2）产品一定要真实，尤其是餐饮行业软文，产品介绍必须与实际效果相

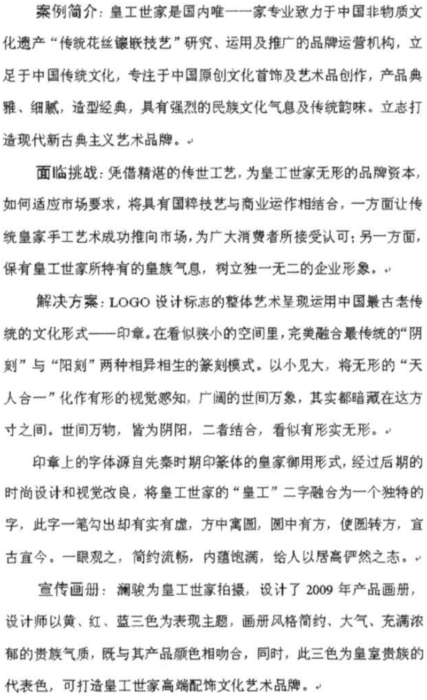

案例简介：皇工世家是国内唯一——家专业致力于中国非物质文化遗产"传统花丝镶嵌技艺"研究、运用及推广的品牌运营机构，立足于中国传统文化，专注于中国原创文化首饰及艺术品创作，产品典雅、细腻，造型经典，具有强烈的民族文化气息及传统韵味。立志打造现代新古典主义艺术品牌。

面临挑战：凭借精湛的传世工艺，为皇工世家无形的品牌资本，如何适应市场要求，将具有国粹技艺与商业运作相结合，一方面让传统皇家手工艺成功推向市场，为广大消费者所接受认可；另一方面，保有皇工世家所特有的皇族气息，树立独一无二的企业形象。

解决方案：LOGO 设计标志的整体艺术呈现运用中国最古老传统的文化形式——印章。在看似狭小的空间里，完美融合最传统的"阴刻"与"阳刻"两种相异相生的篆刻模式。以小见大，将无形的"天人合一"化作有形的视觉感知，广阔的世间万象，其实都暗藏在这方寸之间。世间万物，皆为阴阳，二者结合，看似有形实无形。

印章上的字体源自先秦时期印篆体的皇家御用形式，经过后期的时尚设计和视觉改良，将皇工世家的"皇工"二字融合为一个独特的字，此字一笔勾出却有实有虚，方中寓圆，圆中有方，使圆转方，宜古宜今，一眼观之，简约流畅，内蕴饱满，给人以居高俨然之态。

宣传画册：澜骏为皇工世家拍摄，设计了 2009 年产品画册，设计师以黄、红、蓝三色为表现主题，画册风格简约、大气、充满浓郁的贵族气质，既与其产品颜色相吻合，同时，此三色为皇室贵族的代表色，可打造皇工世家高端配饰文化艺术品牌。

图 7.8　整合营销软文

符，切忌夸大其词。

（3）广告植入必须做到"羚羊挂角，无迹可寻"，让读者自然而然地进入软文营造的环境中，而不是生硬的广告插入。

一些广告主会要求一篇软文中植入多少个关键词。这是一种反复曝光的广告营销理念，在他们看来，出现的次数越多，消费者的印象越深。

这和电视广告中"恒源祥、羊羊羊""恒源祥、虎虎虎"的理念相同，可是消费者的反馈已经证明了：密集轰炸很容易让消费者产生反感。

7.2.4　整合与互动

就目前来看，软文可以说是无处不在，遍布网页、邮件、博客、评价、留言、标语、签名、回答、词条、手机、即时通等。软文都可以与它们进行整合的营销推广。

首先说整合，整合就是把各个独立的营销综合成一个整体，以产生协同效应。这些独立的营销工作包括广告、直接营销、销售促进、人员推销、包装、事件、赞助和客户服务等。图 7.8 所示为皇工世家珠宝整合营销实例。

说到互动，以论坛营销或是社区营销为例，实际上就是软文营销，因为软文可以推波助澜，在发帖与回帖之间互动，一互动就讨论，一讨论就形成话题，话题一放大就形成事件，事件一传播就上升到焦点新闻的高度。

专家提醒

....

软文对内起到企业与员工之间互动沟通的作用，对外起到企业通过网站、博客、邮件、论坛与客户或网民产生互动沟通的作用，以此达到宣传或营销的目的。倘若设计的巧妙，往往在互动当中引起轰动。

....

7.3　软文推广的三个层面

即使是在虚拟网络时代，文字仍然是人们通过网络沟通的桥梁，网络推广的方式虽然很多，但是仍然离不开图文的形式。就整个软文营销过程来看，推广仅仅是营销的第一个层面，下面笔者对软文推广的三个层面进行具体分析。

7.3.1　软文推广

软文推广，顾名思义，自然是以"推"为主。那么，主要推什么呢？一般是以推企业与个体为主：推企业则主要包括提升企业知名度、推企业产品、推企业网站、推企业文化活动等；推个人的话，主要包括推企业家、推新人（影视歌星）、推网络红人等，如图 7.9 所示。

马云：像坚持初恋一样坚持梦想

华股财经　2012年05月09日 10:24:23　来源：金融界　　字号：T | T

《马云谈商录》是一本全面解读和诠释知名企业家、阿里巴巴（行情，资讯，评论）董事局主席兼CEO马云经营理念与管理思想的作品，完整展示了马云的战略思维和商业智慧。《马云谈商录》将理论与实践相结合，以马云的经典语录点题，结合他本人以及商业史上的经典案例，针对创业中的关键问题，如管理、经营、营销、融资、用人等加以深入细致的解析。读者可以从中体验最真实的领袖魅力、人生理想和处事技巧，获取宝贵的精神财富。

图 7.9　关于网络红人的推广

除此之外，也可以通过软文来推广地方政府的优惠政策、非营利机构的公益活动等，这就是一般意义上的软文推广。

软文推广，基础是对软文的撰写前的准备工作，其次是确定撰写软文的思路与策略，再次是对软文投放的把握，最后是对软文的评估与调整。

而关于软文的撰写，前文中我们已经详细介绍过，此处不做解释。此处重点分析软文的投放，软文的投放有直接促进软文效果的作用，你写给什么人看的，你就要在什么地方投放；软文是为客户而生，为客户成交而死。

所以我们要非常精准地把握好企业的客户群体，"他们喜欢什么论坛、经常出没在哪些网站、什么时间上网、何时论坛上人气最旺等"都需要了解。最后是对软文效果的评估与调整，争取软文推广的成功。

7.3.2　软文优化

这一层面的重点不再是"推"，而是"吸"，即通过软文优化吸引更多的用户关注。事实上，软文优化可以看作网站优化的一部分，所谓网站优化，是对网站进行程序、域名注册查询、内容、板块、布局、目标关键字等多方面的优化调整，也就是网站设计时适合搜索引擎检索，满足搜索引擎排名的指标，从而在搜索引擎检索中获得流量排名靠前，增强搜索引擎营销的效果，使网站相关的关键词能有好的排名。

网站优化的步骤包括关键词、网站结构、网站页面优化、网站内容、内链和外链等各个方面，其中更新网站内容就是软文优化的真实写照，它要求对网站内容有规律地进行更新，其中最重要的是多写一些原创的软文。

被优化后的软文，很快会被搜索引擎收录，试想，如果推广者在网站上发表的文章能够在第一时间被搜索引擎收录，这就意味着在第一时间曝光，对于营销的助力是不容忽视的。

此外，对软文的优化还有一大作用，举例来说，当我们第一个谈论某事件的时候，正面的就成正面报道，负面的则是负面报道，如果想让负面报道在搜索引擎中消失，最好的方法不是删除原网页，而是通过大量的正面的软文的投放与发表来覆盖负面信息。所以对软文的优化，不但有利于网站排名，也有利于企业对客户的正面宣传和正面引导，简单地说就是做好网络公关。

7.3.3　软文传播

我们有时候经常会在即时通内收到信息，关于抵制某国的货物，是中国人的就请转发；或者是收到什么邮件，要求转发推介的。这种方式的传播速度非常快，经过若干次传播之后，形成一种强大的连锁反应，软文传播最终产生病毒式的效应。

目前，常见的有助于传播的软文包括三种类型，一种是优美的软文，一种是搞笑型的软文，还有一种是认同型即相同价值观的软文。因此，推广者可以从这三个方面入手，撰写传播几率较高的软文。

专家提醒

....

软文投放的效果是持续的、长期的，所以效果不会像竞价广告一样集中在投放广告的某个时间段，而是分散到以后的几个月、几年。所以，做网络公关推广，效果也许不会太明显，除非投放量非常大，但是长期不做企业的品牌美誉度、广告的转化率就会受到影响。

....

7.4　软文推广的常见平台

软文推广的目的在于宣传某品牌的产品，通过互联网等多种途径向读者传播。要想别人了解你、了解你的品牌，就需要宣传，而宣传就得找一定的媒介为依托。目前，软文推广的平台有很多，有意向于软文推广的商家企业可以从以下常见的平台中选择适合自己的推广媒介。

7.4.1 软文街

软文街（www.ruanwen.la）是目前国内最大的软文发布平台之一，合作媒体网站达 1000 余家，日均发稿 3000 篇以上，服务企业客户 5000 余家，一直专注于软文推广与营销，如图 7.10 所示。

图 7.10　软文街

1．软文推广的优势

软文营销的出现就注定跟互联网有着千丝万缕的联系，新闻传播的特性就是快，互联网将新闻传播的速度提高到极限。据研究报告表明，同等费用支出下，网络广告已经达到四倍于传统媒体广告的效果。

而软文街之所以能够成为软文推广的常用平台，除了其强大的推广营销效果，更重要的是以下四大推广优势，如图 7.11 所示。

图 7.11　软文营销的传播效果

（1）更快速。在分秒之间把信息迅速精准地投放到指定网络媒体，让信息得到最快速的扩散。

（2）更权威。新闻形式推广迅速地、低成本地提高企业、产品的形象，树立企业正面形象。

（3）更易搜索。第一时间出现在 Google、百度、搜搜等搜索引擎的新闻搜索结果中，并使其排名靠前。

（4）覆盖面积更广。采用新闻传播模式进行推广可以产生频繁的新闻曝光率，并掌握大量地域媒体，可以根据用户的地域需求，发布辐射到二、三级城市。

2．会员注册及登录

● 用户需要注册会员才能登录软文街，首先，在会员注册界面填写个人信息，包括用户名、联系 QQ 和电话，同时选择同意协议条款，即可完成注册，图 7.12 所示为注册界面。

图 7.12　软文街会员注册

● 在会员登录界面输入账号密码，即可进入个人账户后台界面，如图 7.13 所示。

图 7.13　软文街会员登录

3．软文发布

软文街拥有国内多家媒体和多名新闻工作者资源，覆盖平面媒体、专业及行业媒体、国内大型门户网站、地方信息港、专业网络门户等多样化的媒体形式，软文覆盖面极广，下面笔者结合实例，向大家介绍一下如何通过软文街平台发布软文，如图7.14、图7.15、图7.16所示，图7.17所示为软文推广发布效果。

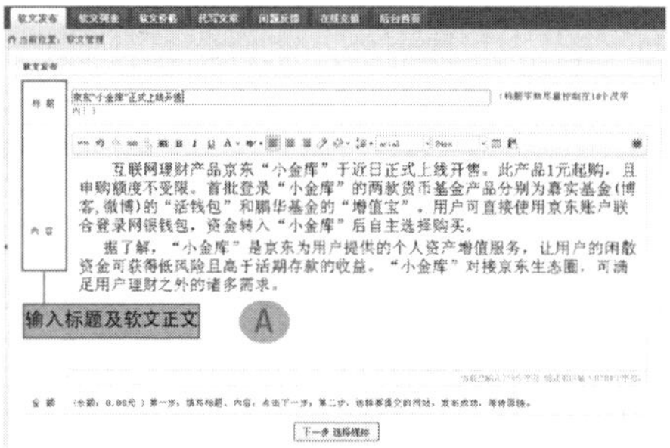

图7.14　输入软文标题及正文

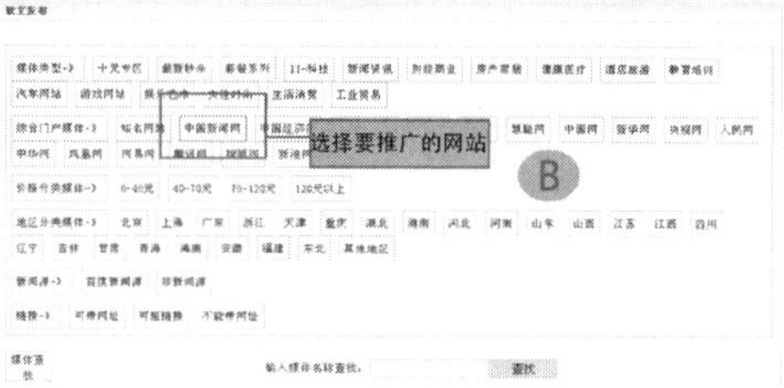

图7.15　选择图文发布的网站

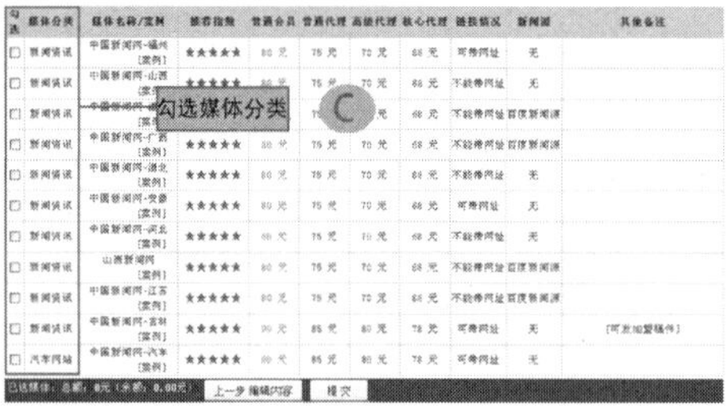

图7.16　勾选媒体分类，点击提交即可

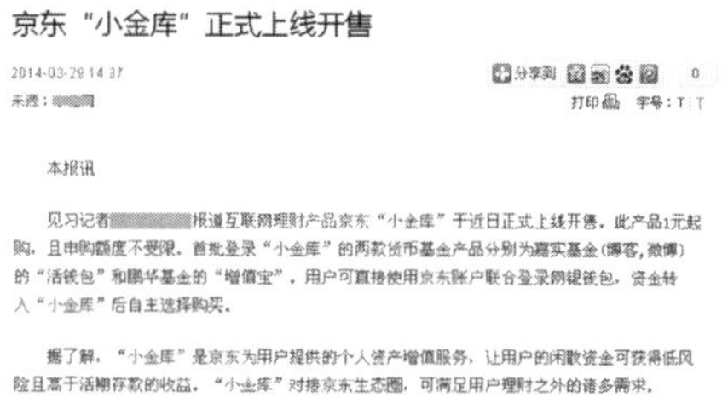

图7.17　软文推广效果展示

4．软文代写

所谓软文代写，是指会员根据相关企业提出的标准，撰写原创性企业推广软文，从而获得报酬，如图7.18所示。选择原创性软文的优势主要有以下三点。

（1）收录更有保障。比起非原创的文章，原创文章的收录更有保障。

（2）推广价值更高。优秀的可读性强的文章所带来的推广价值是不可估量的。

（3）更利于百度收录。百度火星计划扶持原创性网站。

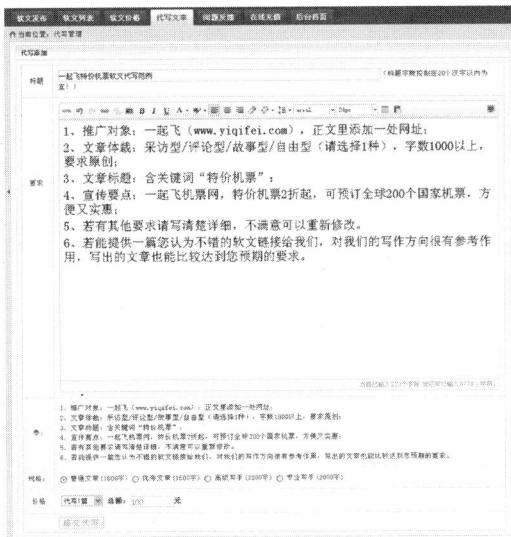

图 7.18 软文代写

7.4.2 百度推广

百度推广是百度国内首创的一种按效果付费的网络推广方式，简单便捷的网页操作即可给企业带来大量潜在客户，有效提升企业知名度及销售额。

据统计，每天有超过 1 亿人次在百度查找信息，企业在百度注册与产品相关的关键词后，就会被主动查找这些产品的潜在客户找到。因此，百度推广也是软文推广的重要平台，如图 7.19 所示。

图 7.19 百度推广

1．推广优势

（1）全球最大的中文网站，覆盖 130 个国家，每天响应数亿次搜索请求。

（2）按效果付费，获得新客户平均成本最低，投资回报高。百度推广是按照给企业带来潜在新客户的访问量计费，企业可以根据自己的需要，灵活控制推广力度和投入，使企业的网络推广投入获得最大的回报。

（3）针对性强，帮助企业找到潜在目标客户。百度推广让企业注册有针对性"产品关键字"，使企业产品网页出现在相应搜索结果最靠前的位置，让真正对企业产品感兴趣的潜在客户直接了解产品或服务信息，更容易达成交易。

（4）全面支持企业全线产品推广。百度推广可以同时注册多个"产品关键字"，数量没有限制，通过注册大量"产品关键字"使得企业的每一种产品都有机会被潜在客户发现。

（5）专业服务团队，全程贴心服务。业界最大的专业客户服务中心，为客户提供全程跟踪服务，了解客户需求，及时解答客户疑问，确保客户利益得到保证。

2．推广价格

首次开户的客户需要一次性缴纳 5600 元，其中 5000 元是客户预存的推广费用，600 元是服务费。

开通服务后，客户自助选择关键词设计投放计划，当搜索用户点击客户的推广信息查看详细信息时，会从预存推广费中收取一次点击的费用，每次点击的价格由客户根据自己的实际推广需求自主决定，客户可以通过调整投放预算的方式自主控制推广花费。当账户中预存推广费用完后，客户可以根据情况进行续费，图 7.20 所示为百度竞价方式。

$$每次点击价格 = \frac{下一名出价 \times 下一名关键词质量度}{当前关键词质量度} + 0.01元$$

图 7.20　百度竞价方式

3．操作步骤

百度推广按照给企业带来的潜在客户的访问数量计费，企业可以灵活控制网络推广投入，获得最大回报。经过以下三步，就可为推广者带来生意机会。

（1）企业选择推广关键词，百度联盟网站发布推广信息；

（2）潜在客户在百度搜索，或者浏览百度联盟，点击企业推广信息；

（3）客户与企业进行联系洽谈，达成交易，如图 7.21 和图 7.22 所示。

图 7.21　推广关键词

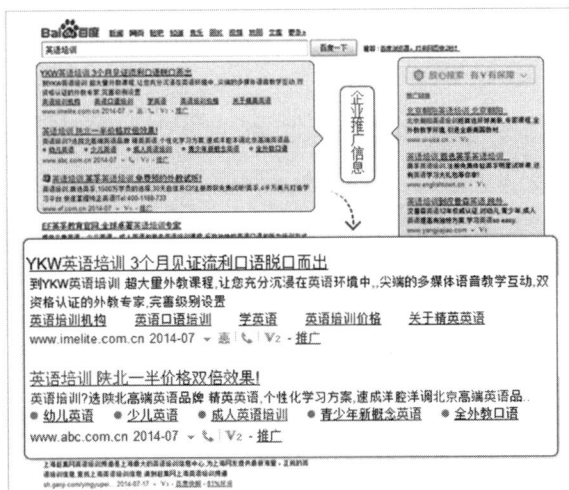

图 7.22　显示推广效果

4．推广助手

百度公司于 2010 年 1 月 26 日推出全新离线管理利器：百度推广助手。百度推广助手是一款免费的账户管理软件，它独有的批量编辑、快速定位、离线操作、自由备份功能，能够帮助推广者高效安全地管理百度推广账户。

百度推广助手适用于任何类型的百度推广账户，尤其适用于账户结构复杂、关键词较多的情况。

7.4.3 动点在线

目前，软文推广平台非常多，平台信誉以及实力优势良莠不齐，推广者应该尽量根据自身的软文推广类型，以及推广网站的资质来选择软文平台。下面我们以较为知名的新闻软文推广平台动点在线为例，介绍其推广步骤及流程。

动点在线新闻营销策划机构，成立于 2011 年，是国内最早的新闻稿发布服务商之一。服务内容包括新闻稿在线发布、新闻软文写作、百度问答营销、论坛发布置顶加精等，如图 7.23 所示。

图 7.23 动点在线

1．推广特点

作为新闻稿营销的知名品牌，动点在线的推广优势集中在以下几点。

（1）发稿流程简单，转载率高；

（2）保证各大媒体发布的同时被其他媒体转载，形成规模群体效应；

（3）发布范围广，覆盖所有主流媒体、行业网站、地方信息港，让中小企业的新闻到达任何角落，做到全网覆盖；

（4）对客户提供的稿件，除了格式修改，一般不做内容改动，尽量保证按照客户提供的原文发布。

2．新闻稿发布

新闻稿营销是指利用新闻传播为企业、品牌等做宣传推广的一种营销方式。新闻推广模式非常有利于引导市场消费，在较短时间内快速提升产品的知名度，塑造品牌的美誉度和公信力，图 7.24 所示为动点在线新闻稿发布流程。

图 7.24 新闻稿发布流程

推广者在动点在线发布新闻稿需要注意以下几点。

（1）因网站调整、编辑变动、政策调整等不确定因素的影响，媒体资源列表的网站不能确保 100% 能发布，但保证 90% 能发布。为避免此类状况发生，选取网站媒体时尽量选取 1～5 个媒体作为备选媒体。

（2）可以每个网站发不同的稿子，也可以一篇稿子发不同的网站，也就是一篇稿子每个网站只能发一次。

（3）发布新闻稿的费用是单独的，不包括软文的写作费用。

（4）有的是不能发首发的网站，需要有已发新闻来源，如有此类情况，客服会及时告知。

（5）不提供任何非法的网络负面公关活动。新闻稿发布完成需 1～2 个工作日，完成后为客户提供完整的发布链接地址。

3．软文代写

动点在线拥有专业的写作团队，保证了软文 100% 的原创性，同时以最优惠的价格覆盖近 30 个行业，图 7.25 所示为软文代写价格。

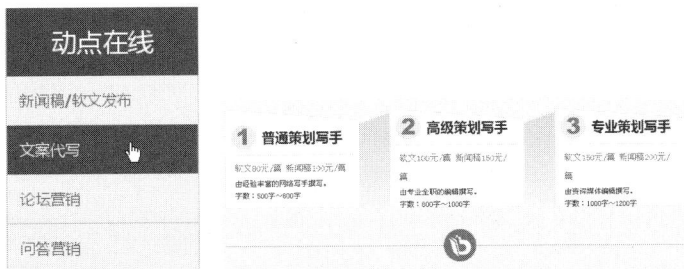

图 7.25 软文代写价格

动点在线的软文代写业务与"软文街"类似，具体格式如图 7.26 所示。

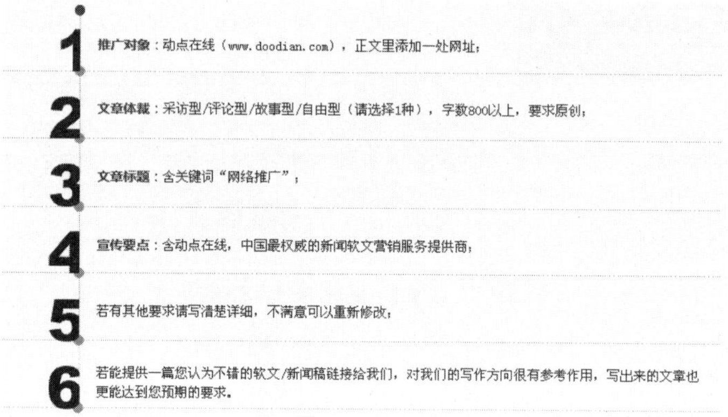

1 推广对象：动点在线（www.doodian.com），正文里添加一处网址；

2 文章体裁：采访型/评论型/故事型/自由型（请选择1种），字数800以上，要求原创；

3 文章标题：含关键词"网络推广"；

4 宣传要点：含动点在线，中国最权威的新闻软文营销服务提供商；

5 若有其他要求请写清楚详细，不满意可以重新修改；

6 若能提供一篇您认为不错的软文/新闻稿链接给我们，对我们的写作方向很有参考作用，写出来的文章也更能达到您预期的要求。

图 7.26　软文代写格式

7.5　软文推广的六个技巧

软文推广要想达到好的效果，要选择合适的媒体，并做好内容策划、写作。当然，软文推广并非如此简单，下面笔者总结了网络上盛行的软文推广技巧，供推广者们借鉴学习。

7.5.1　做好推广计划

所谓推广计划，是指一篇软文从主题确定，开始撰写，到最终的推广平台，效果统计的整体组织、实施以及修正。可以说软文广告推广计划是软文广告操作的基础。

一般来说，软文推广的计划源于企业的广告策略，善于操作软文广告的企业大多是非常讲求策略的企业，也是精于低成本运营的企业。

以良治电器洗之朗为例，广告计划比新产品上市计划早做了三个月，其中主要就是软文广告计划。由于"洗之朗"是一个新品类的产品，更是一个观念性很强的新兴电器，需要做大量的市场教育和观念引导宣传，因此在 2003 年全年广告计划中，软文广告占了 70% 的比例。

每篇软文不少于 800 字，并按此顺序依次发布。公关软文在产品上市前完成发布，宣传周期为 1 个月。功能软文在产品上市后发布，上市推广周期为 1 个月，销售目标 50 台。

正是凭借详尽的推广计划，洗之朗迅速占有了市场，而在非典时期，洗之朗及时改变推广计划，凭借《一个被 99% 的人忽视的卫生习惯》一文获得大量关注，销量不减。

专家提醒

软文推广是广告目标软文化的具体表现，而推广又是品牌目标和销售目标广告化的产物，最终要达到的是建设形象与获取利润的目的，因此，软文推广也应遵循计划、组织、实施、修正的操作规律。

7.5.2 精心选择标题

前文中我们已经提到，就整篇软文广告而言，标题就像"脸面"一样，切忌标题取得不清不楚、不温不火，需要在第一时间吸引读者的目光。

例如《人类可以长生不老？》《男人流行画眉毛？》《保肝价太高，市民怎么办？》《老爸老妈中毒啦》《奥普浴霸何以"霸"京城？》这些优秀的标题，不但曾经风靡一时，而且如今记忆犹新，为什么？因为它不但像新闻标题，甚至比当时的新闻标题更吸引人。具体可以参考以下四点。

（1）标题党。网络上那些带有轰动性标题的文章，远远比标题平平的文章更能获得较高的点击率，这也就是经济学家常提到的眼球经济。

（2）标题要有新意、有个性。标题编写的有独到之处，才有刺激性和吸引力，因此，广告标题要有创意。但是要注意尺度，如果太过了会让读者接受不了。

（3）关注热点和流行。要注意网上流行什么，当前社会上哪些是热点，哪些东西人们比较关注，把文章跟这些结合起来。

（4）标题要生动、传神。俗话说"人看脸，树看皮"，一篇文章要吸引人，关键是标题要出彩，要让人产生浓厚的阅读兴趣。

7.5.3　组织正文结构

有了好的软文标题，只能算成功了一半，要让读者更多地吸纳软文信息，软文结构至关重要。一篇优秀的精品软文，结构是它的骨骼，是支撑软文的框架。推广者可以按照新闻写作的思路组织软文的结构，下面以京东商城的推广软文为例。

京东日前宣布，将与北京、上海、广州等15座城市的上万家便利店进行战略合作，推广零售店O2O模式，促进实体店向互联网转型。

据悉，与京东合作的企业包括快客、好邻居、良友、每日每夜、美宜佳等，覆盖上海、北京、广州、温州、东莞、乌鲁木齐、哈尔滨、西安、呼和浩特、石家庄、南宁、太原、大连等区域，未来还会覆盖中国所有的省会城市和地级市。

上述企业将在信息系统、会员系统、消费信贷体系和服务体系等方面与京东深度整合，而京东则会在网上给这些便利店搭建入口。

京东首席物流规划师侯毅表示，京东O2O平台的移动端将会与PC端同时搭建，借助LBS技术，用户可以找到距离自己所在位置最近的店铺，"京东线上和线下的会员体系将实现共享，会员的订单由京东统一下发给商家，由商家或京东自营配送团队进行配送。"

此外，京东还与零售业主流ERP软件服务商SAP、IBM、海鼎等签订了战略合作协议，实现了零售业ERP系统和京东平台的无缝对接，并升级了零售业ERP系统。

整篇软文的结构优势体现在两个方面，一是软文思路清晰，从开篇点题，到规模介绍，再到合作前景环环相扣；另一方面文章排版美观，符合大部分读者的阅读体验，可以提高软文的转载率。

7.5.4 善用新闻词汇

在软文的写作过程中，要善于运用新闻惯用的一些词汇，来增强正文的新闻性。例如时间、地点词汇可以用“近日”“昨天”“正当 ×× 的时候”“在我市”“某商场”，这些时间以及地点的概念可以引导读者产生与该时间、该地点的相关联想，加深印象，淡化广告信息，图 7.27 所示为顺丰物流的推广软文，文中较多地应用了新闻词汇。

網易新闻 网易首页 > 新闻中心 > 滚动新闻 > 正文

顺丰物流普运 大件也能送上门

2014-03-28 06:03:08 来源: 东方今报(郑州) 有0人参与 分享到

记者 张雅平 通讯员 黄佳枫

东方今报郑州讯 昨日，东方今报记者从顺丰速运河南分公司获悉，该公司正式推出一站式“门到门”的陆运物流产品，直面德邦、天地华宇、佳吉等国内公路运输物流大佬。据悉，顺丰的这款物流产品取名“物流普运”，主要针对20kg以上的大货。在价格方面，单票最低收费120元，并提供“门到门”服务。

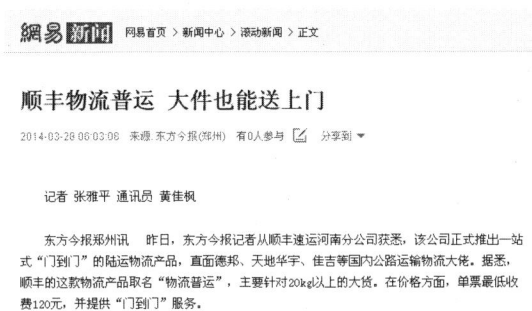

图 7.27 顺丰物流软文

此外，常用的新闻词汇还包括以下两种：

（1）新闻源由词汇：比如“据调查”“据了解”“笔者还了解到”“在采访中了解到”“据说”，这些词汇让读者更能感到信息的真实与有据可查。当然，信息本身首先必须是真实的。

（2）身份词汇：如“笔者”“记者”“我”“笔者亲眼看到”等词汇能让读者与作者“合二为一”，读者的视角、观点也会“跟着作者的感觉走”，图 7.28 为《曝光“洗之朗”热销背后》一文节选，

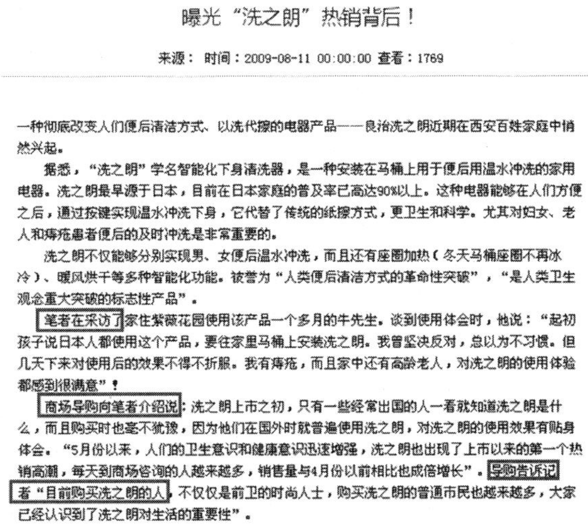
曝光“洗之朗”热销背后！

来源： 时间：2009-08-11 00:00:00 查看：1769

一种彻底改变人们便后清洁方式、以洗代擦的电器产品——良治洗之朗近期在西安百姓家庭中悄然兴起。

据悉，“洗之朗”学名智能化下身清洗器，是一种安装在马桶上用于便后用温水冲洗的家用电器。洗之朗最早源于日本，目前在日本家庭的普及率已高达90%以上。这种电器能够在人们方便之后，通过按键实现温水冲洗下身，它代替了传统的纸擦方式，更卫生和科学。尤其对妇女、老人和痔疮患者便后的及时冲洗是非常重要的。

洗之朗不仅能够分别实现男、女便后温水冲洗，而且还有座圈加热（冬天马桶座圈不再冰冷）、暖风烘干等多种智能化功能。被誉为“人类便后清洁方式的革命性突破”，“是人类卫生观念重大突破的标志性产品”。

笔者在采访了家住紫薇花园使用该产品一个多月的牛先生。谈到使用体会时，他说：“起初孩子说日本人都使用这个产品，要往家里马桶上安装洗之朗。我曾坚决反对，总以为不习惯。但几天下来对使用后的效果不得不折服。我有痔疮，而且家中还有高龄老人，对洗之朗的使用体验都感到很满意”！

商场导购向笔者介绍说：洗之朗上市之初，只有一些经常出国的人一看就知道洗之朗是什么，而且购买时也毫不犹豫，因为他们在国外时就普遍使用洗之朗，对洗之朗的使用效果有贴身体会。“5月份以来，人们的卫生意识和健康意识迅速增强，洗之朗也出现了上市以来的第一个热销高潮，每天到商场咨询的人越来越多，销售量与4月份以前相比也成倍增长”。导购告诉记者“目前购买洗之朗的人，不仅仅是前卫的时尚人士，购买洗之朗的普通市民也越来越多，大家已经认识到了洗之朗对生活的重要性”。

图 7.28 软文中的身份词汇

大量运用"记者""采访中""对记者说"等身份词汇和语句。

7.5.5　巧妙植入广告

电影中，主角李冰冰拿起了一瓶矿泉水，透过镜头，我们可以明显地看到"怡宝"的商标……这是热映的《变形金刚4》里边的一个桥段。中国品牌"怡宝"投入数千万资金，以植入式广告的方式亮相好莱坞电影。

其实，软文植入与电影和广告植入是异曲同工的，下面笔者就为大家介绍软文比较实用的植入广告的几个方式。

1．以举例的方式展现

这种方式可以适当展开几十字，多用于平面媒体的软文。这种方式写互联网的文章或者写教程类等的文章比较常用。

2．借用第三者的身份

比如某专家称、某网站的统计数据、某人的话。这种方式引入的文字建议不要太长，同样的，这种方式多应用于平面媒体的软文。

3．以标题关键词形式

内文将植入的关键词拟人，如"小惠（千惠超市）认为"。这类植入方式尽管没有太多地融入产品信息，但是因为关键词及内文多次带有产品、商标或者公司名称，既能传达一种理念，又能达到被百度检索收录的效果，多用于网络门户类软文。

4．故事揭秘的形式

这种方式开始就围绕植入的广告编故事，一切都是以需要植入的广告为线索展开。这种植入尽管让读者意识到是软文，但是只要故事新颖，大胆创新，读者还是愿意一口气看完的。这种方式多用于论坛软文。

5．版权信息的方式

这种方式最为简单实用，原创或者伪原创相关话题的文章，内文不需要刻意琢磨如何植入广告，只需要在文章的最后加上版权信息即可。

6．文章内部插入链接

很多时候投稿网站的要求都是不能在文章内部加入广告性的链接，但是我们却可以利用另外一种方法在文章内部插入自己的网站链接，比如在文章中分享一些自己的心得体会，谈谈自己是如何运营网站的，网站又是怎么做才成功的，这样在分享的时候就可以顺便带上自己的网址让其他人去学习，通过这样的方式也能够有效地在文章中植入链接。

7.5.6　设计排版风格

软文广告的编排设计也是有学问的，笔者根据多年的软文操作经验，总结了软文排版设计的经验，仅以图 7.29 所示为例介绍软文排版的设计，供大家参考借鉴。

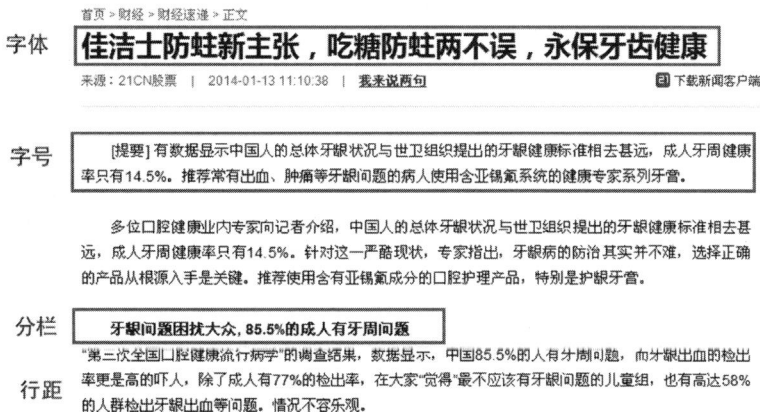

图 7.29　软文排版范例

（1）字体：标题（包括引题、副题、小标题）的字体、正文的字体均应和发布媒体惯用的新闻字体一致。对字体的装饰（如底纹、阴影、立体）也要和新闻的设计风格保持一致。

（2）字号：除字体的设计与新闻保持一致之外，字号也要和新闻稿件惯用的字号一样，这样才会从整体上让读者感到"像新闻"。

（3）分栏：对较长的软文稿件（一般 800 字以上），在设计时就要进行分栏处理。分栏时要参考发布媒体的分栏方式，严格把握每栏的栏宽长度。一般大报每版以五栏划分，每栏约 6 厘米宽，小报每版以四栏划分，每栏约 5.5 厘米宽。

（4）边框：每种报纸的新闻稿件边框线都有其固定的风格，例如《华商报》的新闻边框线为 3 毫米的灰色（彩版为绿色或蓝色），而《西安晚报》则为粗线条边框。北京、上海、广州等各地报纸媒体也都不尽相同，甚至没有边框，这些都是软文广告编排设计时要参考的细节。

（5）行距、字距：一般来说，新闻正文的行距一般以 1 毫米为佳，10 毫米的距离内只能排三行字。字距一般小于 1 毫米，10 毫米内可以排 3.5 个字。软文编排设计时严格把握行距和字距的疏密，再配合字体字号的一致，足可以和新闻稿别无两样。

第8章
软文营销操作策略

要点展示： 软文营销基础概述
软文营销操作步骤
软文营销常用策略
软文营销效果技巧

学前提示：

软文营销与软文推广既有联系又有区别，两者的关系与网络推广和网络营销的关系类似，软文营销可以说是软文推广的升级版。软文推广注重的是执行，软文营销注重的是策略。本节就针对软文营销的操作策略进行重点介绍。

8.1 软文营销基础概述

现在搜索关键词"软文营销"，搜索结果显示超过 1000 万条，从软文撰写到软文推广，各类网站层出不穷、良莠不齐，可见软文营销已经成为时下火热的营销方式，如图 8.1 所示。

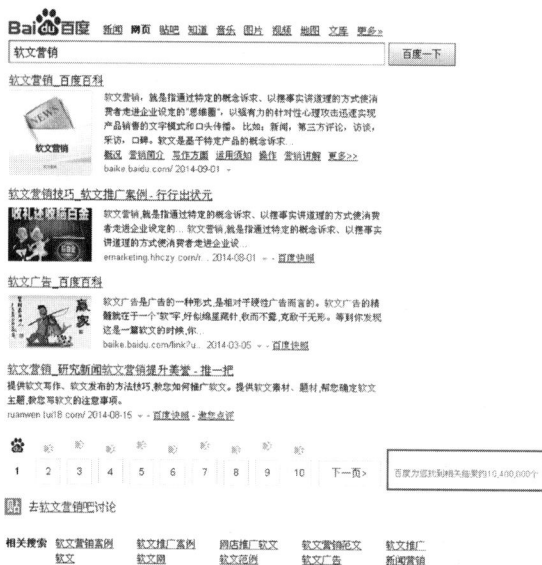

图 8.1 软文营销搜索结果

而从软文营销的作用和优势来看，软文营销几乎适合所有的行业，即使客户是非常小众的行业，软文营销也能起到品牌建设的作用，如此低的门槛也是软文营销普及的重要原因。下面，笔者就软文营销的基本概念进行介绍。

8.1.1 软文营销的概念

当前很多企业的主要宣传方式就是广告，无论是电视、报纸、广播，还是杂志、户外媒体等，企业都以硬性广告发布的形式告知消费者相关信息。但随着互联网的发展，信息时代已经到来，硬性广告已经被分化和稀释，于是将企业广告进行软性再隐形就衍生出如今的软文营销。

所谓软文营销，就是通过特定的概念诉求，以摆事实讲道理的方式使消费者走进企业设定的"思维圈"，以强有力的针对性心理攻击迅速实现产品销售的文字模式和口头传播，如新闻、第三方评论、访谈、采访、口碑。

软文是基于特定产品的概念诉求与问题分析，对消费者进行针对性心理引导的一种文字模式。从本质上来说，它是企业软性渗透的商业策略在广告形式上的实现，通常借助文字表达与舆论传播使消费者认同某种概念、观点、分析思路，从而达到企业品牌宣传、产品销售的目的，图 8.2 所示为软文传播效果。

图 8.2　软文营销效果

专家提醒

软文营销的出现就注定跟互联网有着千丝万缕的联系，新闻传播的特性就是快，互联网将新闻传播的速度提高到极限。据研究报告表明，同等费用支出下，网络广告已经达到四倍于传统媒体广告的效果。

8.1.2　软文营销的特点

软文营销现在很重要，各大网站非常注重软文营销，软文营销是每个网站必不可少的，主要是软文营销有它独特的特点。

1. 营销隐蔽性

软文不同于网络广告，没有明显的广告目的，而是将要宣传的信息嵌入文字，从侧面进行描述，属于渗透性传播。其本质是商业广告，但以新闻资讯、评论、管理思想、企业文化等文字形式出现，让受众在潜移默化中受到感染。

如今网络媒体的各个角落都充斥着商业性文章，新闻、博客、论坛等，读者很难分辨哪篇文章是新闻，哪篇文章是软文，这就是软文存在的最大价值。

2. 营销多样性

软文由于文字资料的丰富性，传递的信息极其完整，并且不拘泥于文体，表现形式多样，从论坛发帖到博客文章、网络新闻，从娱乐专栏到人物专访，从电影到游戏……几乎遍布网络的每个角落，因此，大部分的网络用户都是其潜在消费者，图8.3所示为软文营销的常见形式。

图 8.3　软文营销的平台多样性

3. 营销可接受性

软文的宗旨是制造信任，它弱化或者规避了广告行为本来的强制性和灌输性，一般由专业的软文写作人员在分析产品目标消费群的消费心理、生活情趣的基础上，投其所好，用极具吸引力的标题或话题来吸引网络用户。

　　然后用细腻、具有亲和力或者诙谐、幽默的文字以讲故事等方式打动消费者，而且文章内容以用户感受为中心，处处为消费者着想，使读者易于接受。尤其是新闻类软文，从第三者的角度报道，消费者从关注新闻的角度去阅读，信任度高。

4．营销低成本性

　　传统的硬广告受到版面限制，传播信息有限，投入风险大，成本较高。相比之下，软文营销具有高性价比的优势，信息量大，而且不受时间限制，可以在网站上永久存在。

　　全球最大的网络调查公司 CyberAtlas 曾经给出这样的数字：75% 的网站访问量来自搜索引擎；在获得同等收益的情况下，企业对网络营销工具的投入是传统营销工具的 1/10，而信息到达速度却是后者的 5 ~ 8 倍。

专家提醒

....

　　软文有非常好的搜索引擎效果，可以进行二次传播，通过软文营销公司的网络整合营销服务，企业可以把相关信息同时发布到互联网上所有大型门户网站以及全国各个地方性门户、行业网站的相关频道，该软文还可以继续被其他网站转载。

....

8.1.3　软文营销的发展

　　软文营销的发展历程其实跟软文广告的演变是息息相关的，软文广告的前身有两个方面。

　　一是媒体的经济报道。经过有偿新闻的演变道路以后，最终演变为一种由媒体工作人员"捉刀"的宣传方式。比较常见的如某些报纸上收费的通讯专栏、某些电视台有偿播放的宣传企业和产品的纪录片。

　　还有一个源头就是广告。广告主为了增强广告的可信度，尽量让自己的广告内容看上去不像广告，而像刊出广告的媒体的一个正常的新闻栏目。甚至有的报纸上的软文广告都打出了"据报道""记者了解到"等字样。

"脑白金"推出的一系列软文，可以说是我国软文营销发展的代表。"脑白金"最初的营销策略，其实很简单，就是两篇文章，《人类可以长生不老》《两颗生物"原子弹"》，如图8.4所示。

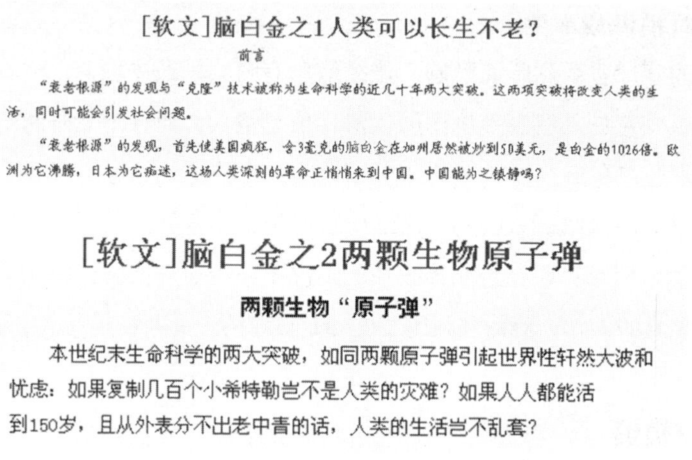

[软文]脑白金之1人类可以长生不老？

前言

"衰老根源"的发现与"克隆"技术被称为生命科学的近几十年两大突破。这两项突破将改变人类的生活，同时可能会引发社会问题。

"衰老根源"的发现，首先使美国疯狂，含3毫克的脑白金在加州居然被炒到50美元，是白金的1026倍。欧洲为它沸腾，日本为它痴迷，这场人类深刻的革命正悄悄来到中国。中国能为之镇静吗？

[软文]脑白金之2两颗生物原子弹

两颗生物"原子弹"

本世纪末生命科学的两大突破，如同两颗原子弹引起世界性轩然大波和忧虑：如果复制几百个小希特勒岂不是人类的灾难？如果人人都能活到150岁，且从外表分不出老中青的话，人类的生活岂不乱套？

图 8.4 "脑白金"两篇软文

大家看标题一定认为这个文章非常一般，就是普通的科普新闻，但是却可以轻松地抓住读者的心理。很多人都对"长生不老"很好奇，"脑白金"就此切入，利用有争议的话题进行宣传，从而达到营销的效果。

由"脑白金"软文营销模式不难看出，软文营销的效果还是很大的。尤其对于电商们来说，软文营销绝对是很好的营销策略，因为软文可以让读者误入营销者的"营销圈套"，这样就可以很好地推出自己的产品，营销自己的企业品牌，最终达到高收益。

8.2 软文营销操作步骤

不同于软文推广，软文营销是一个完整的流程，包括调研、策划、撰写、发布、评估五个环节，每个环节都是环环相扣，任何一个环节出现问题都会影响企业软文营销的效果，如图8.5所示。

图 8.5 软文营销五个流程

专家提醒

....

软文营销的主导思想是利用一切可以利用的资源，对自己进行软性的包装。在这里，营销者要准确定位自己的用户群体，知晓他们经常使用的网站、软件、工具、报纸杂志、工作爱好等。

....

8.2.1 营销调研

所谓营销调研，是指系统地、客观地收集、整理和分析市场营销活动的各种资料或数据，用以帮助营销管理人员制定有效的市场营销决策。下面我们以通信行业的领军企业中国联通的软文营销为例，详解软文营销的操作步骤。

一个企业在做软文营销时必须要有一个清晰目标和定位，前期的调研工作不可缺少。企业内容的调研包括调查企业的创建史、企业的商业模式、经营范围、企业荣誉、企

图 8.6 了解企业内部

业资质、企业组织构架、企业文化等，如图8.6所示。

企业外部的调研就是要全面了解行业的发展情况，与公司相关的新闻热点，公司客户群的主要特征和行为习惯，竞争对手的分析，特别是对手的营销策略。图8.7所示为中国联通新闻中心。

图 8.7　了解企业外部新闻

软文的定位根据特定人群而定，要了解认知相关人群：企业内部人员、企业创始人、企业管理层构架、企业合作伙伴、企业大客户、第三方人员、业内的竞争对手、行业协会和监管机构人士、普通消费者等。

8.2.2　营销策划

所谓营销策划，即是软文营销方案的确定，这里的方案指的是根据企业的自身情况做出具体的分析。

实际上，实施软文营销就相当于对企业的各个方面做了一次全面梳理和初步的管理咨询。一个好的企业软文营销策划主要分为以下三点。

（1）要先明确软文的"目的"是树立品牌、拉动销售还是对竞争对手的策略回应等。若是多个目标就必须有顺序，否则会影响软文营销的效果。

（2）要明确软文营销实施策略，明确软文营销的时间要求、数量要求和投放渠道等，图8.8所示为中国联通在不同时间、不同渠道推出的软文。

（3）根据确定的目标和策略明确软文撰写的角度，把目的和策略依序写出来做成表格，包括行动目标、撰写角度、投放渠道、软文数量、投放时间、费用预算等，图8.9所示为中国联通在"新浪科技"频道推出的软文，我们可以将该软文营销的目标和策略用表格列出来，如表8.1所示。

图 8.8 软文营销的时间、渠道及数量

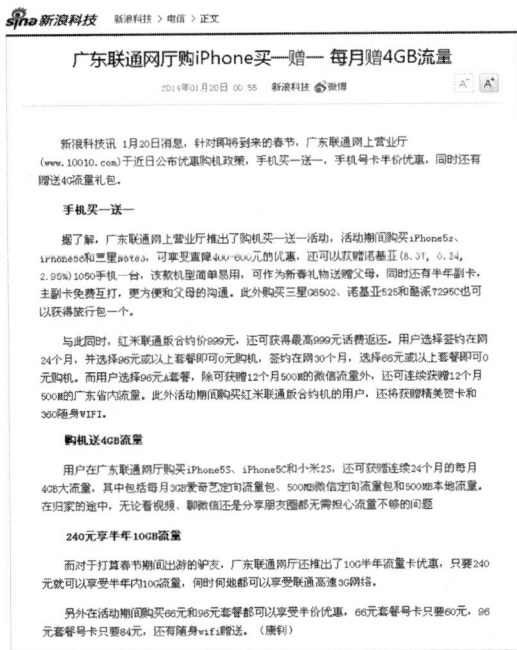

图 8.9 确定软文目标和策略

表 8.1　中国联通软文营销策划要素

策划要素	要素详解
行动目标	销售：提升手机销量和办卡率，宣传广东联通品牌
撰写角度	分类：分小标题介绍优惠活动
投放渠道	网站：新浪网科技频道
软文数量	同类别软文约 5 篇
投放时间	2014 年 1 月 20 日
费用预算	营销费用根据新浪网科技频道推广费用确定

专家提醒

软文营销进程中，需要对自己的方案不断调整，毕竟，不是每种情况都能面面俱到地考虑到。需要根据已经实现的营销效果，对不同软文营销中的方法确定主次。

8.2.3　软文撰写

前文中我们已经详解过，软文撰写的技巧主要分为标题、内容布局、语言风格运用以及收尾等方面。软文撰写要有重点，切忌用词过猛，植入广告要有限度。下面我们来看一篇中国联通的营销软文《广东联通 4G 套餐热捧，三大突出卖点解析》：

近日，来自广东联通的消息显示，在宣布 4G 商用第一周，广东联通就已收超过 2 万人前往营业厅办理了 4G 业务，同时到营业厅体验 4G 用户超过 20 万，业内人士分析，之所以广东联通 4G 套餐受热捧，与其"4G/3G 一体化资费套餐"的几大卖点有关。

沃 4G 来了十多款 4G 机型上市

中国联通首批 4G 商用城市包括 25 个，其中，广东联通首批城市中包括 5 个地市：广州、深圳、东莞、佛山、中山。

这标志着 4G 时代高速移动宽带生活新篇章的开启。广东联通首批上市的 4G 手机已有 5 款，包括三星 S5、三星 S4 LTE、三星 Note3 Lite、索尼 Z1、

HTC 8160，均属于热门明星机型，此外还有华为 E5775 MiFi 和中兴 MF832U USB 两款 4G 数据卡。

据悉，4 月还将上市十多款热门终端，更好的消息是，其中酷派、华为等知名厂家将推出多款千元 4G 终端。

低门槛：创新启用"流量放心用"功能

在广东联通网上营业厅"沃 4G"专题页面中，详细介绍了新推出的"4G/3G 一体化资费套餐"，套餐内流量与现有 3G 套餐相比，有着大幅提升，并且资费更简单，流量单价更划算。同时广东联通还创新启用了"流量放心用"功能，实行套餐外国内流量"双封顶"措施，可有效控制套餐外流量费用，让用户用得起、用得放心。具体来说，包括：

低门槛：联通 4G 套餐最低只需要 76 元，大大低于其他运营商 4G 商用初期 100 多元的最低 4G 套餐，也比中国联通 3G 商用初期低得多。

大流量：每档套餐均包含较高的流量，各档套餐包含的流量均比联通 3G 和其他运营商套餐高出数倍，最高档套餐包含高达 11GB 的流量，堪称套餐流量之最。

一口价：此次中国联通 4G 套餐差异化的主要体现在套餐外各项业务均为一口价，包括国内语音 / 可视通话一口价，国内上网流量一口价和短信 / 彩信一口价。

放心用：本套餐最大的两个特色是套外流量放心用和流量双封顶。当用户套餐外流量不足 1GB 时按照 0.30 元 /MB 计费收费，达到 60 元 (即 200MB) 时，用户将额外获得 824MB 免费流量 (即 60 元 /GB)，之后每超出 200MB 都按照这个规则计费收费。套餐外用到 600 元后，流量可免费使用，直至达到 15G 后，自动关闭上网功能次月再开通，免去了用户上网流量超出套餐不敢使用的担忧。

自由选：联通 4G 套餐更方便

此次 3G/4G 一体化套餐有 8 档手机套餐，从 400MB 到 11GB，用户可按需选择。并且，套餐还有短信包、流量半年包、增值包等各种优惠资费供用户搭配。例如流量半年包，100 元包 1GB，半年之内随意使用，用户无需担心流量月底清零的情况出现。

目前，新入网 4G 用户已可申请办理新的 4G/3G 一体化资费套餐，而 3G 老用户也可预约申请变更，无需更换手机和号码，便可享受到更高流量更低资费的 4G/3G 一体化套餐，申请成功后，新套餐将于 5 月 1 日生效。

对于以上这篇软文，我们可以将其拆分成不同的部分，一一进行分析。首先是标题，该软文标题《广东联通 4G 套餐热捧，三大突出卖点解析》采用的总结式标题，内容融入关键词"联通、4G、套餐"，既主题明确，又层次清楚。

其次是内容布局，文章开头开门见山，点明软文营销的主题；正文布局采用片段组合式中的小标题式，分别介绍"三大突出卖点"；最后文章自然结尾，点明软文主题。

此外，语言风格运用也颇具新闻软文的特点，文中多采用新闻词汇，专业又易懂，整体来说是一篇成功的营销软文。

8.2.4　软文发布

企业软文撰写好了选择平台发布尤为重要，要根据不同的软文分类选择不同的平台，并选择合适的发布时间。

1. 检查发布软文

营销者需要对发布的软文进行以下检查。

（1）行动目标是否植入；

（2）软文标题是否吸引人；

（3）软文的超链接是否正确；

（4）软文中是否存在错别字；

（5）软文是否存在标点错误；

（6）软文内容是否上下连贯；

（7）软文结尾是否自然合适；

（8）关键词植入是否过于密集；

（9）软文的配图是否合适，是否有法律风险。

2．选择发布平台

软文发布并不是简单地上传文章，对于软文发布的平台要有选择性。

（1）论坛。其主要特点：搜索引擎可以快速收录，但是在论坛中曝光率是有限的，需要与论坛管理人沟通好，置顶效果才是最好的，而且有的论坛不能带链接。

（2）博客。博客软文由第三方博客和独立博客软文构成，博客软文对链接基本没有限制，所以博客软文是一种比较好的方法。

（3）微博。其主要特点：字数有限制，一般不超过 200 个字符，可以同步微博发布，如果粉丝多的话，也是可以让很多人看到的。不过，对网站外链接的作用不大，因为搜索引擎对微博的抓取就目前情况来看还是比较少的。

（4）报刊。指平面媒体如报纸、期刊等，一般为新闻稿件。

（5）分类信息网站。分类信息网站也是软文营销的渠道之一，不过像 58 同城这些大型的分类信息网站对发布的信息有一定限制，并且对外链接有严格审核。

（6）门户网站。主要指的是新闻源站点，全国较大的地方门户行业门户网站，如新浪、搜狐、网易、中国网。

3．确定发布时间

发布软文应注意时间点，选择在每天早上的 8 点半到 9 点半进行软文发布，这个时候的转载率是最高的。不过不同的平台有着不同的黄金发布时间段，下面笔者以微博软文的发布时间为例进行说明。

众所周知，微博的用户数量非常大，每天新产生的微博也非常多。如何让更多的网友看到你的微博，就需要选择最佳的微博发布时间，而且要注意微博发布频率。

（1）人们每天上网看新鲜事物的时间通常比较趋向于几个集中的时间段：上午 9:30 ～ 12:00，下午 15:30 ～ 17:30，晚上 20:30 ～ 23:30。这几个时间段就是发布微博的黄金时段。按照在线用户的活跃程度来排序，一般是晚上活跃用户最多，上午其次，下午稍少一些。

专家提醒

工作日和周末的最佳微博发布时间大不一样。在工作日，人们朝九晚五上班工作，上午、下午和晚上都有集中上网的时间。周六和周日因为休息，上网看微博的时间相对工作日要少很多，而且分布也不是很有规律。

（2）根据微博读者对象的不同，微博发布时间也略有差异。比如，如果营销者的微博软文主要对象是大学生，那就要考虑到，大学生没有太明显的周末、工作日的规律，周一到周五因为要上课，白天上网的时间少，周末上网的时间则最多。所以，发布给学生看的微博，可以选择在工作日的晚上或周末的下午、晚上发，如图8.10所示。

（3）微博内容不同，最佳微博发布时间也有所不同。例如，如果发布的是业界新闻、行业动态，那最好在上午工作时间发，这时关心此类内容的办公室职员等人群，多半正在微博上浏览相关信息，如图8.11所示。

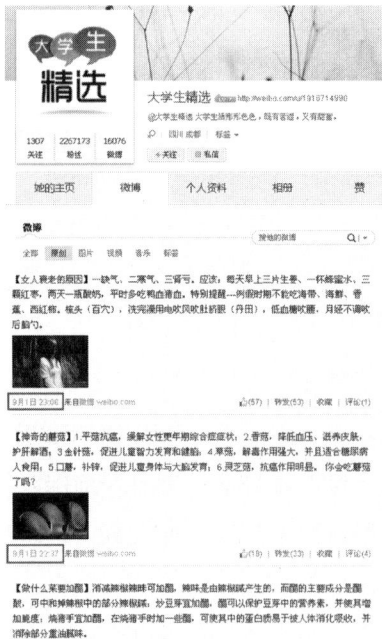

图 8.10　对象是大学生的微博　　　图 8.11　行业动态软文发布时间

专家提醒

要提醒大家的是：不同的软文营销项目和不同的企业选择的软文发布渠道可能不尽相同，营销者可以结合优势资源，结合软文特点整合几种形式。并且软文的发布时间并非一成不变，没有必要严格按照推荐时间进行发布，这样是不切合实际的。

8.2.5 营销评估

在互联网时代的软文营销中，通常需要对以下几个营销项目进行统计。

1．锁定软文营销目标

软文营销是一个有目标、有计划、有步骤的营销活动，企业在展开软文营销之前必须先确定一个目标，即通过此次软文营销想达到什么目的，是直接提高网站流量，提高企业品牌的知名度，还是直接促进产品的在线销售等，都必须有个明确的目标定位。

唯有如此，在接下来的软文营销活动中，才能对软文营销的效果进行评估，并根据效果对软文营销的策略进行及时调整，以达到效率最大化。

例如，企业开展软文营销的目标是吸引用户进入网站订阅电子邮件，然后进行后续销售，那么用户通过软文访问网站的 IP 数量，其中留下电子邮件地址，订阅电子杂志的用户数，就是网站的目标。

同样，网站目标也可能是吸引用户填写联系表格，或者打电话给网站运营者，可能是以某种形式索要免费样品，也可能是下载某个文件或产品目录。

2．统计达成目标数量

当有了软文营销的目标之后，在接下来的软文营销中便有了可供参考的评估标准。针对这些软文营销的目标，对达成目标的数量进行统计，便是有效的效果评估手段。

当软文营销的效果达到目标之后，就应该在软文页面或者网站页面上有一个明确的目标达成标志。也就是说用户一旦访问某个页面，说明已经达成网站目标。

电子邮件注册系统，目标完成页面就是用户填写姓名及电子邮件，提交表格后所看到的确认页面。如果是填写在线联系表格，和订阅电子杂志类似，完成目标页面也是提交表格后的确认页面。如果是下载产品目录，就是文件每被下载一次，则标志着完成一次目标。

3. 营销评估常用方法

（1）软文的点击率：软文在发布载体上被用户点击的次数，能反映一篇软文的受关注度；

（2）软文的评论数：软文被用户评论的数量，即软文在发布载体上被用户评论的数量，能反映一篇软文所引起用户的互动影响力；

（3）转载量：软文在一个网络载体上发表后，被其他网络载体转载的数量，能反映一篇软文的新闻价值，即可读性；

（4）搜索引擎的收录量：软文发表出去后，分别被百度、谷歌等搜索引擎收录的数量，能反映一篇软文的质量和受众喜好度；

（5）直接IP数量：通过软文发布地址直接访问网站的数量，用户浏览软文过程中，点击相关关键词进入企业网站的IP数量；

（6）有效IP数量：通过软文访问网站的IP数量中，有多少达成了目标，如多少下载了相关软件，有多少留下联系方式和电子邮件地址，有多少直接在线进行了订单，有多少进行了在线购买。

专家提醒

以上几种常见目标统计方法，充分利用了互联网技术的优势，能对效果进行精准统计；但这仅仅是软文营销可视化的效果评估方法，软文营销对于提升企业认知度、品牌知名度，促进产品线下的销售等作用，也是不容忽视的，即便不能进行数据统计，但效果是客观存在且非常明显的。

4. 计算达成目标成本

效率即为产出与投入的比，达成目标的数量与计算达成目标的成本即为软文营销的效率。通常软文营销的成本可从以下几个方面进行计算。

（1）软文营销策略的制定费用：专业的软文创意方案需要找专业的团队进行集体创作，这是智力碰撞的脑力劳动，需要付出·定的成本。

（2）软文撰写费用：网络软文的撰写，客户可以找专人写，也可找像软文之家这样的专业团队代写，区别在于企业雇专人撰写投入的成本远远大于请专业团队撰写软文。

（3）软文发布费用：软文发布需要一定的载体，而但凡有质量的载体都是需要付费的。

（4）软文跟进执行费用：不管软文是发布在门户，还是论坛，抑或是其他网络渠道，发布的过程中、发布后都需要安排一个专人，对软文效果进行跟进评估，并对达成的目标进行统计，或者是对转帖、门户发文进行评论转发、论坛软文进行跟帖等，都需要投入一定的人力。

8.3 软文营销常用策略

目前，我国的软文营销发展较为成熟，已经被广大商家企业所接受，总的来看，常用的营销策略主要包括以下几个。

8.3.1 专栏

早期的软文大多是专栏形式，它起源于平面广告的演变，因此专栏也被称为"文字广告"。当单纯的平面广告无法深层次说明产品功效，以及所能表达的信息通过广告很难完成的时候，广告就成了文字广告，也即今天所谓的"专栏"，图 8.12 所示为新浪专栏。

图 8.12　新浪专栏

专栏是日常传播中不可缺少的一个补充，企业文化、产品深入介绍、消费环境模拟、试用手记等文章经常会需要专栏来配合。目前，专栏的常用方式有以下几种。

（1）危机感制造：软文让受众产生恐惧感，进而抛出解决办法，水到渠成。根据专家观察，这样的理论和现象都是值得各位站长深思的，所以希望大家多做研究学习，争取总结出更多更好的经验。

（2）消费环境制造：老婆给我买了什么，用了之后，脸色好了，精神爽了。

（3）消费榜样树立：去××地，××怎么样，自己却……形成鲜明对比。

（4）产品深度介绍：××产品十大功效之一××，有几个功能投几次专栏。

（5）企业文化：展示企业的价值观和文化形象，让受众更信服这样的企业的产品。

（6）征文、促销、活动等：通过多种活动形成消息扩散，产生影响力。

专家提醒

就软文规划而言，"专栏"的价格过于昂贵，所以在市场推广过程中，能不用专栏软文，尽量不要用。

8.3.2　营销策划

软文营销是企业宣传不得不考虑的一个重要手段。一个好的营销能够让企业的知名度迅速增长，能够引来大量的关注，以此能够达到提高企业人气的作用。那么经营者在平时的经营活动中，又有哪些好的营销手段能够加以利用呢？

（1）悬念营销法。悬念营销是要提炼一到两个所谓核心、神秘的卖点；根据进度，慢慢抖包袱，所有的资讯不要一次投放完，说一半留一半。

例如，四大上市网站之一的中华网便使用过这招。中华网曾放言要收购新浪、网易、搜狐三大网站，以四亿美金垫床底的中华网绝对有能力去收购其他三家网站，关键问题是只是一厢情愿，最后不了了之。最后，中华网既获得了舆论的宣传，又树立了财大气粗的老大地位，一箭双雕。

（2）第一营销法。人们的记忆中只能记住第一，比如人们知道世界第一高峰是珠穆朗玛峰，世界第二高峰是什么就不知道了。"第一"容易引起人的兴趣，容易吸引公众关注，容易被记住，还会使对手难以逾越，品牌形象脱颖而出，如图 8.13 所示。

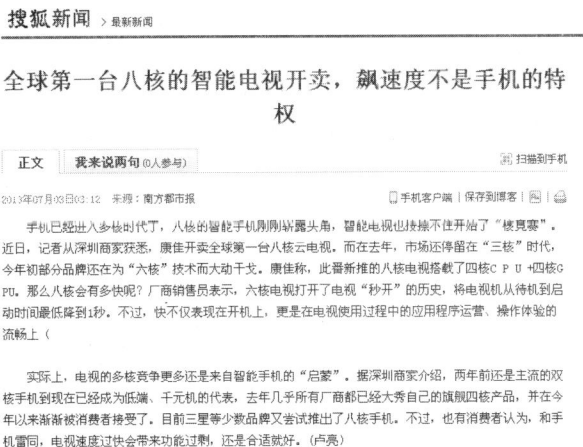

搜狐新闻 ›最新新闻

全球第一台八核的智能电视开卖，飙速度不是手机的特权

正文　我来说两句(0人参与)　扫描到手机

2013年07月03日03:12　来源：南方都市报　手机客户端|保存到博客

手机已经进入多核时代了，八核的智能手机刚刚崭露头角，智能电视也按捺不住开启了"核竞赛"。近日，记者从深圳商家获悉，康佳开卖全球第一台八核云电视。而在去年，市场还停留在"三核"时代，今年初部分品牌还在为"六核"技术而大动干戈。康佳称，此番新推的八核电视搭载了四核ＣＰＵ+四核ＧＰＵ。那么八核会有多快呢？厂商销售员表示，六核电视打开了电视"秒开"的历史，将电视机从待机到启动时间最低降到1秒。不过，快不仅表现在开机上，更是在电视使用过程中的应用程序运营、操作体验的流畅上（

实际上，电视的多核竞争更多还是来自智能手机的"启蒙"。据深圳商家介绍，两年前还是主流的双核手机现在已经成为低端、千元机的代表，去年几乎所有厂商都已经大秀自己的旗舰四核产品，并在今年以来渐渐被消费者接受了。目前三星等少数品牌又尝试推出了八核手机。不过，也有消费者认为，和手机雷同，电视速度过快会带来功能过剩，还是合适就好。（卢亮）

图 8.13　第一营销法

（3）落差营销法。一些很熟悉的产品，在人头脑中产生了相对的思维定势，一旦打破这种定势，人会有如在太空的失重感，这种营销方法要有平中见奇的工夫，善于提炼普通的素材，让媒体耳目一新，让大众或分众耳目一新。

（4）反向营销法。古人云"反其道而行之"，以反引出正。反向营销是把读者从一个概念引入另一个概念，大自然和事物的发展都有它的规律性，为了吸引人们的好奇心理和打破传统规律，策划者反其道而行之，冲破人的惯性思维方式，与人的定式规律相背驰。

（5）名星营销法。根据马斯洛需求层次理论，当购买者不再把价格、质量当作购买顾虑时，利用明星的知名度来加重产品的附加值，可以借此培养消费者对该产品的感情，从而赢得消费者对产品的追捧，如图 8.14 所示。

图 8.14　明星营销法

（6）双簧营销法。在现实生活中，黑与白虽然是对立的，但对于爱看热闹的人们来说，投其所好，对立越强烈则关注越热烈。而差异化的心理感应会让读者在不知不觉中对营销有一个完整的认识。结果不置可否，而营销的目的已达到。

其次当新闻登出后，热度不够，就要安排所谓的正反观点"媒子"向报社打电话，以此人为达到舆论高温，让媒体关注此事，让社会公众注意，从而达到目的。

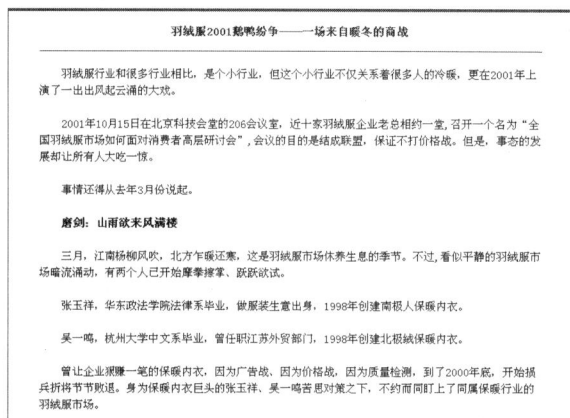

图 8.15　争议营销法

（7）争议营销法。针对企业产品、质量、企业行为等，策划容易引起争议的事件或观点，引发社会讨论，吸引公众注目，如图 8.15 所示。

（8）叫板营销法。叫板某知名人士、名企业或产品，设下擂台，从而吸引消费者和媒体的注意，让媒体关注、报道结果，让自己变成可读性新闻。如红高粱叫板麦当劳、国安挑战李宁、非常可乐和可口可乐对比等，如图 8.16 所示。

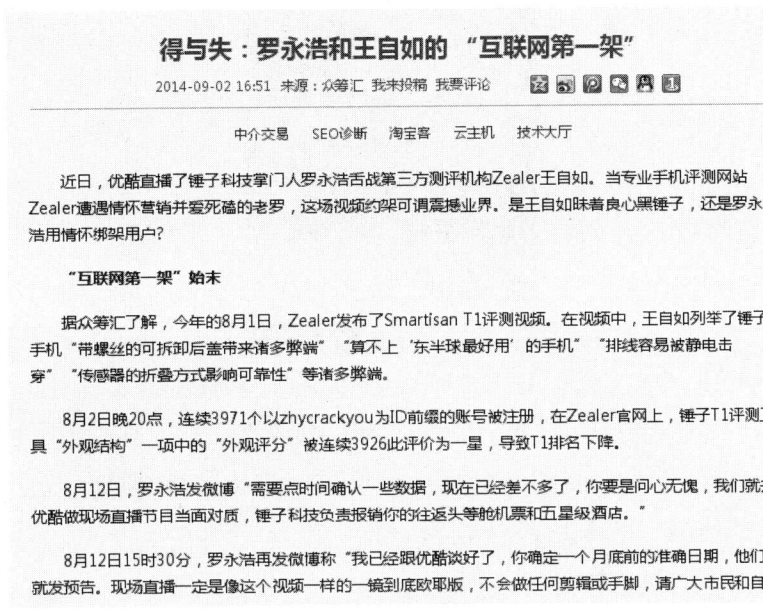

图 8.16　叫板营销法

（9）借势营销法。所谓借势，是指企业及时地抓住广受关注的社会新闻以及人物的明星效应等，结合企业或产品在传播上欲达到之目的而展开的一系列相关活动。借势营销就是借人们关注的焦点，顺势搭车，让更多的人认识、关注自己，以此提高自己（产品）的知名度。借自己某一点让消费者注意自己，知道自己。

（10）纠纷营销法。策划一个"纠纷"，吸引社会关注，一段时间后，不了了之，但企业闻名于世，实现了营销目标。例如，消费者状告中科院北极绒夺暖卡、小家伙状告乐百氏、生命源状告福运泉等。

（11）活动营销法。是指企业为推广自己的产品而组织策划的一系列宣传活动，吸引消费者和媒体的眼球达到传播自己的目的。比如百事可乐采用巡回音乐演唱会这种方式同目标消费群进行对话，用音乐而不是广告来传播百事文化和百事营销理念，如图 8.17 所示。

百事最强音巡演9月开启 杨宗纬萧敬腾深圳同台

2013年08月01日 15:23:58 来源：新华娱乐

图 8.17 活动营销法

（12）赞助营销法。主要就是借助赞助、冠名等手段，通过所赞助的活动来推广自己的品牌，如蒙牛赞助航天、伊利赞助奥运、彩虹赞助飞黄。费用从百万到千万不等，比较适合于大企业。

体育活动已被越来越多的人所关注和参与，体育赛事是品牌最好的广告载体，体育背后蕴藏无限商机，这已被很多企业认识到并投入其间，如图 8.18 所示。

腾讯财经 财经 > 财经新闻 > 综合新闻 > 正文

中国品质再受亲睐 蒙牛成指定牛奶助力奥运

2011年10月19日16:26 腾讯财经[微博] 我要评论(0) 字号：T | T

初秋的内蒙大草原，蓝天白云美不胜收，在位于和林格尔的蒙牛总部里，两家“邻居”正在亲密地闲话家常。近日，由蒙古国奥林匹克委员会官员、运动员、媒体及蒙牛蒙古国经销商等组成的蒙古国参观团一行来到蒙牛参观访问，并带来了“2012年伦敦奥运会蒙古国运动员指定牛奶”的合作协议书。随着签约仪式的一锤定音，蒙牛继2008年北京奥运会后，再次以高品质成为蒙古国运动员官方指定牛奶制品。

三年前，蒙古国国家体育运动委员会对来自中国、俄罗斯、德国、美国等国家的牛奶制品进行筛选后，最后指定中国品牌蒙牛牛奶为其官方指定牛奶，表达了对“中国制造”的充分信任。三年后，中国高品质一如既往给予邻国以百分百信心。如今，蒙牛早餐奶、高钙奶等，已是蒙古运动员每天必备的能量补充品，也是蒙古超市中的热销品，更逐渐成为蒙古认识中国乳业的小窗口。

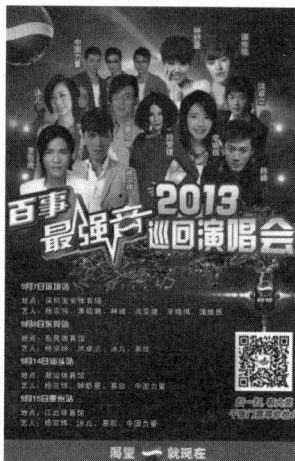

图 8.18 赞助营销法

8.4　软文营销效果技巧

很多企业以为写一篇软文发到网上，就能被客户看到，进而来购买自己的产品，其实这种想法是错误的。那么软文营销如何才能达到最佳效果呢？

8.4.1　为受众而生

很多时候，我们都觉得软文的目的就是要宣传和做广告，但是由于功利色彩太严重，因此我们的软文广告色彩也很严重，这样反而吓跑了用户。笔者认为，软文是为受众而生的，只有受众真正买单，你的软文才算是达到了最佳推广的效果。否则再多的广告和产品宣传也是徒劳无益。

8.4.2　精准定位受众

一种营销不是针对所有人的，尽管我们希望越多的人关注越好。但是并不是网撒得越大就能收获越大，反而会顾此失彼，失去你真正的潜在用户。结合自己的考察确定受众群，才能真正针对这些有效人群投放信息。笔者认为，内容的不相关和太浓重的广告色彩都只能引起不相关人群的反感。

8.4.3　抓住受众口味

这也就是说营销者要认真分析受众真正喜欢的是什么。不要以为什么样的信息都能够传播，即使传播出去了也会被信息大海淹没，没有真正的推广效果。笔者认为，要想取得最好的传播效果，需要对受众的需求进行系统的研究，抓住受众的胃口，这样才能引起众多受众的关注和阅读，这也正是飞讯宝为软文营销客户提供的一项服务。从某种程度上来讲，受众口味也能决定你的软文能否得到较好的推广效果。

8.4.4　选对发布网站

研究好了用户，写好了软文，接下来就是选择软文发布的网站了。收录、新闻源、转载率等都是考量网站的重要标准。而一般用户对这些并不了解，也不知道如何联系编辑，那该怎么发布呢？

营销者可以借助一些软文推广平台，通过专业的营销平台，可以将新闻、软文快速发布至全国几家媒体上，让企业信息迅速覆盖全网络。

8.4.5　营销策略转化

软文信息投放了不代表工作就完成了，营销者要真正考察软文能够给自己带来多少效益，也就是我们说的效益的评估。多少人是你的潜在客户、什么人群是忠实用户、什么人群能够真正转化为购买用户。

网站的浏览量、关注度都是软文营销应该完成的策略转化，而且这次的软文效果可以为下次发布提供参考。

第9章
掌握软文整合营销

要点展示：软文营销与事件营销
　　　　　软文营销与口碑营销
　　　　　软文营销与新闻营销

学前提示：

软文营销并非单打独斗，有时它需要与其他营销方式进行整合，才能产生更大的力量。并且结合热门时事，利用口碑宣传品牌，搭借新闻媒体事件进行宣传营销，与软文营销的本质是没有冲突的。因此，让我们来看一看软文整合营销的力量吧！

9.1　软文营销与事件营销

前文中我们介绍了软文写作的创意招数，其中一种便是巧借事件进行营销，因为热门事件对大众有较强的吸引力，而搭着这趟顺风车，软文能够巧妙地融入事件，进而进行品牌宣传，提升曝光率。那么，究竟什么是事件营销呢？软文营销与事件营销又会碰撞出哪些火花呢？

9.1.1　什么是事件营销

加多宝冠名《中国好声音》一炮而红；刘翔代言让人记住了 EMS；张瑞敏砸冰箱被人津津乐道；茅台在世界博览会上摔酒瓶，走向了世界……这些事情无不与事件营销有关。

所谓事件营销，是指企业通过策划、组织和利用具有新闻价值、社会影响以及名人效应的人物或事件，吸引媒体、社会团体和消费者的兴趣与关注，以求提高企业或产品的知名度、美誉度，树立良好品牌形象，并最终促成产品或服务的销售的手段和方式，如图 9.1 所示。

图 9.1　事件营销

简单分析上面的例子就会发现，有的是自身的造势，有的是借势传播。造势的前提除了事件本身要具有新闻性外，还要产品过硬、企业有影响力，能够引起媒体和受众的关注；借势的前提是关注度高的事件的内涵要与企业的价值相吻合，才能起到一箭双雕（知名度与品牌内涵的双提升）的作用。

上升到品牌建设的角度，品牌的建设一般分为三步走：第一步是品牌策略（我是谁）、第二步是推广（8 大推广手段）、第三步是推广调研（品牌审计）。在品牌策略清晰的基础上，推广是品牌建设的重心，而事件营销又是品牌推广的核心。

9.1.2　事件营销的特点

企业事件营销运作的手法可归结为两类：企业借用已有的社会热门事件或话题，结合企业或产品在销售或传播上的目的而展开的一系列活动，称为"借势"；企业通过策划、组织和制造具有新闻价值的事件，整合自身资源，以吸引媒体、社会团体及消费者的兴趣和关注，称为"造势"。无论是借势还是造势，事件营销都具有以下几个特点。

1．目的性

事件营销应该有明确的目的，这一点与广告的目的性是完全一致的。事件营销策划的第一步就是要确定自己的目的，然后明确通过什么样的新闻可以让新闻的接受者帮助自己达到目的。

通常某一领域的新闻只会有特定的媒体感兴趣，并最终进行报道。而这个媒体的读者群也是相对固定的，图 9.2 所示为新浪"旅游频道"，集中的新闻自然是关于旅游的，面向的读者也是旅游者。

图 9.2　新浪旅游频道

2. 风险性

事件营销的风险来自于媒体的不可控制和新闻接受者对新闻的理解程度。例如一些利用负面新闻进行曝光的公司，虽然企业的知名度扩大了，但如果一旦市民得知了事情的真相，很可能会对该公司产生一定的反感情绪，从而最终伤害到该公司的利益。

3. 成本低

事件营销一般主要通过软文形式来表现，从而达到传播的目的，所以事件营销相对于平面媒体广告来说成本要低得多。事件营销最重要的特性是利用现有的非常完善的新闻机器，来达到传播的目的，避免了其他营销方式的高额宣传费用，可以产生低投入高回报的宣传效果，甚至让企业一夜成名。

以前段时间成名的"黄太吉"为例，所使用的招数就是，不断制造话题，引发围观，吸引潜在客户和媒体注意。作为一名营销老兵，"黄太吉"的创始人赫畅深谙现代社会吸引眼球之术，于是在"黄太极"创办之初，他开出了自家的奔驰去送煎饼。

廉价的煎饼与高端的奔驰车形成对比，迅速吸引了消费者注意，"老板开奔驰送煎饼"的新闻就这样诞生了，做这条新闻没有花一分钱，却在网上热翻了天，如图9.3所示。

赫畅：时尚BOSS赫畅：开着奔驰送煎饼

发布时间：2013-04-23　来源：　作者：车亮

"牛气"老板赫畅

百度技术男，开家餐馆卖煎饼

今年31岁的赫畅是来自哈尔滨的满族人，曾留学丹麦，学习设计，回到北京后尽管先后在百度等好几家大公司工作过，但是一颗开餐馆的心从来没有泯灭过，赫畅从小就爱做饭，连和小朋友做游戏都是挑做饭的角色，在七岁时有过"将火腿肠炒成孜然火腿肠"的壮举，"当时把父母惊着了。"

图 9.3 "黄太吉"事件营销

4．多样性

事件营销是国内外十分流行的一种公关传播与市场推广手段，它具有多样性，可以集合新闻效应、广告效应、公共关系、形象传播、客户关系于一体来进行营销策划，多样性的事件营销已成为营销传播过程中的一把利器。

5．新颖性

大多数受众对新奇、反常的事情保持有极大的好奇心，尤其是时下最流行、最热门的事件，往往拥有大量的受众。而事件营销便是通过当下的热点事件来进行营销，拿当下最热的事情来展现给客户，利用它的新颖性吸引用户点击。

以昆士兰旅游局"招聘大堡礁看护员"事件为例，澳大利亚大堡礁久负盛名，但随着海洋升温及游客增多，一度大堡礁的珊瑚虫濒临灭绝，经过一段时间的休养生息，大堡礁生态环境得到了恢复，知名度却已大不如从前。尤其是拥有"大堡礁之星"美誉的哈密尔顿岛，由于受到金融危机冲击，旅客量大减。于是，昆士兰旅游局策划了一次网络营销活动来推广其旅游业。

2009 年 1 月 9 日，昆士兰旅游局网站面向全球发布招聘通告，并为此专门搭建了一个名为"世界上最好的工作"的招聘网站（www.islandreefjob.com），招聘大堡礁看护员。网站提供了多个国家的语言版本，短短几天时间网站吸引了超过 30 万人的访问，导致网站瘫痪，官方不得不增加数十台服务器。

"世界上最好的工作"共吸引来自全球 200 个国家和地区的近 3.5 万人竞聘。据昆士兰旅游局称，整个活动的公关价值已经超过了 7000 万美元。在中国，这一热门创意营销事件同样火热，各类报刊网站争相报道该事件，如图 9.4 所示，让昆士兰旅游局一时间名声大噪。

图 9.4　创意营销事件

6．效果明显

一般通过一个事件营销就可以聚集很多用户一起讨论这个事件，

然后很多门户网站都会进行转载，效果显而易见，仅以上述昆士兰旅游局的营销事件，我们以"世界上最好的工作"为关键词进行搜索，可以看到千万条搜索结果，图 9.5 所示为搜索结果。

图 9.5　事件营销效果明显

9.1.3　事件营销的策略

事件营销的表现形式有很多，总体归为三类，即公益、聚焦和危机。这三类事件都是消费者关心的，因而具备较高的新闻价值、传播价值和社会影响力。

1．公益

公益切入点是指企业通过对公益活动的支持引起人们的广泛注意，树立良好企业形象，增强消费者对企业品牌的认知度和美誉度。

例如，2003 年"非典"肆虐的时候，不少企业各施所长，通过捐助、广告、活动等形式展示了自身的社会责任感，有效地达到了提高企业和产品的知名度及美誉度的目的。

又如在 2014 年"鲁甸地震"发生后，人称"切糕王子"的阿迪力·买买提吐热向灾区捐献 1 万斤切糕（价值约 50 万元），利用这次公益活动，阿迪力的切糕变得更加知名，销量也是大增，如图 9.6 所示。

图 9.6　巧用公益营销

2．聚焦

聚焦事件是指消费者广泛关注的热点事件。企业可以及时抓住聚焦事件，结合企业的传播或销售目的展开新闻"搭车"、广告投放和主题公关等一系列营销活动。

例如，华泰宝利格借北京 7.21 大雨的势，自拍视频真人演示司机水下脱困，帮助更多的司机了解水下如何脱困，起到了很好的效果，如图 9.7 所示。

图 9.7　利用聚焦事件营销

此外，许多万众瞩目的体育赛事，也是事件营销的好机会。例如在 2004 年雅典奥运会期间，中国电信举办了"2004 雅典幸运行活动"和"奥运奋勇争先系列活动"；中国移动除了携手多家服务提供商推出"烽火雅典"奥运主题专项信息服务外，还为其"全球通"品牌冠以"我能"的新理念；中国联通则在央视定制了一个名为"联通雅典"的奥运节目，每天及时为观众传递奥运会比赛花絮等动态信息；奥运会结束后，中国邮政聘请刘翔担任其 EMS 业务的形象代言人，突出其快速的优点。

3．危机

企业面临的危机主要来自两个方面：社会危机和企业自身的危机。社会危机指危害社会安全和人类生存的重大突发性事件，如自然灾害、疾病。企业自身的危机是因管理不善、同业竞争或者外界特殊事件等因素给企业带来的生存危机，图 9.8 所示为加多宝在与王老吉的竞争中失败后，进行的一场成功的品牌营销。

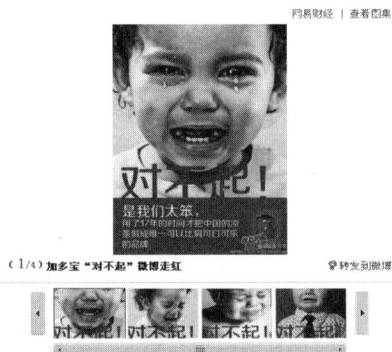

图 9.8　加多宝的危机营销

专家提醒

管理不善、同业竞争或者外界特殊事件都有可能给企业带来生存危机。针对危机，企业必须及时采取一系列自救行动，以消除影响，恢复形象，将企业损失降至最低，甚至化被动为主动，借势造势进一步宣传和塑造企业形象。

9.1.4　软文+事件的互动

简单来说，事件营销就是通过把握新闻的规律，制造具有新闻价值的事件，并通过具体操作，让这一新闻得以传播，从而达到广告的效果。

软文营销不一定是事件营销，但是事件营销却离不开软文营销的配合。软文营销的过程随时会策划出事件营销，事件营销会为软文营销带来软文创意和撰写的话题，两者是相互联系，并时刻互动的，下面我们结合几个案例进行详细介绍。

1．王老吉事件

2008 年 5 月，一篇名为"封杀王老吉"的帖子尤为火爆，"作为中国民营企业的王老吉，一下就捐款一个亿，真的太恨了，网友一致认为：不能再让王老吉的凉茶出现在超市的货架上，见一罐买一罐，坚决买空王老吉的凉茶，今年爸妈不收礼，收礼就收王老吉！支持国货，以后我就喝王老吉了，让王老吉的凉茶不够卖！让他们着急去吧！"这篇文章首次出现在天涯论坛就获得了极高的点击率，而后又被网友们疯狂转载，如图 9.9 所示。

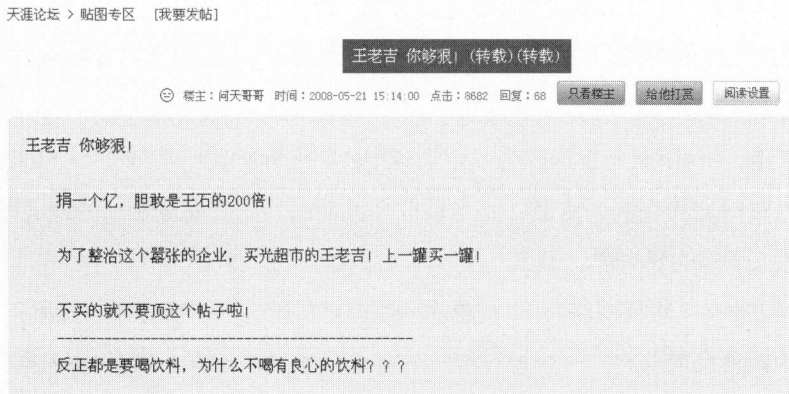

图 9.9　"封杀王老吉"的帖子

简单用"封杀王老吉"搜索了一下，百度出现了 3350 个结果，光是论坛的转载就超过 3000 多条。惊人的转载量、回复量和点击量让这个帖子登上了各大论坛的首页，也引起了各大传统媒体和网络媒体的报道，如图 9.10 所示。

网友呼吁"封杀"王老吉

http://www.sina.com.cn 2008年05月21日 03:46 北京晨报

"买光超市的王老吉，上一罐买一罐"

晨报讯（记者 周治宏）"王老吉，你够狠！捐一个亿"，昨天，一个名为"封杀王老吉"的帖子得到网友热捧，帖子号召大家"买光超市的王老吉，上一罐买一罐"，"让它从大家面前彻底消失！"

四川地震最友善通缉令：封杀王老吉

作者：佚名 更新时间：2008年05月26日 新闻来源：本站综合整理

首页-经贸-产业分析-食品 字号：大 中 小

捐助灾区1亿元 网友呼吁"封杀"王老吉

时间：2008-05-21 10:05 来源：一 中国台湾网综合

"王老吉，你够狠！捐一个亿"，昨天，一个名为"封杀王老吉"的帖子得到网友热捧，帖子号召大家"买光超市的王老吉，上一罐买一罐"，"让它从大家面前彻底消失！"

图 9.10 "封杀王老吉"事件引发转载报道

分析此次事件，王老吉的成功之处在于以下三点。

（1）借势（事件传播）。在汶川地震期间，王老吉的捐款数额是足以引起一片赞誉的，况且是在当时"比富"的大舆论背景下。央视那场捐款晚会的收视率是不用质疑的，"一鸣惊人"是那场晚会赋予王老吉最大的收获。

（2）策划（制造事件）。网友是单纯的，也是容易被煽动的。王老吉捐款一个亿的"壮举"在接下来的几天里迅速成为各个论坛、博客讨论的焦点话题。但是话题是分散的，需要一个更强有力的话题让这场讨论升级。

于是，"封杀王老吉"成为了由赞扬到付诸实际购买行动的号令。创意本身契合当时网友的心情，使得可能平日里会被人痛骂为"商业贴"的内容一下子成了人人赞誉的好文章。

（3）推动（传播源动力）。病毒之所以能够扩散，除了病毒源"优质"之外，初期的推动也很重要。一个单贴能够有如此大范围的影响，背后网络推手对于这个帖子的初期转载和回复引导至关重要。

BBS 营销在这个事件中显得尤为成功，首发天涯等大论坛，然后迅速地转载各个小论坛，之后，就可以依靠病毒自身的传播惯性去进行扩散了。

而这次成功的"软文＋事件"营销也为王老吉带来了极大的影响。一方面，在王老吉事件之前，王老吉的销量很是一般，在王老吉事件之后，上海、北京、广东等地区，红色罐装王老吉的销量在几天内就得以翻倍，而且在许多城市的终端都出现了断货的情况。

另一方面，在王老吉事件之前，很多人以前只知道这个牌子，但是从来没有喝过，在王老吉事件之后，人们不但知道这个牌子，而且还点名就要王老吉。

2．恒大冰泉事件

2013 年 11 月 9 日，在与首尔 FC 的决战开始前，广州恒大的球员穿上了胸前印有恒大冰泉的球衣，此前恒大拒绝了三星以每年 4000 万冠名球衣的合作。当晚广州恒大如愿以偿捧得了亚冠奖杯，恒大冰泉则几乎一夜成名。

恒大冰泉的横空出世与广州恒大在足球赛场上的表现紧密相连，2013 年广州恒大在亚冠赛场上的胜利震惊了亚洲足坛，恒大获得比赛的胜利便是对自身品牌的最大广告。

除了品牌在赛场上的展示，恒大在微博上的表现也堪称优秀，每场重要的比赛，官微都会进行同步文字直播，在重要比赛之前，恒大还会在微博上发布官方海报，11 月 9 日晚恒大"这一夜我们征服亚洲！下一步我们走向世界！"一条带有海报的微博获得超过 7000 次的转发。

恒大的这一线上线下整合营销的策略为其获得了极大的曝光量和品牌价值，而当 11 月 9 日晚恒大推出恒大冰泉的时候，这一切优势和价值便附加在了恒大冰泉身上。

9.2　软文营销与口碑营销

软文之所以能够起到起到强大的营销作用，是因为这种形式本身就是"亲民"的，软文面对的对象是有意向传播品牌的潜在客户，这批读者会形成口碑效应，通过软文传播品牌。下面我们来认识一下什么是口碑营销，以及口碑营销与软文营销的互动实例吧！

9.2.1　什么是口碑营销

口碑营销是近年网络营销领域中备受关注的新星，但是同时由于它与传统营销操作方法的不同，也导致众多不同的看法。

所谓口碑营销，是指企业在品牌建立过程中，通过客户间的相互交流将自己的产品信息或者品牌传播开来，如图9.11所示。

图 9.11　口碑营销

9.2.2　口碑营销的特点

口碑营销一词的走俏来源于网络，其产生背景是博客、论坛这类互动型网络应用的普及，并逐渐成为各大网站流量最大的频道，甚至超过了新闻频道的流量。作为时下流行的营销方式，口碑营销有着以下特点。

（1）可信性非常高。口碑传播其中一个最重要的特征就是可信度高，因为在一般情况下，口碑传播都发生在朋友、亲戚、同事、同学等关系较为密切的群体之间，在口碑传播过程之前，他们之间已经建立了一种长期稳定的关系。相对于纯粹的广告、促销、公关、商家推荐、家装公司推荐等而言，可信度要更高。

例如，邻居告诉你，附近新开了一家超市，挺不错的。那么，你很有可能有空时就会想去逛逛，尽管你可能没什么急着要买的东西。

网上的 BBS 说，某电脑有什么样的问题存在，不太好。那么，在你选购电脑的时候，尽管那个某电脑在疯狂促销，但那个型号甚至该品牌的电脑依然不会在你的选择之列。

（2）传播成本低。口碑营销无疑是当今世界最廉价的信息传播工具，基本上只需要企业的智力支持，不需要其他更多的广告宣传费用。与其不惜巨资投入广告、促销活动、公关活动来吸引消费者的目光以产生"眼球经济"效应，不如通过口碑这样廉价而简单奏效的方式来达到这个目的。

（3）具有团队性。不同的消费群体之间有不同的话题与关注焦点，因此各个消费群体构成了一个个攻之不破的小阵营，甚至是某类目标市场。他们有相近的消费取向，相似的品牌偏好，只要影响了其中的一个或者几个，在这个沟通手段与途径无限多样化的时代，信息会以几何级数的增长速度传播开来。

9.2.3　口碑营销的原则

美国作家安迪·塞诺威兹的《做口碑》一书中，提到了口碑营销的五个原则（五 T 原则），即谈论者（Talkers）、话题（Topics）、工具（Tools）、参与（Taking Part）和跟踪（Tracking）。

1．谈论者

谈论者是口碑营销的起点，首先需要考虑谁会主动谈论你？是产品的粉丝、用户、媒体、员工、供应商、经销商。这一环节涉及人的问题，即角色设置。

目前的口碑营销往往都是以产品使用者的角色来发起，以产品试用为代表。其实如果将产品放在一个稍微宏观的营销环境中，还有很多角色成为口碑营销的起点。其实企业的员工和经销商的口碑建立同样不容忽视。

2．话题

人们谈论的理由一般是产品、价格、外观、活动、代言人等。其实口碑营销就是一个寻找话题的过程，总要发现一点合乎情理又出人意料的噱头，让人们尤其是潜在的用户来说三道四。

3．工具

网站广告、病毒邮件、博客、BBS 等工具可以帮助信息更快的传播。网络营销给人感觉上最具技术含量的环节也是在这一部分，不仅需要对不同渠道的传播特点有全面的把握，而且广告投放的经验对工具的选择和效果的评估起到很大的影响。

此外，信息的监测也是一个重要的环节，从最早的网站访问来路分析，到如今兴起的舆情监测，口碑营销的价值越来越需要一些定量数据的支撑。

4．参与

就是鼓动企业主动参与热点话题的讨论，其实网络中从来不稀缺话题，关键在于如何寻找到和产品价值与企业理念相契合的接触点，也就是接触点传播。

5．跟踪

这是一个事后监测的环节，目前很多公司和软件都开始提供这方面的服务。相信借助于这些工具，很容易发现一些反馈和意见。

但更为关键的是，知道人们已经在谈论你或者他们马上准备谈论你，你会怎么办？参与他们的话题讨论，还是试图引导讨论，抑或置之不理？答案不言而喻。

专家提醒

....

口碑营销的特点就是以小博大，在操作时要善于利用各种强大的势能来为己所用，可以借助自然规律、政策法规、突发事件，甚至是借助竞争对手的势能。

....

9.2.4　口碑营销的要诀

无论是线上还是线下，忠诚消费者向周边人进行积极的口碑传播都是同等重要的，这种传播也是将潜在消费者转化为最终消费者强有力的工具之一。那么，营销者应该怎么做才能让消费者成为自己的代言人呢？

1．促进线下口碑宣传

没有消费者会真正关心你的产品本身，他们更关心的是产品所能提供的价值，能解决什么问题。这就是为什么企业需要做一些宣传展示的原因，只有如此，你才能向消费者传达最重要的信息——"我们的产品可以很好地帮你解决你想要解决的问题"。

所以，不要仅仅使用一些大牌明星，将聚光灯聚焦在产品本身，还可以尝试一下用忠诚消费者来代言，将宣传的焦点聚集在他们对于产品体验的积极反馈上，这样会有出奇的效果。

因为人们更愿意相信普通人的使用感受，相信身边亲朋好友的推荐，没有什么比贴近生活的代言更加深入人心。这对于中小企业来说无疑是一个巨大的好处，已经拥有的忠实客户就是最好的代言人，你不必再为那些明星支付巨额的代言费，就可以轻松赚到非常高的人气。

2．培养品牌忠实用户

互联网时代，"顾客就是上帝"的理念越来越凸显其价值。调查表明，影响潜在客户购买行为产生的因素中，积极的品牌评价比重高达 90%，购买行为产生过程带有很强的情感因素。为了达到最好的传播效应，尽可能多地接触更多客户，社交媒体自然是不二选择。

无论是对大公司还是小企业，社交媒体让你的品牌传播变得如此简单。微博、朋友圈上一次又一次积极的点赞、评论、转发，使你的品牌价值迅速发酵、增长，因此在社交媒体的环境中培养极度痴迷者是最容易成功的。

在社交媒体上，可以通过微博搜索、关键词检索等手段，第一时间接触到你的客户，解决他们使用产品的困惑、消除他们的不满，往往更容易赢得顾客信任，这是奠定顾客成长为极度痴迷者的基础。

比如 Zippos 在实时回应顾客心声方面下了很大工夫：顾客的吐槽，耐心细心解决；顾客的赞许，自动转发一下、表达感谢。这赢得了顾客一片赞许之声。

3．鼓励顾客写产品体验

没有人会喜欢内容无聊空洞的商品介绍页或者一成不变的产品推销的推文、博客，顾客只想知道你的商品能解决什么具体问题、是不是真的好，因此他们更想看到别人的使用反馈和评价。

营销者可以试着使用淘宝卖家经常使用的手段，在商品介绍中插入一些"万人好评""销量第一"的积极评价截图，让那些潜在客户看到并产生一种怦然心动的感觉，用已有极度痴迷者的热情来点燃顾客的购买欲望。

为了最大限度地发挥已有极度痴迷者的传播热情和影响效力，最好列出一些用户反馈的例子，案例应该简单、清楚，力求一句话深入用户的心理和生活状态中、寻求当前消费者心里的追求，戳中痛点，如此才能达到四两拨千斤的效果。

4．开设网页方便提交

网站可以专门为粉丝设计一个展示页，精心安排一些内容，表现人们的满意感受、反馈，甚至包括一些短视频、粉丝的感谢信等。总之，让你的客户觉得自己被重视、被珍惜，购买你的品牌的产品会有一种优待感，产生一种在别的商家那里感受不到的优越感。

9.2.5 软文+口碑的互动

其实每一篇软文的成功发布，都是一次对产品的口碑宣传，一篇好的软文提升产品知名度，对于网站来说可以带来滚滚流量，进而是滚滚财源。这从侧面也印证了口碑营销的强大生命力，下面我们结合具体软文案例，分析两者的互动关系。

1．长城葡萄酒

首先我们来看一篇关于"长城葡萄酒"的营销软文，通过极具诱惑性的口碑宣传，长城葡萄酒获得了极大的曝光。

2013 年布鲁塞尔国际品评大赛（Concours Mondial de Bruxelles）日前落下帷幕，在来自全球 50 个国家、共计 8200 余款酒中，长城桑干酒庄特级精选赤霞珠干红一举夺得最高奖项金奖，中粮君顶酒庄尊悦高级干红收获银奖。继英国伦敦葡萄酒烈酒挑战赛（International Wine Challenge）和品醇客国际品评赛（Decanter World Wine Awards）后，长城葡萄酒一月之内连续在国际最具知名度的酒类评选中收获 12 项大奖，如图 9.12 所示。

布鲁塞尔国际葡萄酒大赛是全世界最具权威性的四大国际葡萄酒大赛之一，素有"葡萄酒奥斯卡"之称。

图 9.12　长城美酒荣膺布鲁塞尔金奖

作为引领世界葡萄酒最新趋势和变化的国际性竞赛，比赛结果将展示未来一年酒界新气象。此次在布鲁塞尔荣膺金奖的长城桑干酒庄特级精选赤霞珠干红是长城葡萄酒最具代表性的酒庄酒的典范之作，充分展现了长城桑干酒庄酒的国际顶级酿造工艺，融西方血统与东方文化基因于一身，散发着高贵而持久的魅力。

自诞生以来，长城桑干酒庄酒便以国宴荣耀为"中国酿造"代言，成为中国与世界交流的"美酒外交名片"，深获各国元首和世界友人好评。在冰岛总理的欢迎宴会上，长城桑干成为国宴用酒，向世界展示了中国品牌的高端品质和深邃东方文化魅力。此番收获国际权威大赛殊荣，更将它推向国际名品殿堂，赢得了世界盛誉。

作为中国葡萄酒的领军者，自首次代表中国荣获第14届国际评酒会银奖以来，长城在国际知名品评大赛中屡获殊荣，累计所获国际奖项已达92项，成为中国在国际获奖最多的葡萄酒品牌。近年来，随着长城全球酒庄群全球布局和国际化战略的提升，长城葡萄酒的品质和世界影响力相得益彰，所获国际奖项也水涨船高。2013年5月，长城桑干酒庄特级精选赤霞珠干红和天赋葡园烟台龙山山谷霞多丽高级精选干白，在英国伦敦葡萄酒烈酒挑战赛上双双荣膺铜奖。在由著名葡萄酒杂志《decanter》举办的品醇客葡萄酒国际大奖赛上，长城旗下的四款产品分别荣获一银三铜，另有四款产品收获推荐奖，此项赛事因其极强的专业性和客观性成为世界最重要的葡萄酒赛事之一。

布鲁塞尔国际品评大赛是竞争最为激烈的世界品酒赛事之一，以酒的多样化和品酒师的多元化而极富盛名，该竞赛也因此成为葡萄酒及烈酒界真正的"世界冠军赛"。阳光明媚的5月，在斯洛伐克，305个来自不同国家的世界最好的品酒师，50个国家的酒类生产商参选的8200款酒，经过三天的反复品评和严苛的评审环节，最终只有不到1%的美酒被授予金奖。

长城桑干特级精选赤霞珠干红此番荣膺金奖，是长城葡萄酒卓越品质和优秀品牌影响力共同成长的结果，也是中国葡萄酒融入世界的最好见证。

整篇软文从"长城葡萄酒荣获布鲁塞尔金奖"这一新闻热点入手，对"长城葡萄酒"这一中国知名品牌进行介绍。可想而知，在该软文推出的时候，无疑会在中国葡萄酒行业内部掀起"巨浪"，由此引起的口碑效应必将十分巨大。

2．香港锦华月饼

中秋节是我国的传统节日，是我国的主要节日之一。月饼作为中秋节的一种饮食文化已经深入人心，中秋节吃月饼也是家喻户晓。

中秋未至，月饼先行，各种品牌的月饼早已使出浑身解数，月饼大战已经开演。无处不在的月饼广告，于公交车身、电视、广播等平台上开展市场抢滩战役。在众多的营销利器中，软文可以说是创意营销的代表。下面，我们以香港锦华月饼的软文营销策略为例，详解软文与口碑之间的关系。

（1）软文推广。软文推广从一早便开始进行，一般提前2个月，因为软文有一个准备的过程，在软文发布以后，搜索引擎还有一个记录的过程。香港锦华月饼的软文推广也是如此，早在中秋节的前2个月，锦华月饼便在各个媒体渠道上推出软文，如图9.13所示。

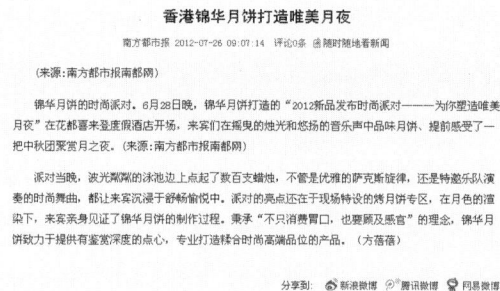

图 9.13　锦华月饼软文推广

（2）百度推广。这一部分包括百度问答、百度百科、搜搜文案、互动百科等，如图9.14所示。

图 9.14　锦华月饼百度推广

（3）活动推广。香港锦华月饼推出了以中年妇女为主力的活动内容，分别是"锦华月饼宝贝"和"家里你最行"。因为现在婆婆奶奶辈以及家中的当家妇女，掌握了一定的发言权，而且她们能够给企业起到很好的口碑宣传。

通过一系列推广活动，香港锦华月饼迅速占领了中秋月饼市场，当年的销量远超同类品牌，并获得一致好评。

9.3　软文营销与新闻营销

一般来说，在广告轰炸的年代中，对新闻的认可远远高于广告。因此早期的软文就被称为新闻性广告或广告性新闻，随着网络媒体环境的不断演化，"软文"一词进步深化，涉及范围已逐渐超出新闻的范畴。

前文中我们曾提到过软文与新闻之间的关系，两者其实是互相借鉴、紧密相连的，软文可以学习新闻营销的写作手法，新闻同时也能借助软文达到传播的目的。本节讲述的重点，便是各类新闻类软文，供大家参考。

9.3.1　认识新闻软文

新闻软文是软文营销的一种形式，是以新闻形式表现的营销。新闻软文是一种软文广告，软广告由于在形式上的隐蔽性和表达上的悬念性、完整性与可看性，抓住了消费者的心理，为企业的宣传起到了立竿见影的作用，如图 9.15 所示。

图 9.15　新闻软文

作为软文营销的主要组成部分，新闻软文具有以下营销优势。

（1）具有完整阐释功能。广告本身所具有的属性，决定了它不可以采取说理或陈述的方式来表现；但是，新闻就不一样了，它可以用文字把一件事说得明明白白，因此，新闻报道可以把企业要传达的目标信息传播得更准确、详尽。

（2）具有高性价比优势。一般来说，同样版面的企业新闻传播，成本只有广告的五分之一，甚至更低，对于那些广告预算紧张的企业，当然是非常划算的。

（3）具有及时传播特性。一个企业发生了具有对外宣传价值的重大事件，就必须在第一时间把信息传播出去，否则就失去了新闻价值。此时，只有启动新闻传播才能实现这个目的。

（4）具备危机公关职能。为什么许多企业发生危机事件后，第一时间想起的就是启动新闻传播？因为新闻传播具有危机公关的职能而广告不具备。

（5）具有二次传播特性。所谓"二次传播"，就是一个媒体首先发布出来之后，其他媒体纷纷转载，这样的事情屡见不鲜。

9.3.2　体育类软文

"关键的第三局呈现出胶着状态，徐寅生刚得一分，星野又紧跟着追上一分，比分一直很接近。当20：18 徐寅生领先时，他突然打出一记有力的直球球，星野猝不及防，被迫退到挡板附近放高球。星野放高球很有一手，'小徐有没有办法对付？'许多观众捏着一把汗。星野的高球在一次次地放，徐寅生一板板地扣杀。只见星野的高球越放越高，他几乎退到了五米挡板以外。这一放一杀，再放再杀，每放一次，观众鼓掌称绝，每杀一次，观众齐声叫好！星野的球放到一丈多高，徐寅生跳起连续猛扣，全身的重量仿佛要压在小小的乒乓球上。这凶猛的扣杀果然奏效，当他把第十二大板扣下时，星野已不能控制高球落点，球出界！乒乓球在地上轻轻跳动，徐寅生长舒一大口气，21：18，他险胜星野。局面一出现转机，观众心里绷紧的弦开始松弛了。"

——《中国青年报》

图9.16　体育比赛解说软文

体育类新闻软文与其他的软文写法并不一样，主要包括竞技的解说性、预测性、评述性、趣味性四个独有特性。

1．解说性

解说即解答和叙说，这一特征是体育新闻深受读者喜爱的主要因素。缺少以至于没有解说性的描写，就会失去体育新闻存在的基础，不会给人以真正的感染力，图9.16所示为《中国青年报》撰写的体育比赛软文。

2．预测性

运动场上波澜起伏、动人心魄的场面值得大写特写，赛场外的"激战前夜"也有文章可做，图 9.17 所示为一篇赛前分析软文。

> "……目前，对我女队威胁最大的首推南朝鲜和苏联两队。上届南朝鲜队失足于日本的伏兵，未进入前四名，但主力梁英子在单打中连闯我国选手耿丽娟、童玲、黄俊群三关，荣登'次席'。欧洲冠军苏联队在上两届世乒赛也都曾进入了前四名，虽未胜过中国队，但他们在欧洲首屈一指的双打，我队不容忽视。"
>
> ——《羊城晚报》

图 9.17　体育赛前分析软文

3．评述性

评述，即评论和叙述，也称述评。新闻是客观的，体育新闻的评述性特征体现了客观性，即对胜负双方在比赛中的表现，客观地、实事求是地进行评论、分析，以总结经验，吸取教训。

4．趣味性

"文武之道，一张一弛"。似排山倒海、万马奔腾的赛场拼搏令人亢奋，轻松愉快、诙谐幽默的描写也同样使人入迷，这就构成了体育新闻的趣味性特征。赛场花絮、运动员趣闻轶事对读者同样有吸引力。

9.3.3　时事类软文

时政新闻本身存在容易枯燥、干瘪、生硬、索然无味的问题，相对于社会新闻多渠道的来源，时政新闻软文的主要来源渠道大多"同一"，不是新闻发布会，就是领导讲话稿，或者是各部门的汇报材料、工作总结。那么，时事类新闻软文应该如何撰写呢？

（1）角度的选择。时政新闻一般关注者比较多，不过大家所选的角度也比较一致。要想出类拔萃，一定要寻找那些既有意义而旁人又忽略的角度来写。

不同的切入角度体现着不同的取舍和写作意图。报道所选的角度要做到立意新、题材新、表现手法新。

（2）结构的选择。结构就是"谋篇布局"，是指对材料的组织和安排的方法，它是思路外在形式的表现。文章结构的基本要求是：完整性、连贯性。不过要想写好，也离不开创新。

（3）材料的选择。主要分两项：第一是取舍。就是哪些材料要，哪些材料不要。第二是决定详略。就是哪些材料要详写，哪些材料要略写。

（4）风格的选择。在动笔写作之前必须考虑这篇文章用什么样的风格、文体来写。有时候因为文体、风格不对，整篇文章写出来会很别扭。时政类的风格比较严谨，写的时候要注意。

9.3.4   娱乐类软文

现在社会生活节奏越来越快，人们面临的各方面的压力也越来越大。除了需要了解社会上最新发生的重大事件或与自己相关的信息外，人们还迫切需要一些娱乐消遣的东西来缓减心理压力，而阅读娱乐新闻成为许多人放松的重要方式。

但是作为新闻的一种特殊类别，娱乐新闻却受到很多公众的质疑，娱乐新闻的写作也需要推广者专心斟酌，要尽量避免以下误区。

（1）娱乐新闻的庸俗化倾向；

（2）新闻炒作、假新闻现象严重；

（3）报道形式不注重新闻规范。

9.3.5   活动类软文

活动新闻软文的结构一般是：第一段写导语、主承办单位、参与人员；第二段主要写活动的过程、活动现场以及现场观众的反应；第三段则评论开展本次活动的意义。在撰写此类软文时，应该尤其注意以下几点。

（1）活动必须体现主题，参与人员的介绍要有层次感。每个活动都有自己的主题，主题很重要，它浓缩了整个活动的内容，在开篇介绍下活动主题，有助于读者首先把握活动的主要内容，活动的形式，如图9.18所示。

第七届株洲读书月活动方案

组织机构

主办单位：中共株洲市委、株洲市人民政府

承办单位：市委宣传部、市文化广电新闻出版局

协办单位：株洲军分区政治部、市直机关工委、市委农村工作部、市教育局、市民政局、市总工会、市妇联、市新华书店、市图书馆、各县市区委宣传部、文广新体局、株洲新闻网、市儒学会、市啦啦好儿童俱乐部

媒体单位：光明日报、湖南日报、红网、三湘都市报、潇湘晨报、长株潭报、株洲日报、株洲广播电视台、株洲新闻网、株洲网、株洲传媒网

图 9.18　活动类软文

（2）写作要紧扣活动主题。活动的主题是什么？整个活动的内容必然要体现活动的主题。

（3）要根据新闻稿投放的媒体，确定新闻事件的主角。

（4）活动程序要分清主次。在写活动程序的时候要分清这些程序的主次，活动都有主体部分，主体部分才是报道的重点。

（5）描写活动现场，一般采用总分式的段落写法，重点突出活动的特色。

第10章
软文误区风险防范

要点展示： 软文写作的误区
　　　　　　软文营销的误区
　　　　　　软文营销的风险

学前提示：

　　软文营销的普及，带动了相关企业以及市场的火热，众多商家企业开始关注并使用软文营销。可是在这个实践过程中，由于一些企业以及推广公司的不正规性，出现了许多营销方面的误区和风险，如何巧妙地避开和应对风险，成为了营销者们的工作重点。

10.1　软文写作的误区

与硬广告相比，软文不仅可以提升品牌的知名度、美誉度，同时发布在门户站点的软文更能增加网站外链，提升网站权重。然而，想要撰写出一篇好的软文并非易事，它对写作者的专业知识和文笔工夫有着很高的要求。不少站长和文案人员在创作软文时，往往因为没有把握住软文卖点而以失败告终。下面笔者就盘点一下软文创作过程中常见的五大误区。

10.1.1　文章主题不鲜明

不少朋友在创作软文时没有提炼出一个鲜明的主题，导致读者摸不清文章的意图何在，难以对文章产生深刻的印象，这就极大地削弱了文章的营销效果。事实上，一篇好的软文，应当使读者在看到标题的一瞬间就明白文章想要表达的主旨，也就是文章的立意所在，图 10.1 所示为黑冰客冰激凌的营销软文，通过标题以及正文，我们可以明确地知晓软文的主题，这是一篇较为成功的软文范例。

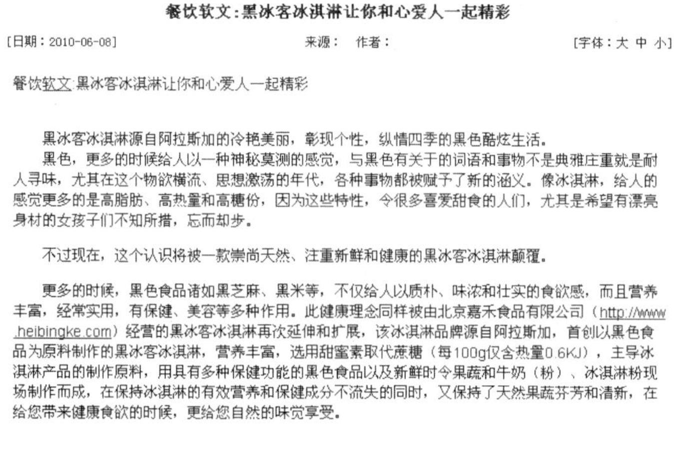

餐饮软文:黑冰客冰淇淋让你和心爱人一起精彩

[日期:2010-06-08]　　　　来源:　作者:　　　　　　　　[字体:大 中 小]

餐饮软文:黑冰客冰淇淋让你和心爱人一起精彩

黑冰客冰淇淋源自阿拉斯加的冷艳美丽，彰现个性，纵情四季的黑色酷炫生活。

黑色，更多的时候给人以一种神秘莫测的感觉，与黑色有关于的词语和事物不是典雅庄重就是耐人寻味，尤其在这个物欲横流、思想激荡的年代，各种事物都被赋予了新的涵义。像冰淇淋，给人的感觉更多的是高脂肪、高热量和高糖份，因为这些特性，令很多喜爱甜食的人们，尤其是希望有漂亮身材的女孩子们不知所措，忌而却步。

不过现在，这个认识将被一款崇尚天然、注重新鲜和健康的黑冰客冰淇淋颠覆。

更多的时候，黑色食品诸如黑芝麻、黑米等，不仅给人以质朴、味浓和壮实的食欲感，而且营养丰富，经常实用，有保健、美容等多种作用。此健康理念同样被由北京嘉禾食品有限公司（http://www.heibingke.com）经营的黑冰客冰淇淋再次延伸和扩展，该冰淇淋品牌源自阿拉斯加，首创以黑色食品为原料制作的黑色冰淇淋，营养丰富，选用甜蜜素取代蔗糖（每100g仅含热量0.6KJ），主导冰淇淋产品的制作原料，用具有多种保健功能的黑色食品以及新鲜时令果蔬和牛奶（粉）、冰淇淋粉现场制作而成，在保持冰淇淋的有效营养和保健成分不流失的同时，又保持了天然果蔬芬芳和清新，在给您带来健康食欲的时候，更给您自然的味觉享受。

图 10.1　主题明确的软文范例

举例来说,《××网站"星光灿烂,饕餮盛宴",圣诞特惠享不停》,这样的标题是我们经常看到的,存在缺少新闻点、未展现消费者利益以及字数过长三大问题。对于上面的标题,如果改成《家电也成圣诞礼物——××网站掀起圣诞购物潮》,这样标题就会变得更有新意,主题也更加鲜明。

10.1.2　开篇不够吸引人

其实,很多读者在阅读文章时,往往只会大概地浏览文章的标题和首段,并不会认真仔细地阅读全文,尤其对于篇幅较短的软文来说,文章的标题占据70%的重要性,图10.2所示为一篇成功的服装软文,标题和手段很有特色,能够吸引读者的关注。

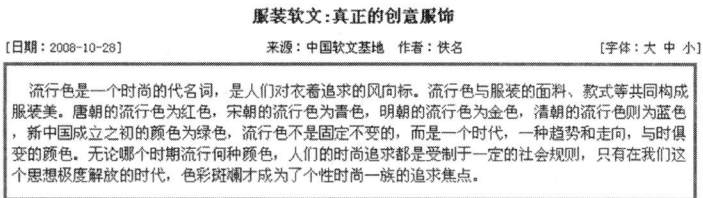

服装软文:真正的创意服饰

[日期:2008-10-28]　　　来源:中国软文基地　作者:佚名　　　[字体:大 中 小]

流行色是一个时尚的代名词,是人们对衣着追求的风向标。流行色与服装的面料、款式等共同构成服装美。唐朝的流行色为红色,宋朝的流行色为青色,明朝的流行色为金色,清朝的流行色则为蓝色,新中国成立之初的颜色为绿色,流行色不是固定不变的,而是一个时代,一种趋势和走向,与时俱变的颜色。无论哪个时期流行何种颜色,人们的时尚追求都是受制于一定的社会规则,只有在我们这个思想极度解放的时代,色彩斑斓才成为了个性时尚一族的追求焦点。

在这个时尚泛滥,色彩弥漫眼睛的时代,追求个性时尚的新兴人类开始迷茫,自己该选择哪一种颜色来表现自己的青春、个性与美丽?英国唯物主义哲学家贝克莱说:"我思故我在。"韩国太曼斯则认为:"我特我在。""流行是'新兴人类'表现个性魅力和风采的独特行为,除了一些表示她们共同特征的一股行为外,在许多方面特别是在穿着打扮上,他们不愿意赶时髦,随大流,反映出多样性的审美情趣和多元化的价值取向。韩国太曼斯抓住了年轻人这一心理特点,没有把自己的服饰设计的很高档、奢华,而是通过精心研究,发明了太曼斯变色服饰并创立了首家变色服饰连锁店。

图 10.2　文章标题和首段要吸引人

然而,不少站长在创作软文时往往忽视了标题和首段的重要性,将精力主要放在文章中间段落,导致标题和开头不够出彩,吸引不了读者的关注。

而所谓的出彩,并不意味着长度一定要长,事实上,能够引起读者好奇心的标题和短小精练的首段更能吸引住读者。

10.1.3　内容空洞无主题

有的文案人员在创作软文时,喜欢兜圈子,可以用一句话表达的意思非要反复强调，不但降低文章的可读性，还可能会令读者嗤之以鼻。尽管软文是广告的一种，但是它追求的是"润物细无声"，在无形中将所推广的信息传达给目标客户，过度地说空话、绕圈子，会有吹嘘之嫌。

此外，软文的目的是推广，因而每篇软文都应当有明确的主题，并围绕该主题进行文字创作。然而，有的站长在创作软文时偏离主题，乱侃一通，导致读者一头雾水，营销力也就大打折扣。

10.1.4　文章缺少说服力

好的软文应当用数据和事实说话，这样不但能通过事实性和专业性吸引读者关注，还能保证软文推广得到实质性的成果。然而，事实上不少站长在创作软文时通篇讲故事，缺少令人信服的数据，导致文章不够专业，缺乏说服力，客户又怎么会放心购买产品呢？

那么，软文撰写者应该如何增加文章的说服力呢？笔者从以下3点说起：

（1）在表述观念时，若是能找到详细数字，或许能预算大略的数字，则尽量不要用含糊的数字。比方，描绘一件羊毛衫的羊毛含量高有如下两种表述。

表述一：该款羊毛衫羊毛纯度高。

表述二：一般羊毛衫的羊毛含量为60%，该款羊毛衫经检测羊毛含量为80%。

明显第二种表述更具压服力。

（2）在表述详细时刻的时分，也是越详细越好。比方，报导创维云电视的公益活动有如下两种表述。

表述一：据介绍，本次由创维云电视主张的公益活动将于月底完毕。

表述二：本次由创维云电视主张的公益活动将于本月25日完毕。

明显也是第二种表述非常好。

（3）在借第三方的观念来佐证自个提出的观点时，第三方的称号若是能够检索到，则必定要发表，这样会显得对比客观。

10.1.5 推广意图太明显

尽管如今的消费者都很精明，能够很快地分辨一篇文章是否是软文，但是优秀的软文仍然能够对读者的消费心理产生引导作用，达到宣传品牌、提高产品销量的最终目的。

相反，当文章的广告动机过于明显，措辞夸张、文字浮夸时，读者便会产生抵触情绪，不但会放弃阅读，甚至会对你的品牌和产品产生质疑，毕竟，软文推广讲求的是一种春风化雨、润物无声的传播效果。

举例来说，如果你想向某位客户推广你的产品，请不要直截了当地说"请买我的产品，我的产品很好"，一般这样的推销都会适得其反，而是要先跟客户交朋友，聊聊兴趣、爱好或者给客户讲讲故事，最后再慢慢地涉及产品，也许这样客户会更容易接受，而软文正是将这样的一个过程书面化了。一开始会给客户讲故事，可能客户根本就看不出来这是个广告，而在阅读的过程中，也许会看到关于产品的一两个字眼，客户不会有反感，但却产生了些印象，这就是软文所需要达到的效果。

10.1.6 软文链接加得过多

软文是见效最快成本也最低的网站推广方式，同时也是站长最喜欢的推广方法。一篇文章加上几个网址或者超链接发到各大站长门户论坛，便能给网站带来几百甚至几千的 IP，提高了流量增加了网站的反向链接。

有些站长会在软文中加很多链接，文中会提到自己的网站，一些特点的关键词也会加上超链接，文末的出处更是必须要加链接的位置。有时候一篇文章站长会加七八个甚至十几个链接，相同的链接重复出现的不在少数。其实，笔者认为这样做并不会提高软文的点击率，相反可能会引起读者反感。

软文发出去最重要的目的是推广，推广的核心是网站的产品理念和服务，而不仅仅是网址，而且软文发出去的目的除了推广还要起到交流的作用，只有别人爱看，和站长相关，才能更好地传播出去。大部分的人是通过搜索相关内容才搜索到推广者的文章，而不是搜索网址，这进一步说明夹带太多的链接并不一定对网站推广有更好的效果。

10.2　软文营销的误区

软文营销是当前非常火爆的网络推广方式，凭借优秀的性价比获得了商家的青睐，成为继 SEO 营销之后又一个让无数站长投入其中的主流营销方式。然而，随着软文营销的流行，许多营销的误区也是层出不穷，下面笔者针对软文营销过程中常见的误区进行分析。

10.2.1　软文营销想起来才做

对于软文营销推广，有的客户一天发好多篇，天天在发；但也有的客户一年发一两次。笔者了解到，许多推广客户觉得软文可以做些口碑，但是直接带来客户的还是比较少，因此只是在工作之余才发几篇文章。

其实，软文营销是一个长期的过程，别想着只凭一篇软文就能带来多少流量和效益，也不是"三天打鱼，两天晒网"，不是今天发十篇，下个月想起来了再发几篇，毫无规律。

软文营销不是直接促成成交的推广，但长期有规律的软文发布可以提升企业品牌形象，提高潜在客户的成交率。潜在用户一般是通过广告认识企业，但最终让他们决定购买的往往是长期的软文催化，当用户长期见到这个品牌的软文，就会不知不觉地记住它，潜意识里会形成好印象，最后当用户需要相关产品时，就会购买了。

10.2.2　盲目追求门户网站

一般来讲，门户网站的影响力优于行业网站和区域门户，但媒体方案要根据实际市场来定，并不是都发到门户效果就好。例如，有客户是做影楼的，影楼营销的地域性强，区域门户更适合影楼的推广，当然不反对投一些权重高的门户，可以在文章的内容上做一些限定，同样可以锁定目标用户人群，但不能盲目追求门户，而没有抓住市场的实际需求。

10.2.3 软文营销就是发软文

软文营销的确需要发布软文，软文发布就是把软文发到一些网络新闻媒体上，比如有资金支持的可以发布到新浪、163、QQ 等门户网站，也可以发布到一些地方门户网站，还可以发布到 A5、chinaz 等站长网站，也可以发布到 SNS 社区网站，当然最简单的可以发布到相关论坛。

软文发布只要有媒体资源就可以做到，但软文营销远远不止这些。如果把软文营销比作一顿晚餐，那么软文发布就是一筐萝卜、青菜、肉等原材料。成功的软文营销需要一个整体的策划，根据企业的行业背景和产品特点策划软文营销方案，根据企业的市场背景做媒体发布方案，文案创意人员策划软文文案等。

10.2.4 营销成本压得过低

企业也想做软文营销，又想把成本压得足够低，这个想法可以理解，但是市场是容不得半点沙子的，一分价钱一分货，好的营销服务不会太便宜。

营销者需要明确几点：软文不是发布在什么网站都能起到效果，有的收录不了，媒体也没什么流量，发布上去也是与世隔绝的，虽然便宜但是没有任何价值，就跟我们去超市买了一些打折但无法食用的食品的道理一样。

10.2.5 软文发得越多越好

软文相对其他营销方式成本较低，成功的软文也有一定的持久性，一般软文成功发布后就会始终存在，除非发布的那个网站倒闭了。当然始终有效，并不马上见效，于是很多客户一天就发几十篇新闻稿软文到门户网站。

事实上，软文营销更重要的是质量，一篇高质量的软文胜过十几篇一般的文章。

10.2.6　软文就是在钓鱼

在软文营销过程中，有些人觉得软文就是在"钓鱼"，布好局后请君入瓮。其实，企业软文营销要做的是树立企业的品牌形象，打造忠诚的消费者和铁杆粉丝，引导客户购买商品只是一个方面。

10.2.7　发布平台随便选

目前，互联网上出现了很多软文发布的专业网站，旗下有各种软文发布的资源，这些软文媒体为了吸引更多的用户，会推出各种各样的套餐，比如将四大门户以及其他地方门户捆绑发布，从而降低软文营销商家的整体推广费用，看起来对于软文商家比较有利，但是这里面却不乏有些名堂，如果选择不当，反而给自己的软文营销带来反作用。

据笔者了解，目前很多软文发布商推出的套餐，往往和不同权重的网站进行捆绑销售，问题就出现在很多网页级别为6以上的高权重网站上，很多这样的网站特别是某些地方的新闻门户往往只花费了几个月的时间，就把权重提升到6以上，再捆绑到其他高质量的门户网站上进行发布，如果商家不注意，就很容易陷入发布的误区，这些短时间把权重提升到高水平的地方网站，花招儿很多，如果是通过作弊的方法提升的，那么发布在这些网站上的后果是非常严重的。

10.2.8　发布完成就结束

精心写作的软文通过权威软媒发布以后，很多商家就认为这次软文营销的过程就结束了，这种想法无疑也是错误的。

软文营销实际上是一个长期的过程，就算是软文在投放以后取得了不错的营销效果，那也不能忘记对这些软文进行二次维护，特别是发布到一些高权重的论坛上，如果不进行维护，那么软文是很容易沉底的，能够展现在第一页的时间非常短暂，所以适当的维护有助于把软文营销的最大潜力挖掘出来。

10.3　软文营销的风险

软文营销对企业，尤其是中小企业的品牌推广和知名度提高具有巨大的推动作用。但是问题仍然很多，图 10.3 所示为当前软文营销领域存在的问题及风险。

图 10.3　软文营销行业的问题

10.3.1　操作风险

所谓操作风险，是指由于不完善或有问题的内部操作过程、人员、系统或外部事件而导致的直接或间接损失的风险。软文营销在操作上的风险主要集中在软文的创作以及发布上。

1．产品过度包装

月饼过度包装的新闻早已屡见不鲜，如图 10.4 所示。过度包装不仅造成了资源的浪费，也有欺骗消费者的嫌疑。软文营销也是一样，适度包装能够宣传产品，而过度包装则会给人"吹牛皮"的感觉，营销效果适得其反。

图 10.4　产品过度包装

其实软文营销就像销售人员向人推介商品一样，难免会出现"王婆卖瓜，自卖自夸"的现象，信誓旦旦地保证产品效果，费尽心机地介绍产品卖点，绞尽脑汁地推销公司产品，但是因为客户的质疑、不信任或者不接受，难免出现宣传产品时夸大其词的现象：

例如，某股权融资公司在商业计划书以及相关资料不全的情况下，找一家软文公司对自己进行包装，一味强调"该项目肯定能赢利""选择我公司可以保证零风险"等，如此包装只会害人害己。

又如某农资产品的介绍"我公司这个产品含有进口助剂，效果非常好"，而究竟是什么助剂，根本说不上来；又提出"我公司这个产品在全国都十分畅销，牢牢占据冠军位置"，而根本毫无具体数据可言，如此夸大其词只是在欺骗消费者上当。

当然，市面上关于此类"夸大其词"的软文案例并不在少数，图10.5所示即为对"无酒精香水"产品的解密，文中对某些小公司为了销量而对"无酒精香水"夸大其词的现象进行了揭露。

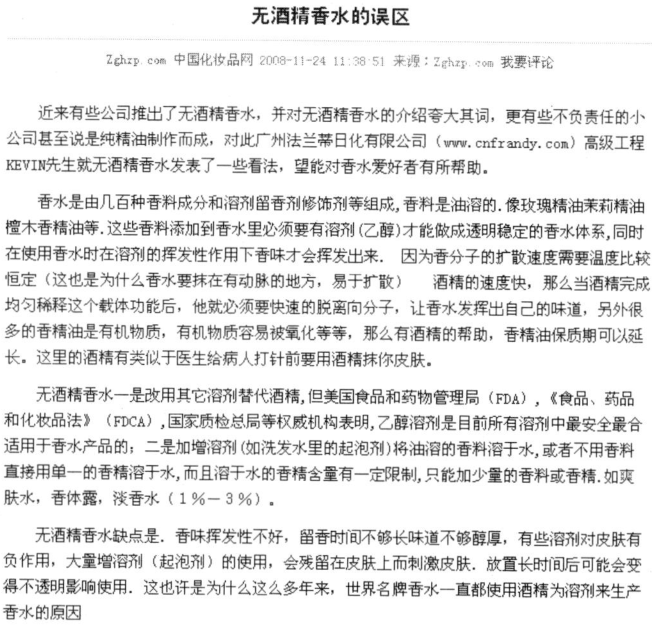

无酒精香水的误区

Zghzp.com 中国化妆品网 2008-11-24 11:38:51 来源：Zghzp.com 我要评论

近来有些公司推出了无酒精香水，并对无酒精香水的介绍夸大其词，更有些不负责任的小公司甚至说是纯精油制作而成，对此广州法兰蒂日化有限公司（www.cnfrandy.com）高级工程KEVIN先生就无酒精香水发表了一些看法，望能对香水爱好者有所帮助。

香水是由几百种香料成分和溶剂留香剂修饰剂等组成，香料是油溶的.像玫瑰精油茉莉精油檀木香精油等.这些香料添加到香水里必须要有溶剂(乙醇)才能做成透明稳定的香水体系，同时在使用香水时在溶剂的挥发性作用下香味才会挥发出来.因为香分子的扩散速度需要温度比较恒定（这也是为什么香水要抹在有动脉的地方，易于扩散）酒精的速度快，那么当酒精完成均匀稀释这个载体功能后，他就必须要快速的脱离分子，让香水发挥出自己的味道，另外很多的香精油是有机物质，有机物质容易被氧化等等，那么有酒精的帮助，香精油保质期可以延长.这里的酒精有类似于医生给病人打针前要用酒精抹你皮肤。

无酒精香水一是改用其它溶剂替代酒精，但美国食品和药物管理局（FDA），《食品、药品和化妆品法》（FDCA），国家质检总局等权威机构表明，乙醇溶剂是目前所有溶剂中最安全最合适用于香水产品的；二是加增溶剂(如洗发水里的起泡剂)将油溶的香料溶于水，或者不用香料直接用单一的香精溶于水，而且溶于水的香精含量有一定限制，只能加少量的香料或香精.如爽肤水，香体露，淡香水（1%－3%）。

无酒精香水缺点是.香味挥发性不好，留香时间不够长味道不够醇厚，有些溶剂对皮肤有负作用，大量增溶剂（起泡剂）的使用，会残留在皮肤上而刺激皮肤.放置长时间后可能会变得不透明影响使用.这也许是为什么这么多年来，世界名牌香水一直都使用酒精为溶剂来生产香水的原因

图10.5　揭露夸大其词的软文

专家提醒

··

针对这类营销风险，营销者或是推广团队应该如何避免呢？可以从下三点做起：（1）真正了解产品或者服务。（2）查询相关行业的法律法规，对比国家行业标准。（3）利用网络搜索企业的产品或者服务的实际效用。

··

2．软文质量过低

这个"风险"是普遍存在的，因为很多企业并没有专业的软文写手，尤其是中小企业，营销费用的不足使得企业软文撰写质量不高。并且，一些低质量软文站点也占据着一大部分市场，中小企业要尤其注意这个风险。

那么，这些企业应该如何做呢？办法有两个：一是加强学习，了解软文营

销的流程，掌握软文撰写的基本技巧；二是聘请专业的软文营销团队，因为他们不像广告公司和公关公司那样业务范围比较广，他们专注于软文撰写，软文质量很高。

此外，对于一些低质量软文站点也要取缔，而常用的评判站点软文质量高低的工具是"百度绿萝算法"。

百度绿萝算法是百度于 2013 年 2 月 19 日上线的一种搜索引擎反作弊的算法。该算法主要打击超链中介、出卖链接、购买链接等超链作弊行为。该算法的推出有效制止恶意交换链接，发布外链的行为，有效净化互联网生态圈，如图 10.6 所示。

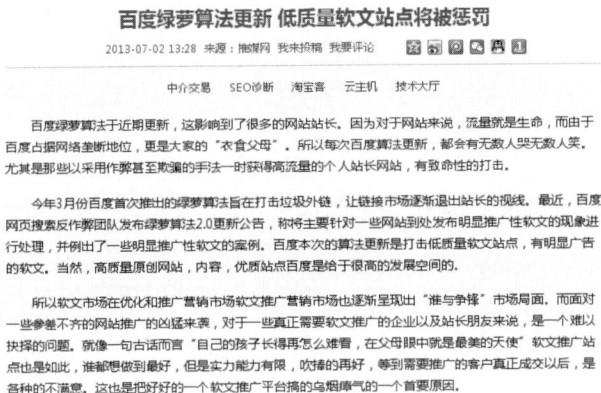

图 10.6　绿萝算法打击低质量软文站点

3．软文单独投放

所谓单独投放，是指软文推广放弃组合和变化，因为企业推广的偏好性，只认准一个平台或方向，例如有些老牌企业对报刊等实体渠道比较偏爱，便会仅仅通过该渠道进行营销，而放弃其他营销方式。

其实，软文的投放同样需要组合和变化，为什么呢？因为产品宣传的根本目的在于寻找目标客户，最终完成产品销售。而要将软文投放到覆盖所有目标客户的所有媒体并不现实，所以营销者需要在明确了客户需求定向的前提下，利用投放组合变化寻求最大的资源量，达到营销的最佳效果。

那么，软文投放有哪些定向方式呢？总结起来，主要包括人群定向、主题词定向、网站定向三种方式，如图 10.7 所示。

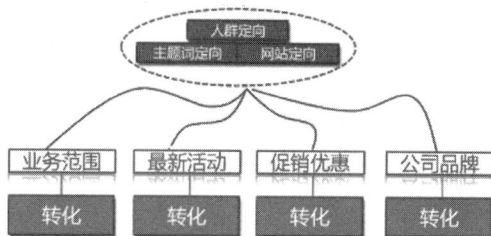

图 10.7 软文组合定向方式

专家提醒

使用多种定向的方式，可以覆盖不同途径获取信息的目标需求人群，同时可以更大范围进行企业信息的传递，使有需求的人群能够及时满足需求，从而获得更多的转化。

4．爆料没有原则

在前文中，我们曾提到过软文撰写的创意招数：爆内幕。这种方式主要是利用人们的好奇心，吸引人们的关注，因为心理学研究表明：人们对于隐私性的内幕总是充满极大的兴趣。

因此，很多企业尝试着从爆内幕的角度切入，撰写爆料类软文，收获了不少关注度。不过，对于行业内部的爆料软文应该坚持适度原则，对于确实存在的行业问题爆料是无可厚非的，可是如果是为了诋毁同行，将会得不偿失。

首先我们来看一篇爆料失败的软文案例，2005 年，嘉裕东方公司

嘉裕长城事件引爆行业丑闻 年份葡萄酒身份不可信

当你在酒店里享用着价格高出普通葡萄酒数倍的"年份酒"时，可曾意识到你正在成为生产商和经销商心目中的"标准冤大头"？"市场上的'年份酒'多数都不准确，可以肯定的说，凡标注1998年以前的'年份酒'身份都很可疑。"葡萄酒行业专家向记者曝出惊人内幕，我国葡萄酒生产企业普遍存在"年份酒"不规范现象。

而刚被媒体曝光虚假标注年份酒的嘉裕东方葡萄酒有限公司昨天也公开表示：在国家相关葡萄酒标准出台之前，将在行业内率先不生产"年份酒"。

昨天下午4时，嘉裕东方公司紧急约见京城各路媒体。公司总经理苏诚介绍说，从2004年9月开始，嘉裕东方公司就因为和中粮集团的商标诉讼案执行了法院的要求，"嘉裕长城"牌葡萄酒全部停止生产和销售。苏诚承认公司产品确实存在虚假标年份的问题。但他同时直称，这种不规范操作在葡萄酒行业内几成"惯例"，因此公司决定在相关规范出台前不再涉足"年份酒"生产。"我们已经在去年停止销售了，怎么还成了'年份酒'问题被打的'出头鸟'？"嘉裕东方公司一位负责人私下对记者抱怨"遭受了不公平待遇"。

难道"年份酒"问题真的像嘉裕东方公司说的那样"行业操作不规范"？记者昨天在一些超市和商场看到，如今标有"xx年份"的葡萄酒越来越多，其中最引人注目的是已经热销了好几年的标着"92年份"的葡萄酒。然而，中国食品工业协会葡萄酒果酒专家委员会执行主任、葡萄酒果酒评酒专家组组长陈泽义在今天接受记者采访时，证实了嘉裕东方公司的说法。（记者 杨滨）

图 10.8 爆料内幕

总经理苏诚在北京商房大厦召开的新闻发布会上说："中国市场上贴有1992年生产的葡萄酒，几乎都不是1992年生产的。"之后，嘉裕东方公司生产的嘉裕长城年份酒，被央视《每周质量报告》栏目曝光生产年限与标签不符，如图10.8所示。

原本打算利用"爆内幕"火一把的嘉裕葡萄酒发现"搬起了石头砸了自己的脚"，无法自证的嘉裕承认产品虚标年份，并说这是行业普遍现象，最终该"闹剧"以产品停售告终。

其实，只要爆料有技巧，即使是对营销不利的因素，也可以成为宣传的助力。2013年5月6日，一则关于"南京琥珀森林"的爆料微博引起了众网民的关注，该微博博主在其微博上称南京琥珀森林为"南京绝版墓地楼盘"，并爆料称："据说，琥珀森林正在考虑和楼盘附近公墓管理方联系，以买一送一的方式，提升销售率。"如图10.9所示。

图 10.9　爆料微博

该微博言论调侃其"傍大款"，更称"每天晚上可以看免费的3D恐怖片"，让这一营销模式以画面式极其生动地呈现在了众人面前。

暂且不论这一"据说"是否属实，那些关注过或没关注过"琥珀森林"的民众都会不约而同地想去了解这么一个楼盘，在何方，价格几许。从一方面而言，宣传目的已经达到，此次营销手段已经成功。

关于行业内幕爆料，我们不得不提伊利与蒙牛之间的那场"诽谤之战"，两家企业利用新闻软文以及网络媒体，进行了一场品牌大战。

2010年8月初，有媒体报道"圣元奶粉被疑致女婴性早熟"，一时间，圣元乳业千夫所指，在百般澄清之后，卫生部介入该事件，并于当年8月15日公开宣布调查结果：湖北三例婴儿性早熟事件与圣元奶粉无关。可是因此造成的负面影响难以消除，这次事件被称为"圣元事件"。

同年7月，一则有关"深海鱼油造假严重"的新闻开始在网络上流传，攻击添加深海鱼油的产品不能食用。随后，"鱼油事件"的最后矛头被指向伊利集团生产的"QQ星儿童奶"，"鱼油事件"也一度传得沸沸扬扬。图10.10所示为"圣元事件"和"鱼油事件"的相关报道。

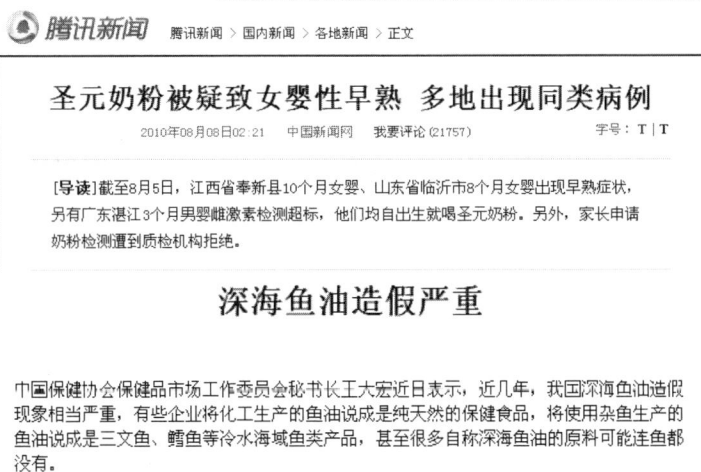

腾讯新闻　腾讯新闻 > 国内新闻 > 各地新闻 > 正文

圣元奶粉被疑致女婴性早熟 多地出现同类病例

2010年08月08日02:21　中国新闻网　我要评论(21757)　　字号：T|T

[导读]截至8月5日，江西省奉新县10个月女婴、山东省临沂市8个月女婴出现早熟症状，另有广东湛江3个月男婴雌激素检测超标，他们均自出生就喝圣元奶粉。另外，家长申请奶粉检测遭到质检机构拒绝。

深海鱼油造假严重

中国保健协会保健品市场工作委员会秘书长王大宏近日表示，近几年，我国深海鱼油造假现象相当严重，有些企业将化工生产的鱼油说成是纯天然的保健食品，将使用杂鱼生产的鱼油说成是三文鱼、鳕鱼等冷水海域鱼类产品，甚至很多自称深海鱼油的原料可能连鱼都没有。

图10.10　"圣元事件"和"鱼油事件"

这两起事件仅是一个开端，在事发2个多月后的2010年10月19日晚，一篇标题为《圣元奶粉事件幕后黑手是蒙牛》的帖子开始疯传于网络。该帖子爆料称，"圣元奶粉性早熟事件是蒙牛乳业有组织、有预谋、有计划、有步骤周密策划出来的"。并称经公安机关查实，蒙牛集团总裁助理杨再飞、蒙牛集团高管安勇等人及北京博斯智奇公关顾问有限公司、北京戴斯普瑞网络营销顾问有限公司等数人涉案。

一时间，关于蒙牛的负面传闻又开始掀起波澜。此后，伊利公司对外表示，伊利7月即因"QQ星事件"向警方报案，蒙牛公司相关人员及涉案公关公司的员工已被拘留，另有部分在逃人员正在全国通缉中。

随后，呼和浩特警方也对外证实，蒙牛儿童奶产品经理安勇及北京博思智奇公关公司三名员工确已因毁坏伊利商业信誉被拘。蒙牛随后也对外承认上述事实，但蒙牛否认"圣元事件"与蒙牛公司及其员工有关。

紧接着，蒙牛与伊利之间的"论战"开始了。2010年10月20日，蒙牛对外发布"关于蒙牛被诬陷策划'圣元性早熟事件'的声明"，称"蒙牛集团从未策划、组织、实施任何与'圣元奶粉性早熟事件'有关的活动"。蒙牛还表示已就此事向警方报案，并保留将之前的诽谤、中伤事件真相公诸于众的权利。

10月21日，伊利集团在官网上发布了"竞争企业恶意攻击事件的说明"，表示经警方缜密侦查，这起利用网络媒体恶意损害伊利集团商业信誉、商品声誉的案件已被侦破，此案涉及蒙牛乳业、北京博斯智奇公关顾问有限公司、北京戴斯普瑞网络营销顾问有限公司相关人员。

10月22日凌晨，蒙牛集团又在官网上发布了"关于'安勇事件'及诽谤与被诽谤的声明"。声明称，"安勇事件"确系其个人行为，并非蒙牛集团的企业行为，而北京博思智奇公关顾问有限公司总经理杨再飞并非蒙牛公司员工。蒙牛同时就"安勇事件"向相关方面及消费者致歉。

10月25日，某报刊记者分别登录蒙牛和伊利官网，两家网站在显要位置均贴出了大量有关此次诽谤事件的声明及相关新闻报道，并分别将自己掌握的证据、资料公布出来，指责对方利用恶性口碑营销陷害自己，两家同城兄弟的"相煎"公开化，而通过两者的不断爆料内幕，对双方造成的伤害也逐渐增大，如此通过"打击同行业"的营销手段也渐渐脱离了市场的本质。

通过以上案例，我们可以发现：企业爆料营销必须慎重，要坚持以下爆料原则，以免弄巧成拙，害人害己。

（1）保证自身产品过硬，不给对手或者消费者留下把柄。

（2）爆料要适度，万不可因为爆料过度而引起行业公愤。

（3）爆料只点现象，切忌点名批评。

专家提醒

....

内幕软文虽然可获得超高的点击率，但是现在网民对广告的判断能力越来越强，如何才能让读者读完文章，对宣传的内容留下一定的印象呢？这就在于内幕软文的写作技巧。内幕软文写作首先应多参考一些内幕文章的写作技巧，开篇最好曲折，行文最好具有传奇色彩，同时还要注意档案、资料的收集和背景知识的掌握，这样才有利于成功编写一篇内幕软文。

....

5．软文书写错误

众所周知，报纸杂志在出版之前，都要经过严格审核，保证文章的正确性和逻辑性，尤其是涉及重大事件或是国家领导人，一旦出错就需要追回重印，损失巨大，如图 10.11 所示。

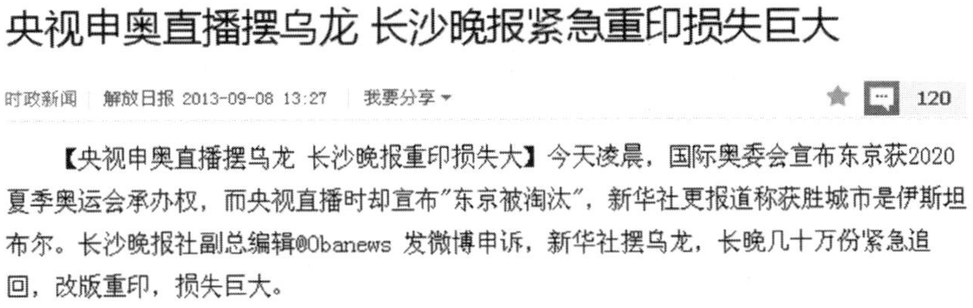

央视申奥直播摆乌龙 长沙晚报紧急重印损失巨大

时政新闻 ｜ 解放日报 2013-09-08 13:27 我要分享▼　　　　　　　　☆ ▢ 120

【央视申奥直播摆乌龙 长沙晚报重印损失大】今天凌晨，国际奥委会宣布东京获2020夏季奥运会承办权，而央视直播时却宣布"东京被淘汰"，新华社更报道称获胜城市是伊斯坦布尔。长沙晚报社副总编辑@Obanews 发微博申诉，新华社摆乌龙，长晚几十万份紧急追回，改版重印，损失巨大。

图 10.11　报刊错误重印

软文常见的书写错误包括文字、数字、标点符号以及逻辑错误等方面，软文撰写者必须严格校对，防止校对风险的出现。

（1）文字错误。软文中常见的文字错误为错别字，如一些名称错误，包括企业名称、人名、商品名称、商标名称等。对于软文尤其是营销软文来说，错别字可能会影响软文的质量，这种错误在报纸中显得尤为重要。

例如报纸的定价，有些报刊错印成了"订价"，还错误地解释为"订阅价"，不是报纸完成征订后的实际定价，好像发布广告时是一个价，到订报纸时是另一个价，这必定是不符合实际的。

（2）数字错误。参考国家《关于出版物上数字用法的试行规定》《国家标准出版物上数字用法的规定》及国家汉语使用数字有关要求，数字使用有三种情况：一是必须使用汉字，二是必须使用阿拉伯数字，三是汉字和阿拉伯数字都可用，但要遵守"保持局部体例上的一致"这一原则，在报刊等文章校对检查中错得最多的就是第三种情况。

例如"1 年半"，应为"一年半"，"半"也是数词，"一"不能改为"1"。再如，夏历月日误用阿拉伯数字，"8 月 15 中秋节"应改为"八月十五中秋节"，"大年 30"应为"大年三十"，"丁丑年 6 月 1 日"应改为"丁丑年六月一日"。还有世纪和年代误用汉字数字，如"十八世纪末""二十一世纪初"应写为"18 世纪末""21 世纪初"。

此外，较为常见的还有数字丢失，如"中国人民银行 2006 年第一季度货币供应量 2.5 亿元"。我们知道，一个大型企业每年的信贷量都在几十亿元以上，整个国家的货币供应量才 2.5 亿元？所以，根据推测应该是丢失了"万"字，应为"2.5 万亿元"。

再如，"2005 年韩国人均 GDP1400 美元"。韩国是亚洲四小龙之一，经济发展非常迅速，岂能只有 1400 美元？我国人均 GDP 都达到 1000 美元，所以，可以肯定地说掉了一个"0"，应为"1.4 万美元"。

（3）标点错误。无论哪种文章中，标点符号错误都是应该尽力避免的。在软文创作中，常见的标点错误包括以下几种。

一是引号用法错误。这是标点符号使用中错得最多的。不少报刊对单位、机关、组织的名称，产品名称、牌号名称都用了引号。其实，只要不发生歧义，名称一般都不用引号。

二是书名号用法错误。证件名称、会议名称（包括展览会）不用书名号。但有的报刊把所有的证件名称，不论名称长短都用了书名号，这是不合规范的。

三是分号和问号用法常见错误。这也是标点符号使用中错得比较多的。主要是简单句之间用了分号。不是并列分句，不是"非并列关系的多重复句第一层的前后两部分"，不是分行列举的各项之间，都使用了分号，这是错误的。

还有的两个半句合在一起构成一个完整的句子，但中间也用了分号。有的句子已经很完整，与下面的句子并无并列关系，应该用句号，却用成了分号，这也是不对的。

（4）逻辑错误。所谓逻辑错误是指软文的主题要明确，全文逻辑关系要清晰，不存在语意与观点相互矛盾的情况，图 10.12 所示为逻辑错误案例。

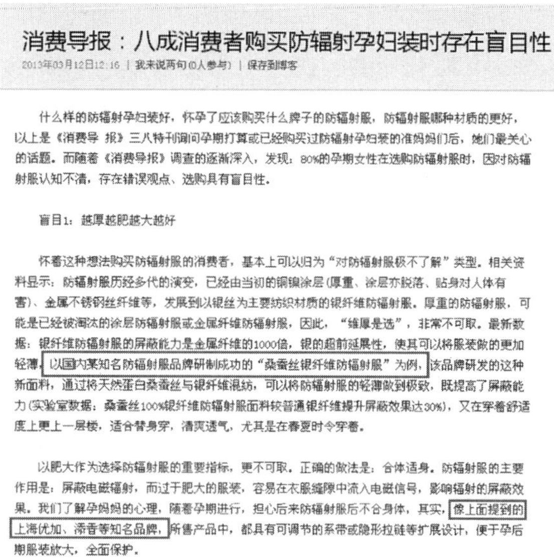

消费导报：八成消费者购买防辐射孕妇装时存在盲目性

2013年03月12日12:16 | 我来说两句(0人参与) | 保存到博客

什么样的防辐射孕妇装好，怀孕了应该购买什么牌子的防辐射服，防辐射服哪种材质的更好，以上是《消费导 报》三八特刊询问孕期打算或已经购买过防辐射孕妇装的准妈妈们后，她们最关心的话题。而随着《消费导报》调查的逐渐深入，发现：80%的孕期女性在选购防辐射服时，因对防辐射服认知不清，存在错误观点、选购具有盲目性。

盲目1：越厚越肥越大越好

怀着这种想法购买防辐射服的消费者，基本上可以归为“对防辐射服极不了解”类型。相关资料显示：防辐射服历经多代的演变，已经由当初的铜镍涂层(厚重、涂层亦脱落、贴身对人体有害)、金属不锈钢丝纤维等，发展到以银丝为主要纺织材质的银纤维防辐射服。厚重的防辐射服，可能是已经被淘汰的涂层防辐射服或金属纤维防辐射服，因此，“维厚是选”，非常不可取。最新数据：银纤维防辐射服的屏蔽能力是金属纤维的1000倍，银的超前延展性，使其可以将服装做的更加轻薄，以国内某知名防辐射服品牌研制成功的“桑蚕丝银纤维防辐射服”为例，该品牌研发的这种新面料，通过将天然蛋白桑蚕丝与银纤维混纺，可以将防辐射服的轻薄做到极致，既提高了屏蔽能力(实验室数据：桑蚕丝100%银纤维防辐射服面料较普通银纤维提升屏蔽效果达30%)，又在穿着舒适度上更上一层楼，适合替身穿，清爽透气，尤其是在春夏时令穿着。

以肥大作为选择防辐射服的重要指标，更不可取。正确的做法是：合体适身。防辐射服的主要作用是：屏蔽电磁辐射，而过于肥大的服装，容易在衣服缝隙中流入电磁信号，影响辐射的屏蔽效果。我们了解孕妈妈的心理，随着孕期进行，担心后来防辐射服后不合身体，其实，像上面提到的上海优加、添香等知名品牌，所售产品中，都具有可调节的系带或隐形拉链等扩展设计，便于孕后期服装放大，全面保护。

图 10.12　逻辑错误软文范例

在上述案例中，本来是以“国内某知名品牌”代称的，而在紧接着的下文中，出现了“像上面提到的上海优加、添香等知名品牌”等字眼，如此前后不一的逻辑错误应该引起软文撰写者的注意。

6．软文原创性低

有些企业奉行“天下文章一大抄”原则，在软文营销中一味抄袭成功范例，无形中损失了大量客户，图 10.13 所示为腾讯 QQ 与奇虎 360 之间的软文论战。

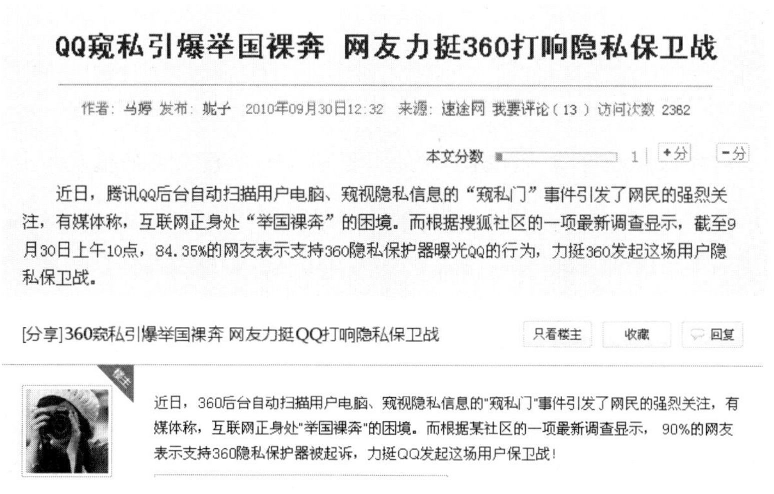

QQ窥私引爆举国裸奔　网友力挺360打响隐私保卫战

作者：马婷 发布：妮子　2010年09月30日12:32　来源：速途网 我要评论（13）访问次数 2362

本文分数　1 | +分 | -分

近日，腾讯QQ后台自动扫描用户电脑、窥视隐私信息的“窥私门”事件引发了网民的强烈关注，有媒体称，互联网正身处“举国裸奔”的困境。而根据搜狐社区的一项最新调查显示，截至9月30日上午10点，84.35%的网友表示支持360隐私保护器曝光QQ的行为，力挺360发起这场用户隐私保卫战。

[分享]360窥私引爆举国裸奔 网友力挺QQ打响隐私保卫战　只看楼主　收藏　回复

近日，360后台自动扫描用户电脑、窥视隐私信息的"窥私门"事件引发了网民的强烈关注，有媒体称，互联网正身处"举国裸奔"的困境。而根据某社区的一项最新调查显示， 90%的网友表示支持360隐私保护器被起诉，力挺QQ发起这场用户保卫战！

图 10.13　腾讯 QQ 与奇虎 360 之间的软文论战

目前的软文创作中，常见的抄袭行为包括以下几种。

（1）版权修改。在一些开放性的软文网站，如 A5 站长网，软文大多是原创性的，但是经过百度文库或豆丁网的转载之后，文章后边的链接就会被消除，甚至连"转载"二字都没有，这一点让原创者很受伤。

（2）段落修改。这也是一种常见的情况。找一些已经通过的好文章，进行标题和内容的简单修改。一般而言，只要将内容前面一些部分改掉的话，后面一部分都是很好通过的。

（3）创意"分享"。这是一种隐性的抄袭，从文章表面上看，标题段落看似没有雷同。可是深入探究，会发现文章的创意主题完全是抄袭他人，常见的做法是用自己的话"转述"他人的想法和主题。

10.3.2　道德风险

道德风险是 20 世纪 80 年代西方经济学家提出的一个经济哲学范畴的概念，即"从事经济活动的人在最大限度地增进自身效用的同时做出不利于他人的行动"，或者说是，当签约一方不完全承担风险后果时所采取的使自身效用最大化的自私行为。道德风险亦称道德危机，通常由信息不对称问题引起。

在经济活动中，道德风险问题相当普遍。获得 2001 年度诺贝尔经济学奖的斯蒂格里茨在研究保险市场时，发现了一个经典的例子：

美国一所大学学生自行车被盗比率约为 10%，有几个有经营头脑的学生发起了一个对自行车的保险，保费为保险标的的 15%。按常理，这几个有经营头脑的学生应获得 5% 左右的利润。但该保险运作一段时间后，这几个学生发现自行车被盗比率迅速提高到 15% 以上。何以如此？这是因为自行车投保后学生们对自行车安全防范措施明显减少。

在这个例子中，投保的学生由于不完全承担自行车被盗的风险后果，因而采取了对自行车安全防范的不作为行为。而这种不作为的行为，就是道德风险。可以说，只要市场经济存在，道德风险就不可避免。

那么，软文中发生的道德风险是指什么呢？软文的道德风险又有哪些表现，以及该风险应该如何应对呢？接下来会一一做出解答。

对于企业来说，高知名度是营销的目的，但是营销需要有度，如果与社会相悖的营销案例，企业应该尽量避开，不能一味追求网民的关注，而忽略了企业的美誉度。

1．恶性炒作

炒作，是公共关系与营销策略之间的一种巧妙结合，是以新闻报道的形式进行产品信息、品牌形象传播，目的在于提高企业知名度和美誉度，最后达到促进产品销售或塑造企业品牌的目的。

专家提醒

出色的新闻炒作有三个层面的应用：思维创新、品牌传播与事件营销。不同层面的新闻炒作会有不同的效果。

炒作的核心是新闻事件而不是广告语言，也就是说，炒作必须首先要有新闻，通过强化新闻要素，使商业事件成为适合媒体运用的新闻材料，从而不知不觉中影响受众，让受众在获取新闻的同时接受某种商业信息。

也就是说，新闻炒作的前提是制造真正的新闻事件，提供真正的新闻信息，只一味通过"软文""有偿新闻"等来发布缺乏新闻要素的"新闻"，以期引起公众的注意，这就不"道德"，如图10.14所示。

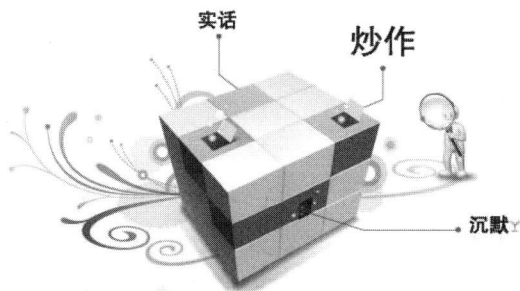

图 10.14　炒作

如今，恶性炒作的案例屡见不鲜，许多明星都曾想利用炒作使自己"红起来"，这跟企业软文营销的目的是一样的，可是一些炒作手法实在拙劣，反而起了反作用。

2．内容不当

软文营销要讲道德，违背社会良俗的文章尽量不要去写。这个风险主要集中在边缘企业，如成人用品、内衣行业、游戏产业，那么如何把握这个度就成为了关键，其实只要软文写得好，读者完全不会反感。

10.3.3　法律风险

有人可能会有疑问："我随手写一篇文章怎么会违法呢？"其实，关于软文的法律法规有很多，常见的风险包括侵犯他人名誉权、著作权、肖像权等，无论是对企业，还是对软文营销公司来说，法律风险都应该被重点关注，并坚决规避。下面我们结合具体实例，进行详细分析。

1．著作权风险

为了深入了解著作权，我们先来看一篇来自于《郑州晚报》的报道。

被网友称作"小紫"的曹晓丽是新浪网的签约情感写手。2008 年，她在新浪以"夏季紫罗兰"的网名开博以来，如今点击量已达到 4500 多万。

曹晓丽说，她根据一位女网友的倾诉，写了一篇情感博文，没想到被变身为减肥广告软文发在了《知音》上，而且文中的 3 位主人公的名字都没有改。这个减肥广告软文发出后，曹晓丽不仅受到倾诉女网友的"谴责"，不知情的网友也对她"另眼相看"。

为了维护自己的名誉，她将《知音》和广告商及郑州一家书店告上法庭。据悉，这也是河南博客著作权第一案。"

这是一个典型的侵犯著作权的案例，《知音》杂志在未经作者授权的情况下，将原文稍微改头换面，作为减肥广告软文刊登出来，是侵犯作者著作权的行为。

那么，什么是著作权呢？著作权也称版权，是指作者及其他权利人对文学、艺术和科学作品享有的人身权和财产权的总称。分为著作人格权与著作财产权。其中著作人格权的内涵包括了公开发表权、姓名表示权及禁止他人以扭曲、变更方式利用著作损害著作人名誉的权利。

而侵犯著作权罪，是指以营利为目的，违反著作管理法规，未经著作权人许可，侵犯他人的著作权，违法所得数额较大或者有其他严重情节的行为。一直以来，侵

图10.15 侵犯著作权案例

犯著作权的案例就层出不穷，图10.15所示为相关新闻案例。

那么，软文创作中应该如何规避著作权风险呢？相关法律规定：著作权要保障的是思想的表达形式，而不是保护思想本身，即"保护文字，不保护思想"，因此软文撰写者必须要坚持原创，并且做到注明引用出处，这一点我们在软文营销的操作风险中已经解释，此处不再赘述。

2．名誉权风险

首先我们看一下《中国质量报》第六版刊登的一篇报道。

北京市海淀区法院近日审结了一起某加油站状告网站侵犯名誉权案。法院判决网站向加油站出具书面致歉信，赔偿公证费1100元及侵权赔偿金2000元。

加油站所属公司诉称，其在百度搜索本公司加油站时，发现某网站上刊登了一篇题目为"某加油站有猫腻消费者投诉无门"的文章。该文章内容与事实不符，对公司构成了负面影响，故向网站提出异议，要求其予以删除。但网站不予理睬，公司便起诉至法院，要求网站断开链接，删除相关图文内容；消除影响、恢复名誉、赔礼道歉，并赔偿损失10万元。

图10.16所示为该网站刊登的侵权文章，文章主要内容为该加油站加油计量不准确，且与石油公司相互"踢皮球"导致消费者投诉无门。经核查，涉诉加油器具均有北京市海淀区计量检测所出具的相关检定证书，足以证明其计量准确。在诉讼过程中，该网站自行将涉诉文章的网络链接断开。

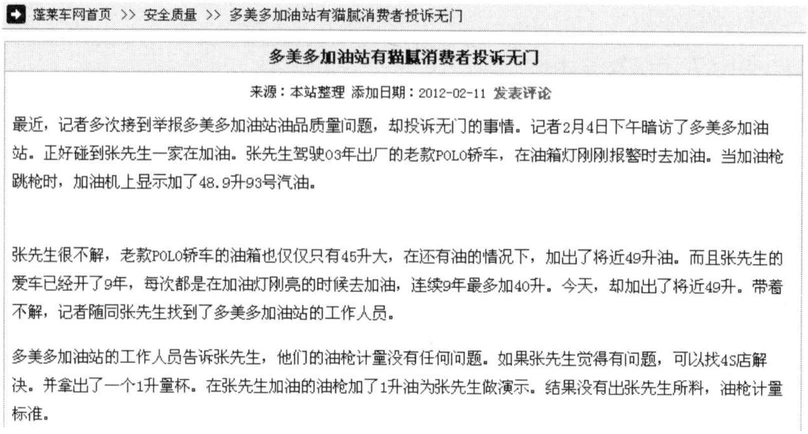

莲莱车网首页 >> 安全质量 >> 多美多加油站有猫腻消费者投诉无门

多美多加油站有猫腻消费者投诉无门

来源：本站整理 添加日期：2012-02-11 发表评论

最近，记者多次接到举报多美多加油站油品质量问题，却投诉无门的事情。记者2月4日下午暗访了多美多加油站。正好碰到张先生一家在加油。张先生驾驶03年出厂的老款POLO轿车，在油箱灯刚刚报警时去加油。当加油枪跳枪时，加油机上显示加了48.9升93号汽油。

张先生很不解，老款POLO轿车的油箱也仅仅只有45升大，在还有油的情况下，加出了将近49升油。而且张先生的爱车已经开了9年，每次都是在加油灯刚亮的时候去加油，连续9年最多加40升。今天，却加出了将近49升。带着不解，记者随同张先生找到了多美多加油站的工作人员。

多美多加油站的工作人员告诉张先生，他们的油枪计量没有任何问题。如果张先生觉得有问题，可以找4S店解决。并拿出了一个1升量杯。在张先生加油的油枪加了1升油为张先生做演示。结果没有出张先生所料，油枪计量标准。

图 10.16 网站刊登的侵权文章

法院认为，从涉诉网站的内容可知，其刊载文章系自行发布而非仅仅提供公共信息交流平台，故该网站所有者应为涉诉文章的责任主体，构成了对加油站所属公司名誉权之侵害。

名誉权，是指公民或法人保持并维护自己名誉的权利。《中华人民共和国民法通则》第101条规定：公民、法人享有名誉权，公民的人格尊严受法律保护，禁止用侮辱、诽谤等方式损害公民、法人的名誉。名誉侵权主要有下列两种方式。

（1）侮辱：是指用语言（包括书面和口头）或行动，公然损害他人人格、毁坏他人名誉的行为。如用大字报、小字报、漫画或肮脏的语言等形式辱骂、嘲讽他人，使他人的心灵蒙受耻辱。

（2）诽谤：是指捏造并散布某些虚假的事实，破坏他人名誉的行为。如毫无根据或捕风捉影地捏造他人作风不好，并四处张扬，损坏他人名誉，使他人精神受到很大痛苦。

目前，关于侵犯名誉权的例子也很多见，比较著名的是韩寒与方舟子之间的那场“口水战”，事件的起因是2012年春节期间，方舟子质疑韩寒之父代笔为子写作，与韩寒展开隔空“骂战”。针对愈演愈烈的“代笔”质疑，韩寒在其博客上公布了当年《三重门》所有的手稿，并表示将把两部手稿出版成书。

方舟子打假引来微博骂战，“挺韩派”和“倒韩派”各执一词。出版人路金波、微博女王姚晨、作家宁财神和石康等人也纷纷在微博上对方舟子质疑韩寒有代笔一事发表看法，最终韩寒诉诸法律，状告方舟子侵犯自身名誉权，而搜狐首页也专门开设了"论战"板块，如图 10.17 所示。

图 10.17 韩寒与方舟子的论战

对于这次事件我们暂且不论谁对谁错，仅从营销的角度来看，两人都是成功的，两人之间的微博、博客软文大战，收获的是巨大的曝光度和知名度。

3．肖像权风险

《人民网》报道：2005 年 7 月，著名表演艺术家孙道临、童自荣、曹雷、梁波罗、唐俊乔起诉正大青春宝药业公司、上海焦点广告公司侵犯肖像权官司初见分晓，上海市第一中级人民法院 25 日对上述 5 起案件分别做出了一审判决，认定两被告的行为构成侵权，应在原刊登报刊上向 5 位艺术家赔礼道歉，并共同赔偿孙道临经济损失及精神损失费 45 万元，赔偿童自荣、曹雷、梁波罗、唐俊乔每人 25 万元。

回顾这起"侵犯肖像权"的案例，我们可以从事件发展过程中学到很多。2003 年 11 月 15 日，上海教育电视台与两公司共同举办"青春宝健康三人行"观众见面会，孙道临等著名演员应邀出席活动，并分别收取了 1000 元左右的活动费。

11 月 18 日，《新民晚报》某广告版以 2/3 版面刊登了青春宝产品广告《鼓掌，10000 双手为青春鼓掌》，该广告提及原告 15 日在见面会上的表演，并配有原告的照片；另 1/3 版面刊登了青春宝永真片广告。

12 月 15 日，《浙江日报》刊登了《不似春光，胜似春光——13 位上海艺术家青春宝聚会》一文，对 11 月 15 日的见面会予以报道，如图 10.18 所示。

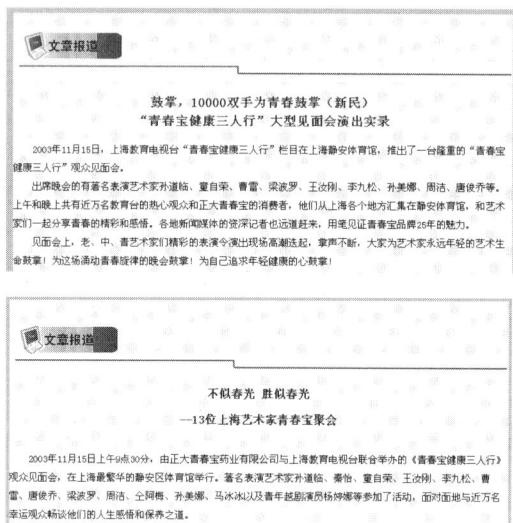

图 10.18   "青春宝"侵权文章

正是因为"青春宝"品牌未经授权刊登他人肖像照片，构成了侵权，由此给企业造成了极大的损失，负面影响更是不可估量。

所谓肖像权，是指人对自己的肖像享有再现、使用并排斥他人侵害的权利，就是人所享有的对自己的肖像上所体现的人格利益为内容的一种人格权。具体而言，肖像权的内容包括肖像拥有权、制作权和使用权等方面。

（1）肖像拥有权指公民有权拥有自己的肖像。未经公民的许可，他人不得拥有该公民的肖像，也不得损坏公民的肖像。

（2）肖像制作权是指制作肖像的决定权和实施权，即决定是否制作、如何制作肖像的权利。

（3）肖像使用权是指肖像一旦固定在一定的物质载体上（制作出来），便独立于世，可以为人们所支配、利用。尽管肖像的利用价值有普遍的意义，但享有使用专有权的只能是肖像权人。

引申到软文营销领域，我们在软文推广过程中，难免会使用到明星配图，以达到图文并茂的效果，可是有些配图容易引起法律纠纷，因此在软文撰写时，作者必须尤其注意软文的配图方式。那么，软文作者究竟应该如何为软文搭配图片呢？

（1）直接使用宣传图片。这种形式是最常见的，通常我们写完一篇软文后，会搭配一些相应的图片，目的是吸引更多的读者，也有解释说明的效果。可以直接使用产品或者服务宣传的硬广，可以是经过设计的，也可以是没有经过设计的，甚至直接将产品图片作为配图使用。

（2）制作图表作为图片使用。图表虽然不像彩图那么吸引人，但是比起单纯的文字表述，它还是很有效的。因为图表是一些文章不可或缺的组成部分。图表也能让人一目了然，给文章增色不少。特别是有相关数据和同类产品或者服务做对比的时候，适合使用图表。

（3）用文字做图示作为图片使用。主要用于讲解中，目的是使表达更加清楚明了。而图示的种类也是比较多的。选择什么样的图示，一般根据个人爱好或者整体的美观度而定。

4．不正当竞争

所谓不正当竞争（unfair competition），是指经营者违反反不正当竞争法的规定，损害其他经营者的合法权益，扰乱社会经济秩序的行为。不正当竞争的具体做法有很多，最主要的有以下几种。

（1）采取贿赂或变相贿赂等手段推销商品或采购商品，如采用各种形式的账外回扣和奖金等方式推销商品或采购商品。

（2）弄虚作假，进行商业欺诈。如假冒名牌商品、以次充好、虚假宣传、掺杂使假、从事虚假的有奖销售等非法营销。

（3）搭售商品，将紧俏商品与滞销商品搭配销售等。

（4）强买强卖，欺行霸市。如强迫交易对方接受不合理的交易条件，限制购买者的购买选择，用行政等手段限制商品流通。

（5）编造和散布有损于竞争者的商业信誉和产品信誉的不实信息，损害竞争者形象和利益。

（6）侵犯其他经营者的商业秘密。

（7）为排挤竞争对手而以低于成本的价格倾销商品。

（8）串通投标，有组织地抬高标价或压低标价，或者投标者和招标者相互勾结以排挤竞争对手。

由于社会大众对同样身为普通"消费者"身份的认同感，软文广告的受欢迎程度和被转载机会大大增加。

时下大批专业网络营销公司的迅速崛起，一方面使软文推广走向专业化、正规化、精准化，推动软文市场进一步向纵深方向发展。另一方面也造成了软文市场参与者的良莠不齐，许多推广公司以虚假的第三方身份蒙骗读者，促使读者产生原本不会产生的消费需求，损害消费者利益。而以或多或少欺骗的方式，进而使软文广告主比合法广告主获得更多的交易机会，构成了不正当竞争。

第11章
软文营销行业实例

要点展示：饮食行业软文实例
汽车行业软文实例
家电行业软文实例
其他行业软文实例

学前提示：

软文营销是有规律可循的，软文的写作却是要分行业的，不是所有技巧策略都适合所有的行业。因此面对不同的行业，不同的客户群体，软文营销者需要创作出不同的软文，以适应不同的行业。本章重点针对目前热门的行业软文范例进行分析，供大家借鉴。

11.1　饮食行业软文实例

俗话说"民以食为天"，食品餐饮行业一向是营销的"主战场"，那么，该行业的创业者们应该如何利用软文进行营销呢？对于这一问题，我们可以分类别详解，下面笔者从食品、餐饮、酒类、饮料四个方面入手，结合实例介绍软文的撰写技巧及营销策略。

11.1.1　食品软文

当国民摆脱了温饱问题后，对食品的要求越来越挑剔，一度让众多食品商家感叹，食品行业越来越难做。酒香也怕巷子深，食品商家如何才能让自己的产品脱颖而出，备受市民青睐？软文推广是食品行业市场攻坚的利器。

1．软文写作技巧

（1）塑造品牌。食品行业的推广软文首先要解决品牌问题。随着消费者的品牌意识渐浓，提起豆奶就知道维维，提起方便面就选康师傅，可见品牌营销的作用。因此，在食品类营销软文中一定要注意对品牌的塑造，没有名气的品牌何不创作一个品牌故事融入软文？

（2）拆分产品。食品软文营销中要对产品进行拆分宣传，产地、选料、加工等一个都不能少，越全越能让消费者产生信赖感。

（3）事件营销。事件营销是营销策略的重要一环。在食品类软文撰写中可以融入事件营销。食品类事件营销最好的题材便是与少儿相关的健康话题。

（4）色香味俱全。食品类软文推广，一定要突出该食品的色、香、味，语言描述一定要能挑逗读者的味蕾。当然能达到让读者边看文字边流口水的效果更佳。

（5）体验类风格。食品类软文最好以体验式为主，通过消费者食用食品的经过、感受等撰写软文，引起共鸣。

2．食品软文范例

下面我们看一下"豆八怪"推出的营销软文《财富趣闻"豆八怪"，穿越百年的悠扬豆香》，推广者可以从中学习撰写经验。

都知道扬州有八怪，那说起"豆八怪"（www.doubaguai.com），想必各位读者一定觉得熟悉而又陌生吧。没错，它就是最近在市场屡推"彩虹果香豆浆豆腐""爽滑果冻豆浆豆腐""金种子保健豆浆"等创意新品的豆制品创富品牌。您要问起它的渊源，那就要追溯到百年以前了……

话说号称康熙秀才、雍正举人、乾隆进士的七品芝麻官郑板桥，因荒年赈灾得罪大吏被罢官后，就从山东潍县辞别百姓毅然返乡。板桥一行，三匹毛驴，一匹主一匹仆一匹行李，简简单单。不计多日到得扬州蜀冈地面，黄昏时刻归乡的游子累得人仰驴翻，只得停下歇息。但这一停，又成就一段让人津津乐道的板桥佳话。原来，喘息之间，顿觉山野清风夹杂丝丝香甜扑鼻而来。"呵呵，哪来沁人心脾的美味？惹得我饥肠辘辘！"他把毛驴交给仆从，自己一路小跑寻香而去。逆着风向，沿着一条岗腰小道逶迤而行，左兜右转便见数居山房迎面而立，香气随着袅袅炊烟弥漫了山野。

"扬州怪豆腐"，一块朴拙的木招牌，字迹已经随着木纹褪去芳华。

"有人吗？"郑板桥不待招呼，徒自撞将进来，劈脸就问："店家，你家的豆腐怎么个怪法？"

"客官，怠慢了！客官进得门来，就有了答案。"跑堂匆忙迎着。

"怎解？"

"怪香，择味不如撞香，客官该是老远就闻到了。我家豆腐就是与众不同。"

"原来如此！"郑板桥点头沉吟，"但有好的，只管给我上几碟来。"

"客官稍候，我先上豆浆、豆脑给客官解解渴，再上酒菜。"

不多时，豆浆、豆脑及各色豆腐菜陆续送上。抿一口豆浆，顿觉蜜样甘香；品一口豆脑，却有花果芬芳。至于碟碟碗碗的豆腐菜，拌丝、炒片、酿鲜肉、烹鱼、炸黑块、腐乳等，形状别致，色泽鲜亮，滋味迥然。平生吃得如此美妙的豆腐宴，对于甘守清贫的郑板桥，何止闻所未闻、尝所未尝！此味只应天上有，怪味豆腐赛天庭。郑板桥吃得摇头晃脑，连连叫好。

"客官慢用。"跑堂见郑板桥吃得开怀，便凑上来吹嘘，"我家最受欢迎的便是各样豆腐菜，就连爱挑剔的扬州八怪老爷们也常来抬举！"

但郑板桥听来，这百分之百是假话。别说扬州八怪并非同处一时，起码自己是，书画、癖好也描绘得头头是道。郑板桥听得频频首肯，佩服不已。是啊是啊，身为扬州八怪一分子，也许我早就与各位仁兄神游这里了！

咂嘴吮指地享受了这顿美餐，叫仆从结账，仆从即现苦脸。郑板桥晓得，尚未到家，行囊已空。只好对跑堂说："我这里有幅板桥真迹，送与你家抵酒钱如何？"

碰到这等白食先生，店家也无可奈何，"只怕不是真品"。

"但也绝非假冒！你且取笔墨来。"

跑堂备好纸张笔墨，郑板桥一挥而就，怪字跃然纸上：

店头：豆八怪

上联：扬州人不爱

下联：就爱豆八怪

落款：郑板桥

到此时，店家方才明白，遇到了真神仙！平生只夸扬州怪，对面不识郑板桥，店家纳头便拜。

"看来你家与扬州八怪缘分不浅。"郑板桥道："你家豆腐已有七怪，算上我这怪人，就与你补足八怪，叫做'豆八怪'，你看可好？""好好好，一万个地好啊！"店家称谢不已。扬州八怪中最怪的郑板桥主动题写店名，这不知是从哪朝哪代开始起早贪黑做豆腐做出的福气……

范例解析：这是一篇关于"豆八怪"的软文范例，文章通过讲述历史故事的方式，引出品牌的渊源，同时利用历史名人郑板桥为"豆八怪"增加知名度。整篇营销软文让人很有阅读欲望，丝毫找不到植入广告的痕迹，将软文的"软"字体现得淋漓尽致。

11.1.2　餐饮软文

餐饮软文营销策略是利用网络技术，引导受众在参与传播的过程中对餐饮产品、活动产生了解和认同，进而实现双向交流的营销策略。这种优势是其他营销手段所不具备的。因此,软文发布越来越受到餐饮企业的青睐,已成为餐饮企业提高企业竞争力的利器。

1. 软文写作技巧

不同行业的软文格式相差无几,但因侧重点的不同而稍有差异。比如活动软文要强调活动的意义和轰动,以及参加活动团队或人物的特殊性;餐饮类软文则偏重于健康、营养、实惠。下面我们就来看一看餐饮类软文的写作技巧。

(1)写餐饮类软文和其他软文都有一个共同点,就是在写之前必须摸清楚所写行业的特性以及所写对象的特点,做到知己知彼,百战不殆。

(2)软文策划。说到软文策划有些人就感觉到很神秘,认为很难,其实不然,软文策划就是针对所写餐饮品牌进行不同阶段不同主题的软文宣传。

假设一个名为某某炸鸡的品牌,我们对其进行软文策划,分三个阶段进行软文推广。第一阶段的软文推广主题可以设定为品牌形象;第二个阶段的主题可以设定为品牌特色;第三个阶段的软文主题可以设定为炸鸡产品宣传。

(3)关于软文格式的选择。对于餐饮类品牌的软文推广,笔者个人建议,以新闻格式和体验格式为主。新闻格式可以突出餐饮品牌的品牌价值,也可以在另一方面折射出它的营养和健康价值。而体验式软文可以假定一个消费者的角色,撰写消费过程的整个经历,描写细致入微,重点突出色、香、味的同时,可以宣传下卫生和服务。

(4)虽然餐饮品牌的软文推广需要阶段化的宣传,而且主要格式为新闻和体验格式,但在实施时最好在每个阶段配合使用这两种行文格式,从不同角度或者角色去宣传,效果会更佳。

2. 餐饮软文范例

下面是一篇黑冰客冰淇淋(冰激凌)推出的营销软文《黑冰客冰淇淋让你和心爱人一起精彩》,供同行业创业者借鉴。

黑冰客冰淇淋源自阿拉斯加的冷艳美丽,彰现个性,纵情四季的黑色酷炫生活。

黑色,更多的时候给人以一种神秘莫测的感觉,与黑色有关于的词语和事物不是典雅庄重就是耐人寻味,尤其在这个物欲横流、思想激荡的年代,各种事物都被赋予了新的含义。像冰淇淋，给人的感觉更多的是高脂肪、高热量和高糖分，因为这些特性，令很多喜爱甜食的人们，尤其是希望有漂亮身材的女孩子们不知所措，望而却步。

不过现在，这个认识将被一款崇尚天然、注重新鲜和健康的黑冰客冰淇淋颠覆。

更多的时候，黑色食品诸如黑芝麻、黑米等，不仅给人以质朴、味浓和壮实的食欲感，而且营养丰富，经常食用有保健、美容等多种作用。此健康理念同样被由北京嘉禾食品有限公司（http://www.heibingke.com）经营的黑冰客冰淇淋再次延伸和扩展，该冰淇淋品牌源自阿拉斯加，首创以黑色食品为原料制作的黑冰客冰淇淋，营养丰富，选用甜蜜素取代蔗糖（每100g仅含热量0.6KJ），主导冰淇淋产品的制作原料，用具有多种保健功能的黑色食品以及新鲜时令果蔬和牛奶（粉）、冰淇淋粉现场制作而成，在保持冰淇淋的有效营养和保健成分不流失的同时，又保持了天然果蔬芬芳和清新，在给您带来健康食欲的时候，更给您自然的味觉享受。

也许您会问黑冰客冰淇淋真的有那么神奇吗？答案自然值得期待和尝试，尤其是黑冰客冰淇淋不但"黑的健康、黑的时酷（时尚炫酷）"，而且该品牌冰淇淋的技术和产品还通过了美国FDA严格的认证。产品新鲜营养、低脂低糖、养颜滋补，多吃不腻，越吃越健康，符合现代健康消费潮流，爱美人士不仅可品尝到美味的黑冰客冰淇淋，而且可以和自己心爱的另一半现场DIY。既是您的营养之选，也是您的投资之道，多吃不腻，多开多赚，符合现代健康消费的潮流。

那么，拥有一家这样的黑冰客冰淇淋加盟店来和自己心爱的人一起创业，在给他人带来健康的同时，自己也会感到成功的喜悦，这样的"送人玫瑰，手留余香"的事情何乐而不为？而且这种广受现代时尚人士青睐的低加盟经营成本的方式，在代理区域内发展加盟店，其投资金额的30%作为品牌发展资金，归代理商独立支配使用，还可以为代理区域内所有连锁店提供原物料配送，长期享有代理区域内的冰淇淋粉销售额的15%返利，并可按按年度收取加盟店的管理费。如此既满足了消费者个性化消费，又大大增加了黑冰客品牌的美誉度与产品口碑的经营方式，自然成为黑冰客品牌快速发展的有力保证。

黑冰客冰淇淋，以营养健康、低脂低糖、口感纯正的产品和个性飞扬的品牌营销迅速风靡欧美，成为最受年轻时尚人群喜爱的超酷冰淇淋品牌。

快来和自己心爱的人一起体验精彩来自阿拉斯加的黑冰客冰淇淋，DIY 出亲密无间、属于二人世界的的甜蜜精彩。

范例解析：餐饮行业的软文，必须通过文字将食物的美味描写出来，已达到吸引顾客的目的，这就需要作者对文字有较强的把控力。同时，以上范例还从黑冰客冰淇淋的营养价值方面入手，同时将年轻恋人之间的爱情融入其中，让顾客产生共鸣，进而产生购买欲望。

11.1.3 酒类软文

作为营销传播利器之一，软文的强大渗透力、传播力和单一工具的局限性逐渐为人们所认识。在酒水行业，近年来有不少品牌尝试运用软文这一工具，获得了良好的效果。

1．软文写作技巧

酒类软文的写作不同于其他软文，撰写者需要掌握以下技巧。

（1）标题要吸引人。这一点我们在前文中不止一次地提到，这里要重点阐述的是软文的标题分为主标和副标两个部分。主标的要求是一下就要抓住眼球，要惊世骇俗，不能平淡无奇。副标概括性要强，要把很长的文章分成几个组成部分，以便增强阅读性，图 11.1 所示为常见

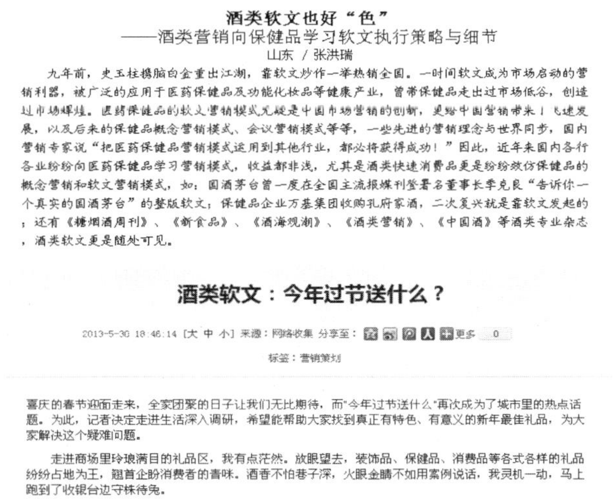

酒类软文也好“色”

——酒类营销向保健品学习软文执行策略与细节

山东 / 张洪瑞

九年前，史玉柱携脑白金重出江湖，靠软文炒作一举热销全国。一时间软文成为市场启动的营销利器，被广泛的应用于医药保健品及功能化妆品等健康产业，曾带保健品走出过市场低谷，创造过市场辉煌。医药保健品的软文营销模式无疑是中国市场营销的创新，更给中国营销带来了飞速发展，以及后来的保健品概念营销模式、会议营销模式等等，一些先进的营销理念与世界同步，国内营销专家说“把医药保健品营销模式运用到其他行业，都必将获得成功！”因此，近年来国内各行各业纷纷向医药保健品学习营销模式，收益都非浅，尤其是酒类快速消费品更是纷纷效仿保健品的概念营销和软文营销模式，如：国酒茅台曾一度在全国主流报媒刊登署名董事长季克良“告诉你一个真实的国酒茅台”的整版软文；保健品企业万基集团收购孔府家酒，二次复兴就是靠软文发起的；还有《糖烟酒周刊》、《新食品》、《酒海观潮》、《酒类营销》、《中国酒》等酒类专业杂志，酒类软文更是随处可见。

酒类软文：今年过节送什么？

2013-5-30 18:46:14 [大 中 小] 来源：网络收集 分享至： 更多 0

标签：营销策划

喜庆的春节迎面走来，全家团聚的日子让我们无比期待，而"今年过节送什么"再次成为了城市里的热点话题。为此，记者决定走进生活深入调研，希望能帮助大家找到真正有特色、有意义的新年最佳礼品，为大家解决这个疑难问题。

走进商场里玲琅满目的礼品区，我有点茫然。放眼望去，装饰品、保健品、消费品等各式各样的礼品纷纷占地为王，翘首企盼消费者的青睐。酒香不怕巷子深，火眼金睛不如用案例说话，我灵机一动，马上跑到了收银台边守株待兔。

图 11.1 酒类软文标题

酒类软文标题。

（2）顾客感受为中心。以保健酒市场为例，要突出消费者切身的感受，患病的感受、治疗的感受、使用产品的感受等（从听觉、视觉、触觉各方面入手），一定要写出顾客的"切肤之痛"，要通过感受使目标人群走进企业设定的思维圈。反之，离开了感受，软文的思维再严谨、表达的感情再真实，也很难使顾客的需求变得迫切，图11.2所示为某论坛的保健酒软文。

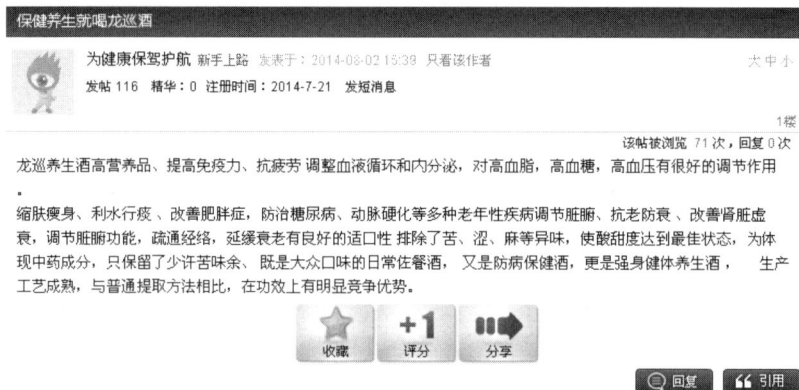

图 11.2　保健酒软文

（3）制造需求和引导消费。这两点是软文的目的和宗旨，也是软文写作的细节把握，想把感受变成消费的理由、把弱需求变成强需求，就要从软文的内容、版式、思想和色彩各方面着手，使之成为经得起推敲的严密的思想系统。

2.寻找企业亮点

寻找宣传亮点是许多企业颇为头疼的事情，酒类企业同样如此。那么，酒类企业应该如何挖掘新闻点呢？可以从以下几点入手。

（1）产品。如果企业开发了非常有价值的新产品，这也许就是一个很大的新闻。为什么？因为产品是推动社会进步的物质基础，社会的进步主要是通过产品来让人们感知的。软文撰写者可以在对企业开发的产品认知的基础上，从中找出具有新闻性的东西。图11.3所示为国酒茅台的软文，对于茅台酒来说，产品本身就是最大的广告。

茅台酒介绍（图）

http://finance.sina.com.cn 2003年01月21日 14:43 新浪财经

茅台酒历史悠久、源远流长。从公元前135年汉武帝"甘美之"的褒奖到1704年后清代大儒郑珍"酒冠黔人国"的赞誉，从1915年"巴拿马万国博览会"金奖到1996年荣获纪念"巴拿马万国博览会"。

茅台酒系以优质高粱为原料，用小麦制成高温曲，而用曲量多于原料。用曲多、发酵期长，多次发酵，多次取酒等独特工艺，这是茅台酒风格独特、品质优异的重要原因。

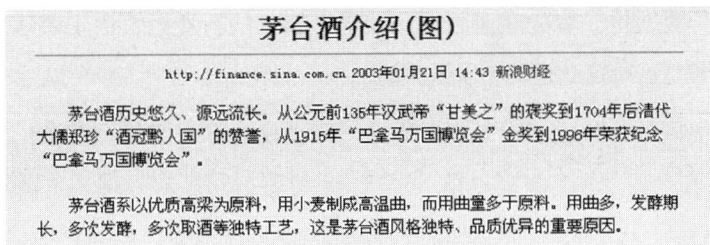

图 11.3　通过产品寻找软文亮点

（2）领军人物。每个企业的领军人物都有特点，不论他的性格、业绩，还是经历，都有可能引人注目，这些就是亮点、新闻点。在领军人物身上做文章，就避免了"企业没有人格"这个特点，把重点转向了活生生的人。在读者眼里，这样的文章往往可读性强，因而阅读率也就高。

例如，史玉柱重出江湖引起媒体广泛的关注，他本人也成了不少人的偶像。这些人也许对脑白金并不感兴趣，但是通过对史玉柱的关注，他们也就会关注脑白金，关注上海健特，如图 11.4 所示。

史玉柱：中国最成功的失败者

2007-10-16 08:49:20　来源：转载

分享　转播　微信扫一扫，分享给朋友　　收藏　评论

导语：史玉柱，曾经是欠债两亿多的"中国首负"、"中国最著名的失败者"，今天却是有数百亿资产的商业"巨人"，他的财富传奇值得没一个人仔细品味。脑白金，黄金搭档，征途，这一个个响亮

史玉柱，曾经是欠债两亿多的"中国首负"、"中国最著名的失败者"，今天却是有数百亿资产的商业"巨人"，他的财富传奇值得没一个人仔细品味。脑白金，黄金搭档，征途，这一个个响亮的名字，他们的缔造者就是史玉柱。

图 11.4　通过介绍领军人物寻找软文亮点

专家提醒

现在很多报刊都开辟了人物专栏，介绍各界人物的成功和失败、经历和思想。软文操作人员要善于发掘企业领军人物的亮点，这也是媒体需要的极好素材。

（3）行业地位。有的企业处在比较受人瞩目的行业里，由于媒体对该行业的关注，因而这些企业也免不了被报道。

例如，在互联网热潮的时候，媒体争相报道了各种各样的网站；在备受关注的电信业里，华为、大唐、波导、TCL、科健等企业也自然成了媒体报道的焦点。

软文操作人员应该抓住媒体的这一特点，及时将一些行业内的动向、资料编成软文，提供给媒体，借以宣传自身的企业。

（4）事件。有些企业本身并不引人注目，但是其发生的事件却很有新闻价值。比如深处内地的某小型企业突然被某跨国公司兼并，因为媒体对跨国公司的关注使得这个小公司也备受关注。

2003 年 5 月一场突如其来的 SARS 病毒给中国人民带来了沉重打击，经济遭到了前所未有的重创，尤其是人流量比较集中的服务行业，如对餐饮业、旅游业、交通运输业等的影响特别大，而作为与服务行业密切相关的白酒行业也未能幸免。

当众多白酒企业处于等待、观望之中的时候，善于运用事件营销公关的古井贡向安徽省捐款 100 万元；"金六福"总裁吴向东亲临各区域市场为各经销商带去信心的同时，还带去了消毒桶，免费赠给酒店，如图 11.5 所示。

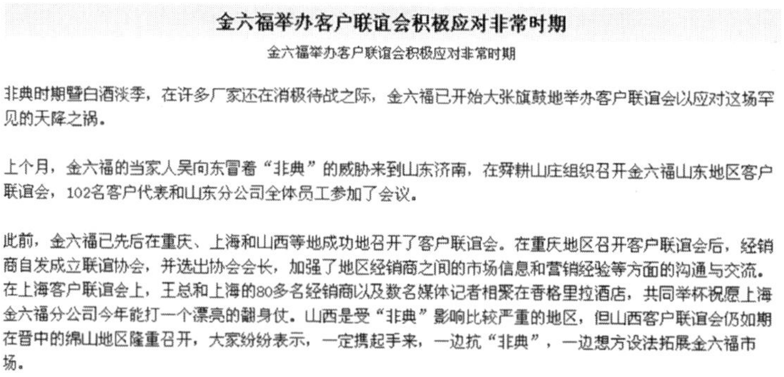

金六福举办客户联谊会积极应对非常时期

金六福举办客户联谊会积极应对非常时期

非典时期暨白酒淡季，在许多厂家还在消极待战之际，金六福已开始大张旗鼓地举办客户联谊会以应对这场罕见的天降之祸。

上个月，金六福的当家人吴向东冒着"非典"的威胁来到山东济南，在舜耕山庄组织召开金六福山东地区客户联谊会，102名客户代表和山东分公司全体员工参加了会议。

此前，金六福已先后在重庆、上海和山西等地成功地召开了客户联谊会。在重庆地区召开客户联谊会后，经销商自发成立联谊会，并选出协会会长，加强了地区经销商之间的市场信息和营销经验等方面的沟通与交流。在上海客户联谊会上，王总和上海的80多名经销商以及数名媒体记者相聚在香格里拉酒店，共同举杯祝愿上海金六福分公司今年能打一个漂亮的翻身仗。山西是受"非典"影响起比较严重的地区，但山西客户联谊会仍如期在晋中的绵山地区隆重召开，大家纷纷表示，一定携起手来，一边抗"非典"，一边想方设法拓展金六福市场。

图 11.5　通过事件寻找软文亮点

再如，"金六福"的一揽子体育营销事件。"金六福"赞助奥委会，成为中国奥委会合作伙伴，制定了 8 年不变的长期体育营销战略；后来又赞助世界杯，成为世界杯出线唯一指定用庆功酒、广告片、推荐品牌，借助体育这个与消费接触广泛的平台，无疑是最有效最快捷的途径和渠道，如图11.6所示。

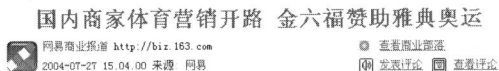

国内商家体育营销开路 金六福赞助雅典奥运

网易商业报道 http://biz.163.com
2004-07-27 15.04.00 来源 网易

◎ 查看商业部落
发表评论 查看评论

第28界雅典奥运尚有18天开赛，国内商家围绕奥运树品牌的活动已经开启。7月26日，"中国奥委会合作伙伴"金六福集团在京为中国体育代表团出征送行。

中国奥委会授予金六福"第28界雅典奥运会中国体育代表团合作伙伴"称号，并选定金六福为"第28届雅典奥运会中国体育代表团唯一庆功酒"。国家体育总局局长助理崔大林表示，此次奥运代表有407位代表，而目标是要保证20枚以上的金牌。悉尼奥运会举重冠军占旭刚、中国奥委会市场开发委员会主任马继龙到场。

金六福集团是中国酒业大王五粮液集团和新华联集团于1999年初联合推出的白酒品牌。金六福主要采用OEM方式，经营由五粮液集团生产的金六福系列酒品，03年销售额已经超过10亿，跻身白酒五强。

五年来，体育营销是金六福酒后来居上的核心举措。一部金六福的行销过程，就是一部渲染着体育光环的赞助史。从"2001-2004年中国奥委会合作伙伴"、"第28届奥运会中国代表团唯一庆功酒"、"第21届世界大学生运会中国代表团唯一庆功酒"、"第14届亚运会中国代表团唯一庆功酒"、"国足出线唯一庆功酒"、到"第19届冬奥会中国代表团唯一庆功酒"；金六福在赞助体育赛事上不遗余力，同时积累起金六福的品牌价值。

图11.6　通过体育赛事寻找亮点

（5）活动。有特点、有影响力的活动大都会引起媒体的关注和报道。在这方面，一些广告公司、策划公司已经做得很深入了，企业对此也比较熟悉。这里需要强调的是，在企业赞助或策划某活动时，要站在媒体的角度，充分挖掘活动的社会意义，为媒体报道和评论做资料上的准备。

（6）企业管理方法。一些成功企业的经营管理方法逐渐被人们所关注，因而很多媒体开始专门报道这类话题。

比如中央电视台的《经济半小时》节目、《21世纪经济报道》《中国企业家》等一些研究企业的报刊常常会对企业做深入的报道，如图11.7所示。

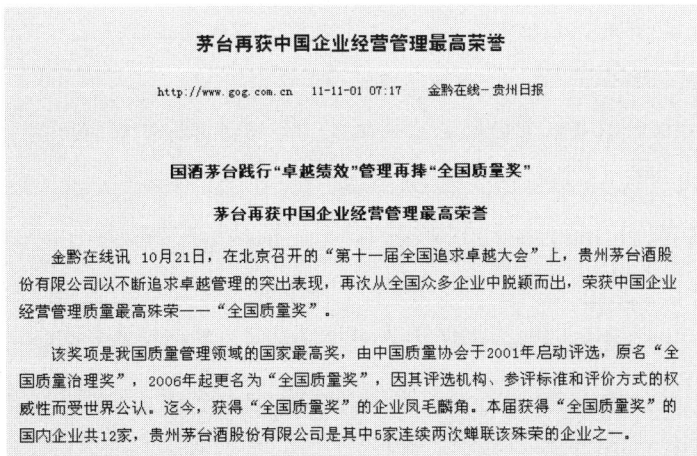

茅台再获中国企业经营管理最高荣誉

http://www.gog.com.cn　11-11-01 07:17　金黔在线-贵州日报

国酒茅台践行"卓越绩效"管理再捧"全国质量奖"

茅台再获中国企业经营管理最高荣誉

金黔在线讯 10月21日，在北京召开的"第十一届全国追求卓越大会"上，贵州茅台酒股份有限公司以不断追求卓越管理的突出表现，再次从全国众多企业中脱颖而出，荣获中国企业经营管理质量最高殊荣——"全国质量奖"。

该奖项是我国质量管理领域的国家最高奖，由中国质量协会于2001年启动评选，原名"全国质量治理奖"，2006年起更名为"全国质量奖"，因其评选机构、参评标准和评价方式的权威性而受世界公认。迄今，获得"全国质量奖"的企业凤毛麟角。本届获得"全国质量奖"的国内企业共12家，贵州茅台酒股份有限公司是其中5家连续两次蝉联该殊荣的企业之一。

图11.7　通过企业管理经营寻找亮点

因此，软文操作人员可以把有特点的企业文化、有成效的经营管理方法等加以总结，这都会成为很有价值的东西。

3．酒类软文范例

下面是马黛茶白酒推出的营销软文《健康型马黛茶白酒市场受宠》，同类企业可以学习借鉴。

日前，由阿根廷马黛茶酒研究院推出的健康型马黛茶白酒，不仅口味独特，而且根据不同的产品均配备了不同的促销商品，得到了消费者特别是经销商朋友的青睐。

据了解，中国马黛茶酒研究院于2007年10月15日在中国成立以来，采用阿根廷的原料和工艺，先后推出了马黛茶冰酒、茶酒等系列产品，在国内许多城市销售良好。

由于以前的产品酒精度数大都在15度以下，不能满足部分消费者的需要，应广大消费者的要求，马黛茶酒研究院在近期研制推出了酒精度数在28度至40度之间，包装分别为125ml、500ml、750ml，终端价格在每瓶5元、20元、40元不等的高中低档马黛茶白酒，该产品采用形状、大小各异的高白玻璃瓶，标识和图案极富阿根廷异域风情。

马黛茶酒研究院董事长孙达告诉记者，该产品推崇健康饮酒，以富含马黛因成分的马黛茶为主要原料，采用阿根廷的特殊工艺，口感独特、奶酪香浓、回味悠长，具有饮后不容易醉、酒后不上头以及醒酒快等特点。

马黛茶酒的促销品有化妆品、烟嘴、酒令扑克等。孙达介绍说，这些促销品有的针对餐饮行业，有的针对流通渠道，为经销商打开市场起到很大的辅助作用，产品一上市就引来许多代理商和客户。

范例解析：这是一篇短小精悍的软文，标题从产品效果以及销售情况入手，揭示产品的受欢迎程度。正文部分开篇点题，接着对马黛茶酒的各类产品以及口感进行介绍，同时搭配促销活动介绍，很容易抓住读者的心，产生购买欲望。

11.2 汽车行业软文实例

伴随着网络的不断发展，软文推广已经成为汽车销售以及汽车租赁中最为重要的营销推广手段，一篇优秀的软文不管在宣传推广上，还是在提升客户转化率上都起着举足轻重的作用。

11.2.1 汽车销售软文

一篇成功的汽车软文，可以带来难以预料的销量提升，但要发布一篇合格甚至优秀的网络软文，需要注意很多的技巧方法。笔者总结了几个主要注意点，与大家分享。

1. 软文写作技巧

（1）软文字数要得当合理。一般网络软文的标题字数控制在 16 个字到 20 个字之间，如《不花一分钱，众泰汽车免费开三年》；正文字数在 500 字和 1500 字最为合适，如果字数太少无法传播足够的信息，太长很多浏览者也没有耐心看完，基本上看个大概意思，反而起不到营销作用。

（2）软文分段应明确清晰。汽车软文一般有产品软文、促销软文、活动软文、对比软文等类型，对于产品类的相关软文，最好是按照车型的卖点一一分段列出，可以给人条理清晰的感觉。

行情软文、促销软文等根据不同车型的不同促销方式分段列出，可以让人清晰地了解车型价格等信息。

活动稿件可根据活动时间、地点、涉及车型、活动内容、操作流程等分段列出，让客户清晰地了解活动具体信息，并提升活动可信度，如图 11.8 所示。

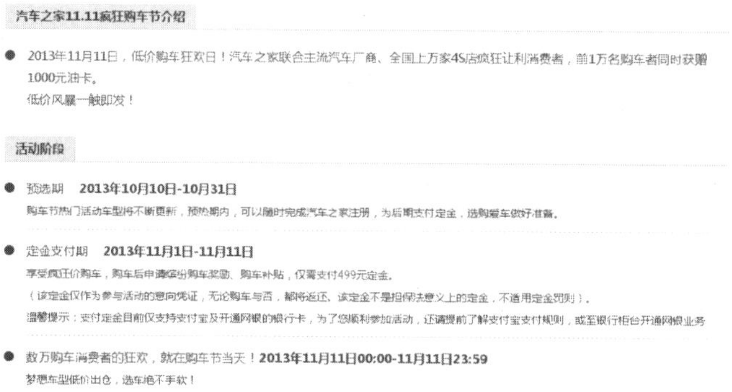

汽车之家11.11疯狂购车节介绍

- 2013年11月11日，低价购车狂欢日！汽车之家联合主流汽车厂商、全国上万家4S店疯狂让利消费者，前1万名购车者同时获赠1000元油卡。
  低价风暴一触即发！

活动阶段

- 预选期 **2013年10月10日-10月31日**
  购车节热门活动车型将不断更新，预热期内，可以随时完成汽车之家注册，为后期支付定金，选购爱车做好准备。
- 定金支付期 **2013年11月1日-11月11日**
  享受疯狂价购车，购车后申请缤纷购车奖励、购车补贴，仅需支付499元定金。
  （该定金仅作为参与活动的意向凭证，无论购车与否，都将返还。该定金不是担保法意义上的定金，不适用定金罚则）。
  温馨提示：支付定金目前仅支持支付宝及开通网银的银行卡，为了您顺利参加活动，还请提前了解支付宝支付规则，或至银行柜台开通网银业务
- 数万购车消费者的狂欢，就在购车节当天！**2013年11月11日00:00-11月11日23:59**
  梦想车型低价出仓，选车绝不手软！

图 11.8 软文段落清晰明显

（3）软文图文并茂更直观。软文内容中如果可以添加图片的话效果更好，通过网络发布图文并茂的内容，不仅增加了文章的说服力，还起到直观形象的效果，如图 11.9 所示。

汽车之家帝豪底价购车活动火热招募中!

［汽车之家 东营新闻］ 为了帮助网友以更实惠的价格买到心仪的爱车，汽车之家携手东营天丰汽车-帝豪4S店，推出帝豪全系底价购车看车团活动。届时，天丰帝豪承诺，在线报名并参加活动的网友可享受全系底价购车-汽车之家网友专属优惠政策，同时还能获得到店礼品、现场互动礼、订车礼等多重礼遇。

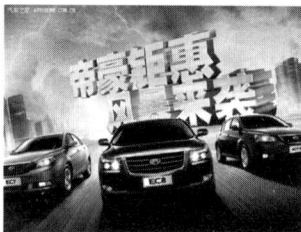

图 11.9 软文图文并茂

专家提醒

要提醒大家的是：软文广告不要太明显也不能太夸张，即使是再好的文章，广告太多太明显也会让读者反感的。

（4）软文内容中添加超链。如果有必要可以直接在软文中添加官网网站链接、单车型网站链接、官方活动专区链接等，丰富软文内容，让客户更深入、更直观地了解车型。

（5）软文内容中添加关键词。利用中文搜索引擎（如百度、雅虎、搜狗）的搜索习惯，在文章开头和结尾处添加能代表本软文主要表达信息的关键词（3 ~ 7个字），全篇文章中出现3 ~ 5次，并做加大加粗显示，这样一来可以提高网民对此软文信息的关注度和记忆度，还能提升搜索结果的显示排名，如图11.10所示。

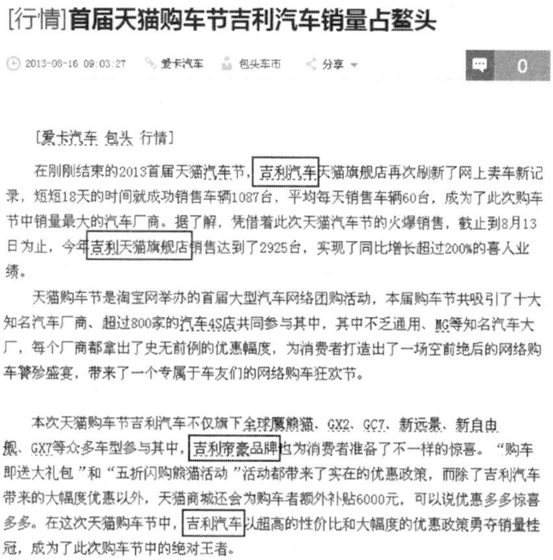
[行情]首届天猫购车节吉利汽车销量占鳌头

2013-08-16 09:03:27 爱卡汽车 包头车市 分享 0

[爱卡汽车 包头 行情]

在刚刚结束的2013首届天猫汽车节，吉利汽车天猫旗舰店再次刷新了网上卖车新记录，短短18天的时间就成功销售车辆1087台，平均每天销售车辆60台，成为了此次购车节中销量最大的汽车厂商。据了解，凭借着此次天猫汽车节的火爆销售，截止到8月13日为止，今年吉利天猫旗舰店销售达到了2925台，实现了同比增长超过200%的喜人业绩。

天猫购车节是淘宝网举办的首届大型汽车网络团购活动，本届购车节共吸引了十大知名汽车厂商、超过800家的汽车4S店共同参与其中，其中不乏通用、MG等知名汽车大厂，每个厂商都拿出了史无前例的优惠幅度，为消费者打造出了一场空前绝后的网络购车饕殄盛宴，带来了一个专属于车友们的网络购车狂欢节。

本次天猫购车节吉利汽车不仅旗下全球鹰熊猫、GX2、GC7、新远景、新自由舰、GX7等众多车型参与其中，吉利帝豪品牌也为消费者准备了不一样的惊喜。“购车即送大礼包”和“五折闪购熊猫活动”活动都带来了实在的优惠政策，而除了吉利汽车带来的大幅度优惠以外，天猫商城还会为购车者额外补贴6000元，可以说优惠多多惊喜多多。在这次天猫购车节中，吉利汽车以超高的性价比和大幅度的优惠政策勇夺销量桂冠，成为了此次购车节中的绝对王者。

图 11.10 软文内容添加关键词

（6）软文最后要总结收尾。在软文末尾可以来点总结，提高文章的可读性。只有你给别人带去价值的时候，别人才能给你带来价值。

2．销售软文范例

下面我们来看一篇关于汽车销售的软文范例《驾驶你的车从古代走向现代》。

当我们告别马车时代，告别农耕生活，告别贫瘠，走进现代文明，我们所追逐的梦想、期许的东西越来越多，曾几何时搭乘公交车都是很稀奇的话题，曾几何时开着旧式外国车都算人们眼中的贵族，曾几何时私家车成了等级的标志、身份的象征，曾几何时又有多少人在有车一族的视线中迷茫？

21世纪的今天，当车让中国人改变生存现状的同时，又引领着中国人在车的性能与品位中寻找精彩的答案，似乎从表面来看，21世纪的车只是人们代步的工具而已，可以选择的车型越来越多，可以过的生活也日益多样复杂，花样百出。

当车成了我们生活必备品的时候，车里的人与车外的风景更显得有些独特。独特在于当我们在体会车的加速度时，关于石油、保险、车位一大串的问题纠纷引发出来的战争，又成了生产车的人必须解决的问题。好多时候不是大众买不起车，而是供不起车，望着行云流水的车水马龙，望着不知什么时候又被革新的车，望着飙升而吃紧的油价，很多人望而却步。

当我们在采用天燃气做车的燃料时，却又不免遗憾地发现，不是每个地方都会有这种享受，就连四川这样的供气大省，也时刻面临气荒，荒的不仅仅是的士，荒的还有一群打车的人。只是在买车与选车这个问题上，又是一个大难题，厂家除了需要更新与创新外，还得迎合消费者的口味与水准，承受得起安全第一、生命第一的重任与考核。

所以，车不仅仅是一个寻常的话题，也是一个意味深长的话题。无论是厂家还是消费者，都在痛定思痛小心翼翼的改良与奋进中前行。至于当今的车型与车款，在那精致的广告模特面前，在不同的车展评比会上，在生产厂家的工艺与技术构架设计的方框里，我们看到的不仅仅是大气时尚，更看到的是创新的速度。

一款车的外形与气魄除了如007般的神秘以外，还得把它自身的性能与品位释放得格外精彩，一想到精彩，就让我想到了福特家族，无论是MONDEO、蒙迪欧－致胜，FOCUS，福克斯，S－MAX，还是福特的试驾活动，包括"发现精彩，精彩中国"活动的推出，都让我们真切地感受到："只要心够精彩，每一天都精彩"的意义与内涵。

无论是试驾里的感受，还是自动挡里的乐趣，或者是靠背后面的温暖，时刻流露着家的氛围，也时刻向我们传递着给予与奉献的精神。这种态度来自于活得精彩的LOGO，这种磅礴来自于福特，结合东西文化交汇之精华，展现着现代人的价值观与生活风貌。

原来车可以那样别致，原来车的构造是如此复杂，看似只有几个核心构件，在这些构件的背后，却是精彩生活的呈现，也许车的档次不代表人的档次，但是选车人的品位，却代表着其对自身的认同与热爱。

车，一个古老而又现代的话题，古老在于它的历史沿革与人类生生不息的自强自立，现代在于车给予我们梦想与憧憬的时候，又给我们带来了新的都市流行风，犹如车与人的相得益彰。

范例解析：首先软文从标题上就很吸引人，其次正文更像是在介绍汽车的历史，而非广告软文，如此不露痕迹地将"福特"和"发现精彩，精彩中国"活动植入软文中，可以说是软文撰写的代表之作。

11.2.2 汽车租赁软文

传统的汽车租赁行业推广方式就是本地报纸，购买本地人流量较大位置的广告，还有通过靠关系、应酬等社交手段获得企业订单，这是传统汽车租赁行业的推广模式。

但是现在较以前已经大大不同了，更多的汽车租赁公司开始利用网络推广来获得订单了，而推广的方式之一就是软文营销，所以对于汽车租赁行业来讲，软文营销是目前非常重要的一种营销手段。

1．软文写作技巧

通过软文营销带来客流量，可以说是汽车租赁行业常见的营销手法之一，下面笔者就和大家分享一下汽车租赁软文的写作技巧。

（1）软文标题。软文的标题是最重要的，因为目前的互联网是一个信息爆炸的时代，各种各样的信息量非常巨大，用户没有时间通篇阅读，所以最快的方法就是看标题，用户往往会先迅速将标题过滤一遍，然后选择自己最需要的进行阅读，所以想让用户点击软文，需要做的第一步就是用标题吸引关注。

（2）软文第一段。汽车租赁行业的软文第一段是非常重要的，只要客户有兴趣看完第一段内容，那么80%的可能会看完全文，所以对于汽车租赁行业软文的第一段写作非常重要。

（3）软文要简洁。软文写作不是越长越好，我们不是在写教程，尤其对于汽车租赁行业这样一个提供具体服务的行业来讲，软文首先是通过标题定位到有需求的客户，接着迅速切入主题。

所以软文越简洁越好，同时租赁行业软文的目的只有一个，就是让客户打电话过来，在电话里成交率会大大提高。

（4）行业电话比网址重要。汽车租赁不同于其他的行业，在软文中留下网址来成交客户的几率不大，因为汽车租赁主要面向本地城市的客户，所以软文发布地点一般在本地信息平台，在软文中留下电话相比于留下网址的成交率要更大一些。

专家提醒

这点笔者曾做过测试，所以在文章写作的最后，可以引导客户拨打文章中留下的电话，同时电话最好是 400 电话，这样看上去会更加的专业。

2．软文操作策略

对于汽车租赁公司，有时候虽然软文写得很漂亮，却很少有用户咨询，这是为什么呢？其实，汽车租赁公司的软文应该遵循以下三个步骤，才能成功宣传品牌，增加曝光率。

（1）从租车客户出发。很多汽车租赁行业的软文信息大部分是介绍自己公司的实力和公司的历史，这样的软文如何吸引用户呢？

推广者在进行汽车租赁行业软文写作的时候，应该从本地租车的客户出发，比如写一些对客户有帮助的软文，"西安汽车租赁多少钱一天""奥迪车型西安租车价格"等，这些软文都是很有针对性地解决客户的需求，可以在文中引导用户拨打公司电话，这样的软文才是成功的软文。

（2）应注重搜索排名。对于软文推广公司来说，汽车租赁行业的软文操作流程应该是这样的：首先根据客户经常搜索的关键词来命名，接着先发布到相关网站上，等待 4 ~ 5 天左右，再通过各大本地论坛投稿或者论坛发帖的形式发布出去，让软文开始扩散的同时给企业带来好的搜索排名。

（3）找对发布渠道。汽车租赁行业目前主要的面向客户就是当地的居民，所以软文的发布地点应该重点集中在本地的大论坛，软文发布地首先考虑的就是本地流量，所以各大本地论坛的账号每个租赁公司都应该备上 5 个左右，用来发帖和顶贴。

11.3 家电行业软文实例

家电产品是科技含量较高的领域，许多新技术、新材料、新发明都是通过为消费者解决日常生活中难题的新产品而为寻常百姓所接受。

所以，在家电产品推广和市场开拓中，不但要应用广告这种形式，提高品牌的知名度，而且有赖于通过软文推广的形式，让消费者深入了解家电新产品的特点以及使用方法等。

11.3.1 软文写作要素

产品、价格、赠礼、服务是家电软文写作惯用的四大要素，同时也是一切商业软文写作惯用的四大要素，如何灵活运用这四大要素，值得作者们推敲。

1．产品是写作基础

家电网站软文的写作、发布都是为了销售商品、提升网站品牌服务的，因此家电产品无疑成了写作的基础。那么家电产品有哪些内容可以写呢？笔者认为有以下几个方面。

（1）产品的质量。在山寨品、假冒伪劣产品日益疯狂的今天，消费者对产品的质量无疑非常关注。如国美网上商城就承诺国美所销售的家电产品，从大件的彩电、冰箱、洗衣机等到小件的剃须刀、微波炉等，无论经营的形式为经销还是代销，均有严格的质量保证。

再如针对近期苏泊尔"问题锅"，苏宁、国美、永乐都是第一时间做出承诺下架，并予以退货，如图 11.11 所示。

苏宁国美下架问题苏泊尔锅

2012-02-19 06:31　来源:信息时报　打印本页 关闭

记者在广州大道某大型家电卖场看到,苏泊尔问题锅具已下架,该品牌其他型号锅具仍在销售。
信息时报实习生 余乐中 记者 叶伟报 摄

图 11.11　苏泊尔"问题锅"事件

（2）产品的特色。任何家电产品都有特色之处,家电软文作者们应该重视,并利用这些产品的特色进行宣传,如图 11.12 所示的这篇软文《特色软冷冻,海尔冰箱 BCD-216SDCX 满足您更多需求》。

特色软冷冻 海尔冰箱 BCD-216SDCX满足您更多需求

2011-10-26 15:27:04 | 分类:海尔新闻　　　　　　　　订阅|字号|举报

海尔冰箱BCD-216SDCX的中门 10℃~-7℃宽幅变温,满足多类食品存放需求,还拥有独有的007软冷冻技术,肉类无需解冻即时切。并且12公斤超大冷冻能力,冻得快、冻的透,营养成分不流失。

这款海尔冰箱 BCD-216SDCX超高效节能压缩机、噪音小、保鲜好、耗电低,外出度假时,冰箱以低能耗运行,同时保证变温室和冷冻室食品的正常储存。

评测总结:

海尔冰箱 BCD-216SDCX这款有着酒红色外观的冰箱,的确很吸引人,三开门的造型,使得人们冷藏、冷冻,更加的方便。并且这款冰箱还拥有抗菌除臭功能、VC保鲜功能、电子控制、制冷多系统、LED灯/白色、节能、冷冻能力大、宽电压设计等。

图 11.12　产品特色介绍

（3）新品上市。每年春季、秋季都是家电产品大量换季的时候,而新品是众多时尚潮流人士所关注的,利用新品上市的特点,可以写出很多潮流的家电软文,如图 11.13 所示的软文《松下阿尔法新品上市》。

松下阿尔法新品上市

2011年09月16日 06:41
来源：南方日报

0人参与 0条评论 打印 转发 字号：T | T

随着生活水平的提高，人们对洗衣机也有了更高的要求，不仅要洗净，还要更健康。因此，各企业纷纷发力，推出具有除菌、抑菌功能的洗衣机产品。日前，松下推出的斜式滚筒洗衣干衣机阿尔法系列，搭载了创新的光动银除菌技术，具有超强的除菌威力。据了解，该洗衣机甫一上市，就受到厂大消费者的追捧，走红高端市场。

图 11.13　新品上市软文

2．价格赠礼是利器

价格和赠礼永远是最诱人的利器，特别是在 CPI 日益上涨的今天，买到就等于赚到。那么如何写价格才会更有吸引力呢？

根据以往经验，笔者认为与其写出众多产品的价格，不妨只突出一两个特别有竞争力产品的价格，如"32 寸液晶突破 1600 元大关""42 寸液晶失守 3000元大关"，通过一两个诱人的价格为文章点睛，如图 11.14 所示。

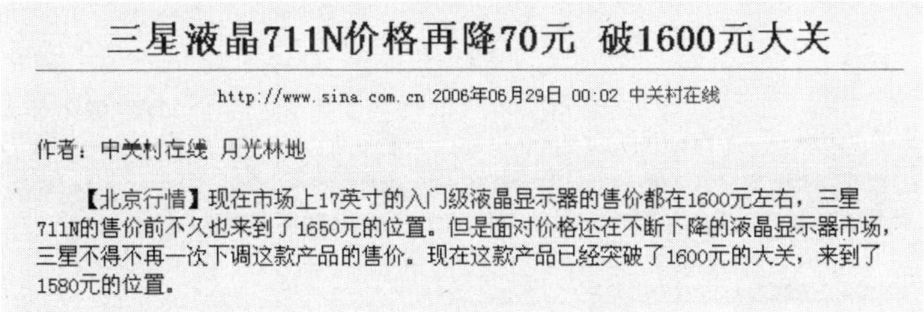

三星液晶711N价格再降70元 破1600元大关

http://www.sina.com.cn 2006年06月29日 00:02 中关村在线

作者：中关村在线 月光林地

【北京行情】现在市场上17英寸的入门级液晶显示器的售价都在1600元左右，三星711N的售价前不久也来到了1650元的位置。但是面对价格还在不断下降的液晶显示器市场，三星不得不再一次下调这款产品的售价。现在这款产品已经突破了1600元的大关，来到了1580元的位置。

图 11.14　价格营销策略

除了价格，赠礼也是重要的诱客之处，不过与价格只突出一两个重点相反，礼品需要详细描述，越详细越好。我们翻看国美、苏宁家电软文，他们在写赠礼的时候先写厂家赠礼，写完厂家赠礼再写自身送礼，同时除了买单品类有送礼外，还有全场套购赠礼，如此多的礼品，消费者肯定优先选择，如图11.15 所示。

国美赠品多多 美的豆浆机十一促销

万维家电网【其他】 作者：孟亮 编辑：孟亮 10年10月02日 08时05分24秒

十一黄金周开始啦！十一真情回馈消费者，国美从今天开始到10月7号将进行大力度的促销活动，全场商品打折优惠，只要购买商品，就有赠品相送，赠品的多少依据所购商品的多少，多买多送！

美的豆浆机十一火爆促销，全场豆浆机虽然价格没有变，但是只要买单品豆浆机就送赠品，全场买任意豆浆机满299，就送电水壶，此外，依据价格的不同，还会赠送榨汁机、电饭煲、和电压力锅。买的越多，送的就越多。

图 11.15 产品赠礼软文

3. 服务是添花之笔

除了价格，服务也成为时下消费者关心的话题，特别网上购物，服务更成为消费者考虑的重中之重。因此，每逢"3.15"消费者权益日前夕，各大家电零售企业、家电零售网站纷纷推出全新服务。这些服务我们都可以运用在软文的结尾处，作为锦上添花之笔。

例如，2011年"3.15"消费者权益日前，京东商城在京发布"心服务体系"，该体系主要涉及网络购物环节、售后、投诉处理等环节。涉及购物过程中的"手机客户端""全场免运费""全国物流配送""货到付款""移动 POS 刷卡""211限时达""GIS 包裹实时跟踪系统"与"正规机打发票"等，如图 11.16 所示。

京东商城"心服务体系"发布！

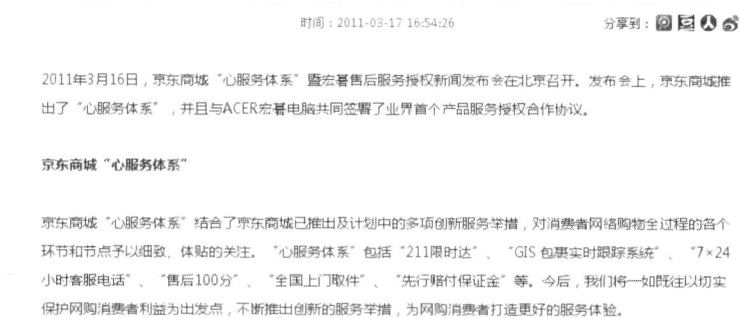

时间：2011-03-17 16:54:26   分享到：

2011年3月16日，京东商城"心服务体系"暨宏碁售后服务授权新闻发布会在北京召开。发布会上，京东商城推出了"心服务体系"，并且与ACER宏碁电脑共同签署了业界首个产品服务授权合作协议。

京东商城"心服务体系"

京东商城"心服务体系"结合了京东商城已推出及计划中的多项创新服务举措，对消费者网络购物全过程的各个环节和节点予以细致、体贴的关注。"心服务体系"包括"211限时达"、"GIS 包裹实时跟踪系统"、"7×24小时客服电话"、"售后100分"、"全国上门取件"、"先行赔付保证金"等。今后，我们将一如既往以切实保护网购消费者利益为出发点，不断推出创新的服务举措，为网购消费者打造更好的服务体验。

图 11.16 京东商城"心服务体系"

再如，2011 年 6 月，苏宁易购推出"安心购"服务计划，该计划涵盖配送时效、快速响应、售后安装、产品保障、售后维修、诚信服务、退换货服务、产品质量等 8 大服务标准。

11.3.2 软文营销范例

下面是一篇非常成功的家电行业的营销软文，标题是《促销升级，奥克斯空调再战 2011 春节市场》，在此分享给大家。

2011 年元旦，奥克斯空调迎来超常热销，较去年同期增长了 200%。"元旦的热销与奥克斯重磅推出的热霸空调是分不开的。"奥克斯空调有关负责人透露，"在新年之际，'双涡旋—热霸'空调在奥克斯的大力推动下，很受消费者欢迎，其销量在元旦期间迎来新年的首轮高潮。春节期间，奥克斯空调在主推热霸空调的基础上，将加大促销力度，更好地让利于广大消费者。"

1．促销升级

继元旦期间推出的"奥克斯全城热恋，买空调送液晶"等系列促销活动之后，春节期间，奥克斯空调"买套餐送液晶"活动全面升级。

奥克斯市场部负责人告诉记者，为备战春节促销，奥克斯空调总部推出了数款一线高端产品，以创新的设计、优异的性能和高档的品质抢滩节日市场。此次促销活动包括：9999 元送 32 寸液晶 ;6999 元送 26 寸液晶 ;4999 元送 19 寸液晶等。

据悉，热霸空调和高能效空调依然是奥克斯此次主推的产品。据奥克斯空调技术总监舒乐华介绍，"由于能效比主要考核空调在制冷状态下的耗电量，导致市场上销售的普通空调，普遍采用小压缩机、大换热器和大风量组合以取得能效值，相当于'马小车大'，一旦到了冬季制热能力不足。"

针对这一情况，奥克斯研发出"热霸"技术，采用双转子压缩机和 EVI（闪蒸汽）特殊制热系统，黄金优化风道设计，具有制热稳定、速度快、热量大的突出性能。除了制热效果显著外，奥克斯热霸空调同样具备绿色节能的优良传统，相比于普通空调，平均制热量提升 30%，制热速度提升 1/3，省电 2 倍。

2．服务升级

在刚刚结束的 2010 冷年中，奥克斯空调销售业绩同比增长 80%，远远高于行业平均 30% 的增幅。对此，奥克斯空调市场部负责人透露，通过系统发力、品牌竞争力突破，近几年来奥克斯明显感觉在市场上的竞争力和话语权得到了提升，竞争更有力、反应更灵活。

多年来，奥克斯空调一直秉持"用户在我心中，服务在我手中"的服务理念，不断健全售后服务体系，近来又在行业内首先提出"空调每年免费保养"，并实行空调 10 年免费包修。

"凡是春节期间购买奥克斯空调的消费者，均可免费获得 10 年保修金卡一张。"奥克斯市场部负责人表示，"消费者是精明的，消费者也是实在的。作为销售旺季，春节促销意味着降价、礼包的到来，优惠力度都大大超过以往。巧盘算、细琢磨的消费者此时出手，不仅能让限量的花费换取更有价值的商品，在满足了购物的快感和生活所需的同时，又不至于让自己的积蓄被消耗一空。

据了解，在春节期间购买奥克斯空调，消费者不但能够买到性价比最高的空调，而且还可以享受"十年保修，终身无忧"的服务，免除了消费者的后顾之忧。奥克斯空调负责人指出，"在商品质量和价格同质化之后，服务必将成为价格战之后的第二张王牌，谁把服务做得最细致、最完善，谁就赢得了消费者的信赖。"

业内人士指出，奥克斯空调促销极富特点，针对老百姓量身打造"贴心"的特色赠品及服务。同时，奥克斯的营销模式很灵活，有别于其他的空调企业，对于市场信息的变动走向反应迅速，充分显示了空调新生军的年轻活力。

11.4　其他行业软文实例

除了上述热门行业的软文范例之外，还有教育、金融、理财投资、信息技术等其他行业的软文营销案例，下面我们分别进行赏析，并学习软文撰写经验。

11.4.1 教育行业软文

下面是一篇名为《华尔街英语创始人众望所归获意大利圣乔治奖》，是华尔街英语推出的营销软文。

近日，华尔街英语创始人李文昊先生（Luigi Tiziano Peccenini）收到意大利费拉拉商会主席 Carlo Alberto Roncarati 的一封亲笔签名信，信中特别向李文昊先生宣布了他入选意大利圣乔治奖名单的喜讯。

意大利当地时间 11 月 28 日，华尔街英语创始人、祖籍意大利籍的李文昊先生（Luigi Tiziano Peccenini）应邀出席了在意大利商会会议大厅举行的费拉拉表彰节颁奖庆典，并接受了由费拉拉商会授予的在意大利乃至全球都颇具盛名的圣乔治奖。

圣乔治奖是由费拉拉政府及居民为表彰在经济、科学等相关领域取得突出贡献的人士所举办的"费拉拉表彰节"特设的最高奖项，多年来曾获此殊荣的人士包括：意大利著名文学家和导演 Mario Soldati，意大利著名歌手 Milva，意大利著名作家及编剧 Giorgio Bassani，意大利著名指挥家 Claudio Abbado，意大利麦当劳全国连锁店首席执行官 Mario Resca 及意大利产业发展政策研究院主席 Patrizio Bianchi 等，这些获奖者均为意大利享誉盛名的社会杰出人士。对于能获得圣乔治奖，李文昊先生表示倍感荣幸，他认为这项荣誉不仅仅属于他个人，更属于作为全球英语培训领头羊的整个华尔街英语。

"我不是天生的商人，但创业是我的命运……"李文昊生于一个勤俭的意大利家庭。从 1968 年在意大利创办国内第一家计算机培训机构，到 1972 年 6 月进入英语语言培训行业，创业成为他一生矢志不渝的追求。时至今日，他创办的华尔街英语国际在世界 28 个国家和地区设有 400 多个学习中心，拥有学员超过 200 万。2000 年 5 月，李文昊先生满怀热情踏上中国这片他称为"未来之国"的生机勃勃的土地，创办了华尔街英语（中国）。经过九年的发展，华尔街英语在北京、天津、青岛、上海、杭州、广州和深圳 7 个城市共计开设了 40 家学习中心，为中国培养了 10 多万名英语人才。

李文昊先生曾经说过，"我将一生中的 30 年献给教育事业，这可能是我对人类最微薄的贡献。"李文昊先生崇尚中国文化并研究中国哲学，能够用英语熟练地背述《道德经》中的教义，"我有三宝，持而保之。一曰慈，二曰俭，三曰不敢为天下先。慈，故能勇；俭，故能广；不敢为天下先，故能成器长。"

范例解析：我们可以从几个方面解析上面这篇软文，首先是标题，这是一个新闻式标题，简单表述了一个已经发生的事实，并且关键词十分明显，但又不显突兀；

其次是正文，我们在酒类行业软文的企业亮点小节讲到过，一个企业的领军人物是软文写作的亮点之一，华尔街英语的创始人便是这样一个领军人物，通过介绍创始人的生平，在读者了解其个人经历的同时，也对华尔街英语产生了印象；

最后是结尾，软文通过一段古文结尾，文学性十足，使软文的整体档次再次提升，增强文章的可读性。

11.4.2　金融行业软文

下面是一篇支付企业快钱撰写的软文，标题是《领跑支付行业，快钱合作银行迫近40家》，读者可以通过这篇软文，了解金融财经类软文的写法。

国内领先的独立第三方支付企业快钱最近透露，随着与兴业银行、南京银行等陆续达成合作，迄今为止，快钱的签约银行已由2007年的25家攀升到目前的近40家，继续领先其他支付企业，坐拥"最多合作银行"的桂冠。

据了解，目前与快钱达成合作的近40家银行中，已经悉数囊括了四家国有银行，全国13家股份制商业银行中的11家以及包括上海银行、渤海银行、宁波银行、深圳平安银行、徽商银行、厦门国际银行、东亚银行等在内的近20家城市商业银行和外资银行，此外快钱还与中国银联、全国农信银资金清算中心、Visa、master、JCB等数家金融机构结成战略合作伙伴，服务覆盖国内外30亿张银行卡。

成长秘诀在于业务创新和延伸银行渠道

快钱CEO关国光称，迅速获得银行信赖的秘诀在于快钱的业务创新和延伸银行渠道。凭借独立、专业、开放的第三方支付平台，快钱不仅与银行合作推出了众多创新型的支付产品与服务，而且为银行端带来了更多用户，提升了银行用户的活跃度。

而依靠银行的认可，快钱开展了更深层次的支付业务，用户与业务量稳步上升。截至 2008 年 9 月 30 日，快钱已拥有 2800 万注册用户和逾 18 万商业合作伙伴。

稳步成长更有利于为用户服务

艾瑞支付分析师张艳平表示，"第三方支付平台的便捷性和普及度，很大程度上取决于与银行合作的广度和深度。快钱的成功，很重要的原因就是与诸多银行建立了长期、稳定而且深入的合作伙伴关系。"

自 2005 年至今，快钱用 3 年时间打造了国内领先的独立第三方支付平台。通过快钱支付平台，企业、商户可以与银行系统顺利对接，大幅降低交易、清结算等成本；另一方面，个人用户又可以享受到网上购物、手机充值、信用卡分期付款、机票、酒店预订、生活缴费等多样化的服务，大大方便了日常生活。

快钱 CEO 关国光表示，"快钱正在进一步拓展与全国各类银行的合作，为所有用户提供更加便捷的电子支付服务。下一步，我们将和各类银行展开更加深入和密切的合作，推出更多便捷的特色服务。"

据了解，依靠和银行广泛、深入的合作，快钱获得了快速发展，推出了人民币支付、外卡支付、神州行卡支付、联通充值卡支付、VPOS 支付等众多支付产品，支持互联网、手机、电话和银行自动提存款 POS 机等多种终端，满足了各类人群的支付需求。艾瑞数据显示，无论从交易额还是用户增长来看，快钱早已成长为独立第三方支付市场的第一名。快钱获得银行的广泛支持将使得这一市场地位更加稳固。

范例解析：通过以上案例，我们可以总结出金融财经类软文的撰写技巧，包括以下几个方面。

（1）标题一目了然。金融财经是非常严肃的话题，一般都涉及国家政策或是法律法规，因此要求软文写作的正确性和易读性，在标题方面要让读者看到的第一眼便明白是什么意思。

（2）正文要专业。金融财经领域有很多专业的名词，软文撰写者必须在掌握这些专业名词的基础上创作软文，切忌不懂装懂，胡乱用词。

（3）分段要清晰。由于金融软文较高的专业性，其阅读性比较低，大段的财经介绍可能会引起读者的反感，因此要多划分软文段落，同时利用小标题使文章结构更加清晰，如图 11.17 所示。

国泰君安"君弘财富俱乐部"正式落户泉州

[日期：2010-09-24]　　　　　　来源：　作者：　　　　　　　　　　[字体：大 中 小]

国泰君安"君弘财富俱乐部"将于9月18日正式落户泉州。

"君弘财富俱乐部"作为中国证券行业第一家客户俱乐部，于2010年5月25日在上海隆重宣告成立，这是国泰君安证券精心打造的中国证券服务领先品牌，依托公司雄厚的研究实力与十多年的证券服务经验，旨在为国泰君安中高端客户提供尊荣理财服务，开启了券商分级服务、分类管理的先河。

君弘财富俱乐部的运营原则是"分级服务、分类管理"，即以细分客户为基础，分类提供增值服务，分级揭示投资风险，最终希望实现四个"合适"，即：合适的产品或服务，在合适的时间，以合适的形式，推送给合适的投资者。君弘财富俱乐部是一个精细化的全新服务体系，为会员提供"两大服务套餐，多项特色服务"。为金卡会员提供的是优+服务套餐，为银卡会员提供的是惠+服务套餐。

其中最具特色的优+服务套餐包括：

优+投资平台：个性化策略交易，集成资金流向数据，时刻把握主力动向，具有海量数据、超前信息、随心所欲的选股策略、人性化行情界面和闪电下单功能；

优+手机报：评析股市政策、协助把握战略方向，参详机构思路，追踪主力资金动向；

优+短信锦囊：洞悉海外、国内市场大事，专业的荐股服务；

优+积分计划：交易的同时积累积分，适时回馈客户；

优+会员活动：丰富多彩的会员活动，涵盖投资报告会、健身、娱乐、集采等营造圈子文化；

优+理财空间：在营业网点现场设立的贵宾室，为客户快速办理私人业务，提供一对一投资指导。

此外，国泰君安还携手万得资讯打造了用于支持客户经理服务需求的"君弘百事通"。其是一个强大的集行情、交易、资讯、服务于一体的专业投资平台，旨在帮助客户经理更好地为君弘会员提供专业、贴心的服务。君弘不仅是国泰君安的君弘，更是中国证券行业的君弘，相信这艘证券行业航母将引领证券金融服务新时代。

图 11.17　金融财经类软文

11.4.3　房产行业软文

下面是一篇名为《独门三庭院显尊雅多重庭院诗意生活》的房产行业软文，我们可以结合该实例，对房产软文有深入的了解。

回归庭院文化演绎现代生活

怀旧不是简单的符号化，回归也不是对传统简单的拷贝。庭院文化是中国传统居住文化的核心。真实的庭院，承载了人与自然、人与人之间的和睦相处，构成了让都市人魂牵梦萦的庭院文化。在渴望摆脱冷漠的邻里关系的都市人心中，理想的庭院应该是对老式院落所承载的亲密邻里关系的回归与升华。

多重庭院别墅空间尺度新创意

澄湖水岸的项目负责人在接受记者采访时表示，庭院概念是别墅市场细分的体现，澄湖水岸独门三庭院的多重庭院设计摒弃了传统的"前后式花园""敞开式庭园"的思维惯性，使户型包括前院、侧庭院、后下沉式花园等多个庭院，制造出多重私密领地，并营造出多角度、不同方位的步换景移效果与情趣。

澄湖水岸每个庭院都是居室空间的伸展，每扇门窗都可以把室内空间推向大自然。设计师全面革新庭院设计理念，借堆坡设计形成前后院高低之分，颠覆传统地下室空间设计，首次创出全明步出式地下室，直接连接私家后庭院，更以亲水平台连接4060平米金澄湖。内外空间瞬间转换，家庭生活自然延续到庭院空间，让您全面体验环绕式庭院的美好意境，安闲自得，其乐融融。澄湖水岸纯独栋别墅，多重庭院创新诗意生活。澄湖水岸彻底摆脱钢筋水泥的禁锢与冷漠，实现对过去相亲相融院落结构的升华与回归。

匠心与执着只为不凡的挑剔眼光

最近，笔者一直在关注"诚鉴之心品质之旅"预验房活动，自7月8日开始的全面预验房活动在7月10日正式截止。活动中严格按照合同交付标准，对实际交付房屋结构、设备、房屋几何尺寸、层高、四周墙体及窗户的渗漏、墙面垂直度及平整度、天棚、墙体、地面的空鼓、裂缝等进行详细检测，并让业主现场填写《澄湖水岸别墅一期预验房修改意见表》，留待澄湖水岸7月20日 −8月20日对工地集中整改及完善。从现场来看，各准业主纷纷对花园布置、景观布置等提出自己的建议，现场参与气氛浓厚。

据透露：2008年7月底澄湖水岸将举办"2008吴中地产·澄湖水岸国际理财嘉年华暨工商银行苏州分行投资理财盛典"活动，届时将就基金、证券、期货、高端住宅等理财投资举办专业讲座，欢迎喜爱澄湖水岸的朋友们届时光临。

范例解析：房产软文的营销，其实就是品牌形象的树立，两者的步调是一致的，对于房产软文来说，可以分为以下三个阶段。

1. 树立品牌形象

项目亮相前的前期引导期，更多的是为产品的推出做铺垫，所以新闻性软文占了主导。

（1）新闻热点：此阶段为房地产项目亮相期，一个新生事物初露端倪，可称其为一个新闻事件，这时，可采用新闻播报等形式对事件进行报道，如开工、奠基等节点，引起客户群的关注。

（2）新闻观察：此阶段可以新闻观察、焦点访谈等形式，对目前房地产市场进行扫描，报导区域价值及产品特性等，对项目价值点进行宣传。

（3）新闻炒作：无中生有炒作，对项目概念和意义等进行深入挖掘，如代表一种文化现象，一种商业模式，引导一种居住趋势潮流。

（4）开新闻发布会，组织论坛等，进行焦点访谈，对某一个问题、某一个点进行聚焦，对其来龙去脉、意义等进行全方位的分析，并带出一系列的话题，产业话题、市场话题甚至是文化话题、财经话题等。

2．树立产品形象

此阶段为产品推出期，此时要宣传的是产品理念、产品概念、主推产品价值点等，这时可抛开新闻的时效性，进入产品价值实点的宣传期，这时的软文写作即进入广告软文写作阶段。

3．深化产品卖点

此阶段通过前期价值浸透、理念阐述等，客户群已对产品有了大概感知，开盘销售时，已把关注点放到了楼盘是否受欢迎、价格如何、什么人在买等细节信息上，软文所传达的目的是更多地为客户群增强购买信心。